Eugen Rosenstock-Huessy

Der unbezahlbare Mensch

agenda

Eugen Rosenstock-Huessy

Der unbezahlbare Mensch

mit dem ersten Teil: Die Bruchteile des Menschen neu übersetzt und gegliedert

mit dem zweiten Teil: Die Wirtschaft im Großen und Ganzen und dem dritten Teil: Wem gehört der Betrieb? neu gegliedert

von Eckart Wilkens

Mit einem Geleitwort der Eugen Rosenstock-Huessy Gesellschaft und Nachworten von Rosenstock-Huessy 1962, Peter Galli und Vorworten zu den früheren Ausgaben in Deutschland und USA.

agenda Verlag
Münster
2022

Herzlicher Dank gebührt den Spendern, die uns diese Ausgabe durch ihre Unterstützung ermöglicht haben:

Wolfgang Rabus

Werner Voggenreiter

Marta, Lydia und Peter Galli

Andreas Schreck

Prof. Dr. Martin Büscher

Thomas Dreessen

Jürgen Müller

Evangelische Kirche von Westfalen

Bibliographische Information der Deutschen Nationalbibliothek
Die Deutsche Nationalbibliothek verzeichnet diese Publikation in der Deutschen Nationalbibliographie; detaillierte bibliographische Daten sind im Internet über http://dnb.d-nb.de abrufbar

Drubbel 4, D-48143 Münster
Tel. +49-(0)251-799610
info@agenda-verlag.de, www.agenda-verlag.de

Druck und Bindung: TOTEM, Inowroclaw, Polen

ISBN: 978-3-89688-758-0

Fürs Hedi in Zürich

Liebe Schwägerin,

als Du und ich jung waren, da machte mir Dein Singen bei der Heuernte große Freude. Und ich wagte zu hoffen, die unsangbarste aller Lehren, die von der Nationalökonomie, für Dich in eine sangbare Schrift umzugießen; Die Wirtschaft der Lebensalter sollte sie heißen, und seit über dreißig Jahren hat sie mir vorgeschwebt.

In äußerster Bedrängnis bei der Einwanderung in Amerika konnte ich auf den Plan als Reserve zurückgreifen.

Jener alte Sang aber wird Dir nie ertönen. So wie das Haus in Säckingen an der deutsch-schweizer Grenze uns nicht mehr birgt, so hat blutiger Ernst alle eingeschüchtert. Und von weit her erklingt nun, was dereinst so nah klang.

Trotzdem können wir uns noch in der Umwandlung des großartigen Gesetzes getrösten:

Spät erklingt, was früh erklang,
Glück und Unglück wird Gesang.

Darum bringe ich Dir die nüchterne Form der gleichen Gedanken.

Was diese Schrift etwa noch an gefälliger Fröhlichkeit besitzt, verdankt sie jenen herrlichen Heimatzeiten. Möge sie Dir nicht nur unvertraut klingen.

Dein Eugen

Four Wells – Norwich, Vermont, 9. November 1954

Johann Wolfgang von Goethe, Vorspruch zu der Abteilung Lieder der Ausgabe letzter Hand 1827

Geleitwort zur Neuedition

Die Gefährdung des Lebens auf unserem Planeten, wie wir es kannten durch Klimawandel, Kriege, nationalistische Empörungen, und imperialistische Geopolitik fordert uns Menschen und Völker heraus zu gemeinsamem enkel- und erdetauglichen Handeln. Welche Kräfte sind verantwortlich für die Veränderungen und Gefährdungen?

Hinter den liberalistischen und antiliberalistischen Ideologien stecken richtige Fragen, doch ihre Antworten sind falsch. Sie sind unfähig, Frieden unter Menschen und Völkern und mit unserer Heimat, dem Planeten, zu stiften. Das können und müssen wir heute wissen! [1]

Haben wir die Zeichen der Zeit verstanden?

„Gegen den Augenschein des politischen Tageslärms ist die planetarische Ordnung eines Welthaushalts über uns gekommen. Die grammatischen Figuren des vorliegenden Buches und die Ökonomie der menschlichen Gesellschaft entsprechen einander und lassen beide die Jurisprudenz und Theologie, die Staatslehren und die Morallehren von vor den Weltkriegen hinter sich.“[2]

Rosenstock-Huessy sagte deshalb schon nach dem I. Weltkrieg den Aufträgen der alten Institutionen (Staat, Kirche, Universität) ab und ging in die Wirtschaft, in die Industrie. Er stellte fest: „Die Weltwirtschaft muß den „Gegenrhythmus zu ihrer eigenen technischen Rhythmik kontrapunktisch selber erzeugen“. So zitieren ihn zustimmend die Daimler Vorstände Reuter und Gentz im Geleitwort zur Neuedition der Daimler Werkszeitung 1919/1920, die ja „dazu da sei immer daran zu erinnern, dass der Mensch nicht um der Arbeit willen da ist, sondern die Arbeit um des Menschen willen: um ihm einen Lebensinhalt zu geben und alle Fähigkeiten, die in ihm liegen, herauszubringen, zu entwickeln und zu steigern.“[3] Sie nennen die eigentliche Aktualität Rosenstock-Huessys die Erkenntnis, dass das „soziale Problem“ auch eine geistig-kulturelle Dimension hat, die von dem nur szientistischen und materialistischen Geist nicht gesehen wird“[4].

Er hatte erkannt: „Der heutige Wahn kommt doch aus der Technik“[5], nämlich ihrer methodischen Anwendung auf alle Lebendigen und alles Lebendige. Er ist doch der mächtige Versuch, das gesamte Leben zu ver-

---

1 S.aktuell: Pankaj Mishra: Zeitalter des Zorns, Frankfurt 2017, Iwan Krastev und Stephen Holmes: Das Licht, das erlosch, Berlin 2019

2 ERH Nachwort 1962, s.Anhang

3 Daimler Werkszeitung 1919/20, Nachdruck, Moers o.J., s. VII, XXIII

4 A.a.o. VII

5 S.u. 165

stehen und rational zu organisieren, wie eine industrielle Produktion. Dabei werden die vorindustriellen „organischen Gruppen des Vertrauens“[6] verbraucht. Jedoch sind organische Gruppen des Vertrauens die Voraussetzung für die organisierten Gruppen der Arbeit. Diese Anwendung macht uns zu „Menschen ohne Zeitsinn, wie sie die Erde nie zuvor gesehen.“ [7]

Er entdeckt uns als Gesetz unserer Zeit das Gesetz der Technik: „Jeder technische Fortschritt erweitert den Raum, verkürzt die Zeit und zerschlägt eine vorhergehende Gruppierung. Aus diesem Gesetz folgt, dass es sich bei der Praxis des Wirtschaftens um einen eintönigen, einseitigen, in immer dieselbe Richtung vorstoßenden Prozeß handelt. Monotonie aber ist das Kennzeichen des Mechanischen, des Nicht-Lebendigen. Das Leben stirbt, sobald es eintönig wird. Wellen sind ja potentiell Töne. Wellenlängen sind also Tonarten. Das Leben entspringt erst, sobald sich Tonarten kreuzen und Polyphonie entstehen kann. Maschinen sind eintönig. Deshalb geht ihnen Leben ab. Hier also enthüllt sich die Aufgabe der sozialen Theorie. Seit vierzig Jahren versuche ich, die einfache biologische Wahrheit zu verbreiten, daß die Theorie von der Wirtschaft fordern muß, polyglott zu werden. Da jeder technische Fortschritt eine Vielstimmigkeit zerstört, so muß jedesmal neue Vielstimmigkeit im Gegenstoß gegen die Technik hervorgerufen werden, oder wir sterben. Das Leben entschwindet, je umfassender die Märkte werden, es sei denn, die Theorie werde polyglott.“[8] Wir erkennen mit Hilfe Rosenstock-Huessys die Digitalisierung als nur eine neue heute mächtige Beschleunigungsstufe dieses Gesetzes, bewusst angewendet als „creative disruption“, als schöpferische Zerstörung. [9]

„Die Ausdehnung der theologischen Logik hat zur Hexenverbrennung geführt …Gotteswissenschaft führt zu Gotteskriegen, wenn auf die Menschen angewendet. Die Ausdehnung der Mathematik hat zur Tötung, Ver-

6 S.u.173

7 S.u. s.22

8 Eugen Rosenstock-Huessy: Theorien von gestern – Praktiken von wann? In Verteidigung der grammatischen Methode, in: ders., Friedensbedingungen der planetarischen Gesellschaft. Zur Ökonomie der Zeit, hrsg. Von Rudolf Hermeier, Münster, 2001, s.188

9 S.: Thomas Bauer: Die Vereindeutigung der Welt über den Verlust an Mehrdeutigkeit und Vielfalt, Reclam 19492 2018[8]; Thomas Ramge: Mensch und Maschine: Wie Künstliche Intelligenz und Roboter unser Leben verändern, Reclam 19499[2], 2018; Joseph Weizenbaum: Die Macht der Computer und die Ohnmacht der Vernunft, Frankfurt, 1975; Harald Welzer: Selbst denken, 2017[8], Frankfurt 2014, s.247: Insofern gründet das Wissen, das man auf dem Weg in eine nachhaltige Moderne gebrauchen kann, auf anderen Voraussetzungen als auf Daten und Fakten: Es gründet sich auf Hoffnungen, Wünsche, Träume und Gefühle – und auf eine Praxis, die solche die Produktivkräfte des Zukünftigen ernster nimmt als alle Technik- und Machbarkeitsphantasien.“

gasung, Kastrierung, Züchtung, Verschickung von Millionen Menschen geführt; denn die Mathematik der Welt weiß nicht vor den Menschen haltzumachen. Weltwissenschaft, wenn auf die Menschen angewendet, führt zu Weltkrieg. Also sind Logik und Mathematik beide unbrauchbar, wenn wir das Organon, das Werkzeug suchen, mit dem wir die Menschen zum Frieden bringen könnten. Im Frieden können Menschen miteinander sprechen. Also muss die neue Lehre vom Miteinandersprechen der Menschen ausgehen.“[10]

Es kommt also darauf an, was erzählt wird, ob miteinander gesprochen wird, ob aufeinander gehört wird und was wann notwendig ist, im Leben der Gemeinschaften und jedes und jeder Einzelnen.

Rosenstock-Huessy widmete seine Lebenszeit der Grundlegung einer neuen Wissenschaft, die die Herausforderung durch die Herrschaft der Technik annimmt und Orientierung gibt. Wie können die Produktion von Gütern und die Reproduktion des Lebens von Menschen und Völkern auf unserem Planeten in eine neue Einheit gebracht werden. Er sagt: „Zum Sprechen bringt den Menschen der Mensch durch - Sprechen … Es ist Sprechen mit Vollmacht … Das kommende Organon muss uns also Sprache und Zeit neu zur Verfügung stellen, so wie uns die Zahl den Raum unterworfen hat.“[11].

Wie muss dann die Arbeit organisiert werden, damit MitarbeiterInnen werden, die den Betrieb, wenn er am Ende ist, neu aufbauen können? Damit Menschen die wechselnde Arbeit und Arbeitslosigkeit als sinnvollen Teil ihres Lebens erfahren können? Welche Erfahrungen organischer Gruppen des Vertrauens brauchen wir lebendigen Menschen in unserer Biografie, um zur Mündigkeit zu reifen und die Verwandlungen zu überleben? Wie können sich Völker in Würde verwandeln? In diesem Buch finden Sie die vier ökodynamischen Gesetze als Frucht seiner Erfahrungen und soziologischen Lebensarbeit.

Das Kriterium ist die Wandlungsfähigkeit, die Erneuerungsfähigkeit, die Fruchtbarkeit in Wirtschaft und der ganzen Gesellschaft über die Tode der zeitweiligen Mitglieder und Formen und Gestalten hinaus. Weil die heutige Wirtschaft grenzenlos vereinheitlicht, muß sie durch Polyphonie, durch Vielstimmigkeit ausbalanciert werden. „Change with honor“ statt „disruption!“

Weil die Völker nicht mehr wissen, wie nachfolgende Generationen und Mitarbeiter entstehen und weil die vorindustriellen Leute nicht mehr re-

10 Eugen Rosenstock-Huessy: Der Atem des Geistes, Frankfurt 1950, s.99

11 A.a.o. 98

produziert werden, muss sich eine Soziologie dem Problem der Reproduktion widmen und Orientierung geben können, was wann notwendig ist.

Wir glauben, dass in dieser Lage „Der Unbezahlbare Mensch" heute gehört werden kann und muss, um der Erneuerung und Erhaltung des Lebens auf unserem Planeten an jedem Ort willen! Er liefert uns eine Lehre vom unbezahlbaren Menschen, vom unberechenbaren Menschen und gibt Orientierungen, „wie Werte und Leute innerhalb der uns umgebenden industrialisierten Welt regeneriert werden können!"[12]

Wir sind Dr. Eckart Wilkens (†) dankbar, der diese Ausgabe neu ediert und Teile neu übersetzt hat, um sie hörbar und lesbar zu machen in unserer Zeit.

In seinem Nachwort stellt Peter Galli Rosenstock-Huessys gesamtes Wirken vor und öffnet damit vielfältige Zugänge zu ihm und anderen Pionieren unserer gemeinsamen Zukunft, Männern und Frauen. Die Vorworte von Walter Dirks und Freya von Moltke mit Clinton Gardner eröffnen ältere Zeugnisse der Bedeutung dieses Werkes.

Das hoffnungsvolle Nachwort Eugen Rosenstock-Huessys zum Unbezahlbaren Menschen 1962 beschließt den Band.

Thomas Dreessen

www.rosenstock-huessy.com

12 S.u. 22

Inhalt

DER UNBEZAHLBARE MENSCH

mit dem ersten Teil: Die Bruchteile des Menschen
neu übersetzt und gegliedert

mit dem zweiten Teil: Die Wirtschaft im Großen und Ganzen
und dem dritten Teil: Wem gehört der Betrieb?
neu gegliedert

von Eckart Wilkens

ERSTER TEIL:
DIE BRUCHTEILE DES MENSCHEN

EINLEITUNG: WORUM ES GEHT

I

1

Den Grundstock der folgenden Kapitel bildeten die Vorlesungen, die ich am Lowell Institute in Boston 1935 halten durfte.

Vorlesungen und Bücher wollen das neue Rätsel aussprechen, das dem Menschen die eigenen Errungenschaften vorlegen.

Der Mensch hat erfolgreich die Welt mechanisiert. Er hat die Natur organisiert. Gerade wegen der Wirksamkeit wirft seine Tat mit neuer Schärfe die Frage auf, welche Stellung der Mensch in der Natur hat.

Der Mensch selbst wird ein größeres Geheimnis als je zuvor. Ganz frisch erhebt sich die Frage, wieweit der Mensch zur natürlichen Welt gehört und wieweit er deshalb in der sozialen Welt zu organisieren ist.

2

Absicht der folgenden Seiten ist es, den etwas abgestumpften Sinn für die Tatsache wiederzuerwecken, dass wir da wirklich einem Geheimnis erster Ordnung begegnen.

3

Welches Geheimnis ich da meine, erhellt hoffentlich aus einigen geläufigen Annahmen, was der Mensch ist:

„All Menschen hören auf die Vernunft. Was wir das Böse nennen, ist im Grunde doch nur Unwissen“, hieß es in den Lehrbüchern, als der Liberalismus leuchtend strahlte.

„Jeder hat in der kommerzialisierten Welt seinen Preis“, dachte Bernard Shaw und versuchte in Major Barbara den Beweis dafür anzutreten.

„Der Mensch ist unkalkulierbar“, rief John Galsworthy aus und malte seine unschätzbaren Schatten des Sonnenuntergangs der Zivilisation.

„Du Mitmensch bist mein Bruder“, fühlte General Booth und behandelte den anderen Mitmenschen wie sich selbst.

4

Klar und deutlich ist in diesen verschiedenen Sätzen die Verlegenheit von heute ausgesprochen. Wir kennen uns nicht mehr oder stimmen wenigstens nicht mehr darin überein, was „der Mensch“ ist.

Handeln die beliebig zitierten Sätze wirklich von demselben Subjekt? Erörtern sie, was in der Substanz das gleiche ist? Zielen der Herr Wie-Jedermann B. Shaws und der „Ehrenwerte Adam Mensch, wohlgeboren“ in einem Roman Galsworthys auf ein und dasselbe Wesen?

II

1

Jahrhundertelang war es etwas klar Umrissenes, was der Mensch ist, es galt als allgemeine wissenschaftliche Annahme.

Der Mensch schien so umrissen und unverwechselbar wie ein jegliches Ding. Der Naturwissenschaftler insbesondere war sich ziemlich sicher, der Mensch sei Naturding wie alle anderen Dinge.

Nach dauernder Belehrung über Jahrhunderte sind die Naturwissenschaftler felsenfest davon überzeugt, dass sie ihre Methode „Wie-ein-jegliches-Ding“ auf den Menschen anwenden können. Einwand gegen ihre Methode ist ihnen völlig fremd.

2

Mit aller Kraft wende ich mich dagegen.

Mein ganzes Leben lang verwirrte mich die Methode „Wie-ein-jegliches-Ding“. Heute kann ich wohl sehen, warum Mr.Shaws der Herr Wie-Jedermann wirklich nicht mein Bruder und warum „der andere Mitmensch" es doch ist.

Ich begreife, warum J. J. Rousseau und Thomas Paine den Weg zu Stalin und Hitler gepflastert haben.

3

Ich greife die These von der Einförmigkeit des Menschen an. Ich greife die Voraussetzung an, dass die Regel „A gleich A" auf den Menschen anzuwenden wäre. Ich greife die Lehrsatz-Selbstsicherheit an, mit der wir das Menschengeschlecht wie jedes andere Ding behandeln.
Auf der anderen Seite bin ich mehr denn je von der Einheit des Menschengeschlechts überzeugt, von einem gemeinsamen Ziel, einer gemeinsamen Bestimmung für alle Menschen, von der dringenden Not, wiederherzustellen, was den Menschen ausmacht und ihm den Sinn gibt.

4

Wahrscheinlich steht meine Verlegenheit so oder so in Beziehung zu der Verwirrung, die in der politischen Welt tobt. Bin ich doch Zeitgenosse von *Kriegen, Revolutionen, Pogromen, Hunger, wirtschaftlicher Depression.* Überall ist die Verwirrung zu sehen, was mit dem Menschen ist.

Der Dogmatiker weist vielleicht darauf hin, dass schon die Tatsache, dass ich eine Verlegenheit einräume, wo ihm keine dazu eingefallen ist, und meine leidenschaftliche Rede für eine Lösung genügend Beweis dafür sind, dass mein Verstand und meine Leidenschaft es bloß nicht vermocht haben, sich von der Ansteckung mit der epidemischen Verwirrung freizuhalten.

III

1

Und tatsächlich ist der dogmatische Naturwissenschaftler nicht verwirrt. Alle Dinge, jedermann sind ihm vollkommen klar.

Er ist glücklicher dran als ich in meinem Dilemma. Er hat sein Grundprinzip niemals in Zweifel gezogen, dass nämlich der Mensch ein umrissener Gegenstand der Naturwissenschaft und der Forschung sei.

2

Abwesenheit von Zweifel und ungestörte Seligkeit sind selten Verbündete des wissenschaftlichen Fortschritts. Was nämlich beim wissenschaftlichen Fortschritt vorgeht, ist doch gerade, dass wir einem herrschenden Lehrsatz nicht mehr folgen können. Ganze Völker verlieren ihre Sicherheit in dieser Sache.

Ein Wirbelsturm übler Geister rüttelt an den Grundfesten der menschlichen Gesellschaft, weil ein alter Lehrsatz außer von den Hohepriestern, den Spezialisten der verschiedenen Wissenschaften vom „Menschen" nicht mehr geglaubt wird.

3

Ich achte durchaus ihre Aufrichtigkeit und Hartnäckigkeit. Ich kann die lautere Überzeugung schätzen, sie seien in dem politischen und sozialen Durcheinander die einzig gesunden und nüchternen Leute.

Aber unsere Welt bröckelt in Stücke, weil heute Irrtümer bezüglich des Menschen als Wissenschaft ausgegeben werden.

4

Wohl stimme ich dem Dogmatiker zu, es sei keine wissenschaftliche Antwort unter Druck oder als Konzession an beliebte Glaubenssätze oder Begierden zu geben. Aber die Alternative ist nicht die zwischen Zustimmen zur Republik der Gelehrten oder dem politischen Dogma der Bolschewiken oder Faschisten.

Die Wahl ist die zwischen dem Stolz der Naturwissenschaftler, die glauben, sie wüssten ein für alle Mal, dass der Mensch Teil der Natur ist, und dem vorsichtigen Zugeben, dass wir über diese Voraussetzung gar nichts wissen.

IV

1

Ich werde das Gefühl nicht los, dass nur der, der zugegebenermaßen wie seine Mitmenschen verwirrt ist und der zugegebenermaßen unter dem Druck arbeitet, das Zerbröckeln unserer Gesellschaft sei möglich geworden, hoffen darf, wissenschaftliche Antworten zu finden, die vielleicht dazu beitragen, dass das soziale Rahmenwerk um uns herum wieder heil wird.

2

Deswegen gebe ich zu, dass

Multiformis proditoris
Ars ut artem falleret.[13]

diese Gedanken gedacht worden sind.

13 Aus der Passionshymne des Venantius Fortunatus: „Formenreichtum des Verderbers List, an unserer List zerschelle!“

I WER IST ES, MIT DEM DIE BETRIEBSLEITUNG UMGEHEN MUSS?

ERSTES KAPITEL: DER TECHNISCHE FORTSCHRITT

1

Der Arbeiter, der am Fabriktor die Stechuhr drückt, muss einem „Chef" genüge tun. Und dieser „Chef" stellt die Betriebsleitung dar. Wenn unumgänglich ist herauszuarbeiten, wie eine Fabrik strukturiert ist, versieht man heute Arbeiter und Chef abstrakt mit den Namen „Arbeit" und „Betriebsleitung".

2

Und hier endet gewöhnlich unser Nachdenken.

Es ist wie ein gefrorenes Schlagwort, dass die soziale Frage ihren Mittelpunkt in dem Verhältnis zwischen Betriebsleitung und Arbeiter hat. „Die Betriebsleitung geht mit den Menschen um", hören wir. Man braucht diese nur richtig zu behandeln, dann ist die Frage gelöst.

3

Aber nichts liegt ferner von der Wahrheit.

Die Betriebsleitung konfrontiert die Arbeit mit bestimmten Forderungen, aber sie hat sie doch nicht frei erfunden. Die Betriebsleitung übermittelt den Händen, was Gehirne vorher erfunden und ausprobiert haben.

Unser industrielles System ist die technische Anwendung des wissenschaftlichen Fortschritts. Und daher hängt die Industrie grundlegend von den technischen Fortschritten ab. Holz wird ersetzt durch Kohle, Kohle durch Öl, Öl durch Elektrizität und umgekehrt, Stahl durch Aluminium, Seide durch Nylon, Butter durch Margarine.

Die Technik schreitet fort, indem sie dauernd etwas ersetzt. Die Forschung ermöglicht es einem neuen Produzenten, einen alten Produktionsprozess durch einen noch völlig unerprobten zu ersetzen.

4

Dies, ja, dieses allein hat die Betriebsleitung gezwungen, das Unternehmen nicht wie die Handwerker zu behandeln, sondern als Rennbahn, auf der ein Wettrennen mit Rekordgeschwindigkeit stattfindet. Nicht die Betriebsleitung, sondern die Ingenieure schreiben die Produktionsmethoden vor.
Und diese Ingenieure bewegen sich auf den kleinsten Wink der wissenschaftlichen Labore hin, die den Rand von Irrtümern in der Produktion zu verengern suchen.

II

1

Sooft ihnen das gelingt, verlieren die Arbeiter in der Fabrik wieder etwas Handlungsfreiheit. Ehe die Wissenschaft die Speerspitzen machte, formte der Handwerker Schwerter, Sensen und Löffel nach seinem Geschmack. Nach jedem wissenschaftlichen Test hat der Arbeiter weniger Variationsfreiheit.

2

Die Grundvorschrift für die Arbeit überlässt nichts mehr der Vorstellungskraft. Ein Bolzen, eine Bewegung auf dem Fließband bezeichnet den Triumph des technischen Fortschritts über die individuellen Abweichungen.

Die Beziehung Wissenschaft-Arbeit sitzt also auf dem Führersitz in der Industrie. Die Betriebsleitung bringt zu, überträgt und vermittelt die Druckmomente des technischen Fortschritts zu den Händen.

3

Bei den alten Handwerkskünstlern und Handwerkern waren Ingenieursgehirn und Hände des Handarbeiters vereint. Er betrieb den Fortschritt und die Routinearbeiten.

Labor plus Betriebsleitung plus Arbeit, alle drei zusammen vertreten ihn in der modernen Produktion.

4

Aber das ist nicht alles. Wie schon gesagt entdeckt die „reine“ Wissenschaft vielleicht etwas, was die ganze vorhandene Anlage vom Ingenieur bis zum Arbeiter über den Haufen wirft, indem es diese durch eine neue Herangehensweise ersetzt. Die Ausbildung des Ingenieurs passt dann nicht mehr, weil doch die ganze Argumentationslinie verlassen wird.

Was tut ein Ingenieur, der alles über Dampfmaschinen weiß, wenn die Produktion per Atomspaltung möglich wird?

III

1

Am vordersten Punkt des Fortschritts bedroht also die reine Wissenschaft und die nächste Erfindung ganze Industrien mit Vernichtung. Das Damokles-Schwert hängt über dem Haupte jedes technischen Experten: trotz all seines Könnens wird er ersetzt wie der Pferdemietstall durch das Automobil.

2

Aber das Merkwürdige ist, dass auch die Handarbeit ähnlich bedroht ist.

Der mechanische Baumwollpflücker übertrifft leicht tausend Hände pro Minute. Mechanisierung zielt immer darauf, dass sich das Verhältnis zwischen Leuten und Maschinen zugunsten der Maschinen verschiebt.

Die Arbeit ist niemals sicher, der Chef schaut immer über die bestehende Mechanisierungsproportion hinaus.

3

Deshalb kann die Arbeit in der Fabrik niemals heimisch werden.

Denn die Betriebsleitung hofft doch auf Fortschritt, der ihr gestattet, am Ende ganz ohne Arbeit auszukommen. Mag wohl sein, dass in einer bestimmten Fabrik das nicht zu erwarten ist; da scheint der Sättigungspunkt der Mechanisierung erreicht.

Das ändert aber nichts an der allgemeinen Atmosphäre der Industrie. Es wäre eine Ausnahme.

4

Das Gesetz der menschlichen Beziehungen in der Industrie beruht trotzdem auf dem technischen Fortschritt. Und das heißt doch, dass es sich die Industrie nicht leisten kann, auch nur einem Menschen an ihren Produktionsstätten ein „Heim" zu bieten, solange ihr Wagen an die Sterne des wissenschaftlichen Fortschritts angehängt ist.

IV

1

So leben – wie nun zu sehen ist – die Leute in der Industrie in der Schwebe.

Denn die Zukunft eines einzelnen Produktionsprozesses wird davon bedroht, dass ihn ein neuer ersetzt. Und ebenso wird der Arbeitsplatz des einzelnen Arbeiters durch Installation eines noch weiter mechanisierten Arbeitsmittels bedroht.

2

Die ideale Fabrik ist die Produktionsstätte mit buchstäblich einem oder zwei Leuten, die nur noch zu kontrollieren haben. Alle zahlreicheren Mannschaften sind zeitweilig und werden als unvollkommen, als weniger vollkommen angesehen.

3

Was also ist das Beständige in diesem Fließen?

Das Verkaufsbüro und die Betriebsleitung bleiben, auch wenn Maschinen die Leute ersetzen, Elektrizität das Gas.

Also repräsentieren Betriebsleitung und Verkauf die konstanten Elemente, denn sie sind rein formale. Ingenieure und Labor wechseln, weil sie die Verkörperung der jeweiligen Produktionsphase sind.

4

Es ist das die heroische Größe des Feldzugs des industriellen Fortschritts: dass nichts für ewig ist. Wir sind in unserer materiellen Existenz umso tüchtiger, je öfter wir die Existenzmittel wechseln.

Der chinesische Bauer hat drei- oder viertausend Jahre auf seinem Reisfeld mit derselben Anbaumethode überlebt. Hierzulande wechseln, wechseln und wechseln die Anbaumethoden nicht nur alle Jahrhunderte, sondern jedes Jahr. So haben sie die Aufgabe der Betriebsleitung zu leisten, die die chinesischen Bauern gar nicht hatten.

Das Problem der Betriebsleitung entsteht erst, wenn man mit dem technischen Fortschritt zu rechnen hat.

ZWEITES KAPITEL: DAS KREUZ DER WIRKLICHKEIT IM BETRIEB

I

1

Unglücklicherweise verliert man diese Bedingung gewöhnlich aus den Augen. Man untersucht die Beziehung zwischen Arbeit und Betriebsleitung, als wäre sie eine Zweierbeziehung.

Wenn man sie so behandelt, scheint der Interessengegensatz unversöhnbar. Aber ein Antagonismus zwischen zwei gegensätzlichen Interessen liegt gar nicht an der Wurzel des industriellen Systems.

Das Denken in dialektischen Begriffen ist der dem Kapitalismus wie dem Kommunismus gemeinsame Irrtum.

2

Vielmehr besteht eine Lage mit vier kreuzweise gelagerten Interessen.

Von daher dürfen

Betriebsleitung, Labor, Verkauf und *Ingenieure*

nicht als zwei entgegenstehende Gruppen zusammengepackt werden. Sie müssen als vier Arten angesehen werden, und keine der vier darf ausgelassen oder auf eine der anderen reduziert werden, will man nicht verheerende Ergebnisse zeitigen.

3

Aber alle Lehrbücher tun das.

Dennoch: das Kreuz der industriellen Wirklichkeit hat

zwei formale Arten, Verkauf und Betriebsleitung,
und zwei qualitative, Produktion und Labor.

4

Der Verkäufer und der Betriebsleiter heißen formal, weil sie doch alles und jedes leiten oder verkaufen können. Chemiker oder das spezielle Arbeitsmittel aber sind mit dem einen, bestimmten technischen Geheimnis verheiratet.

II

1

Nach diesem ersten Überblick nehmen wir nun die Zone Verkauf-Labor im Einzelnen vor.

Thomas Alva Edison ist mit großer Reichweite von Ideen, frei von jeglicher Routine der extreme Erfindertyp. Auf der anderen Seite verdient der Mann am Fließband das beste Geld, wenn er der perfekte rhythmische Automat ist.

In jeder beträchtlichen Industrie werden die Front der neuen Ideen (Edison) und die Front der täglichen Wiederholung durch unterschiedliches Personal besetzt.

2

Der Leser mag jetzt an einen kleinen Laden denken, wo ich fünf Tage lang der Esel bin und am sechsten die Ideen habe.

Selbst dann täte es gut zu erkennen, dass ich an dem einen Tag außen bin und an den fünf anderen das Alte wiederhole, weil anders keine Produktion stattfindet.

3

Immer nötig sind

eine Vorwärtsfront, besetzt von Ingenieuren und Forschern, die von der Mühsal frei sind, und eine Rückwärtsfront, besetzt von mechanisierten Arbeitsmitteln und rationalisierten Händen.

4

In mir selbst habe ich zwischen freiem Genius, der die Ideen für dieses Buch liefert, und „meinem Bruder Esel"– wie St. Franziskus seinen Leib nannte – zu vermitteln, dem Esel, der das Tippen übernimmt.
In der Industrie leistet diese Vermittlung zwischen den freien und den gebundenen die Betriebsleitung.

III

1

Betriebsleitung, Erneuerungsfront und *Routinefront*

bilden zusammen eine Produktionseinheit, deren Ergebnis durch unseren vierten Freund in Geld verwandelt wird, den Kaufmann auf dem Weltmarkt.

Daher ist jede Erörterung müßig, die nicht anerkennt, unter welchem Druck sich die Betriebsleitung befindet.

2

Die Betriebsleitung vermittelt unter der Peitsche der Verkaufsmöglichkeiten zwischen den möglichen technischen Fortschritten in Produktion und Produktionsmethoden und dem jeweils aktuellen Stand.

Wenn wir diese Beziehung durch ein Kreuz darstellen, platzieren wir die

Betriebsleitung an die innere Front der Industrie angesichts der Arbeitsvorgänge in der Fabrik,

den Verkäufer an die auswärtige Front, da er die Märkte im Blick hat.

Die Ingenieure blicken in die mit technischen Veränderungen befrachtete Zukunft.

Die Arbeit blickt nach rückwärts, weil man von ihr erwarten muss, dass sie wieder, wieder und wieder die einmal festgesetzte Routine ausführt.

3

Diese kreuzförmige Analyse ist natürlich nicht auf die Industrie beschränkt.
Andernorts habe ich gezeigt, dass jede lebendige Gruppe, Familie, das Heer, der Fußballclub, die Nation, die Kirche sich notwendig in diese vier Richtungen aufspalten und Spezialisten entsenden muss, die mit dem neuen, dem alten, dem äußeren und dem inneren Leben der Gruppe befasst sind.

4

Ein Heerführer zum Beispiel ist nicht an der inneren Front wie die Betriebsleitung. Er hat ein Recht, das der Betriebsleitung verwehrt ist: er kann und muss menschliches Leben für die Zukunft des Landes opfern.

Führer sind an der Vorwärtsfront.

Ein Betriebsleiter, der sich für einen Führer hält, wäre ein Faschist.

IV

1

Jede einzelne Fabrik also ist durch das Verhältnis von

Betriebsleitung, Marktlage, Labor und *Produktionsstätte*

zu bestimmen.

2

Jede Fabrik offenbart sich als zeitweilige Anordnung „kraft Setzung“. Von beiden Seiten her, von der Erneuerung und der Routine her, wird diese in der Schwebe gehalten.

Jeder einzelne Handarbeiter muss darauf gefasst sein, dass er durch Mechanisierung ersetzt wird, und der ganze Produktionsprozess muss darauf gefasst sein, dass er unergiebig wird.

3

Das erste Ergebnis dieser Anerkennung haben wir schon vorausgenommen, als wir beklagten, dass die Beziehung zwischen Arbeit und Betriebsleitung fälschlicherweise als in sich vollständig behandelt wird.

Das zweite Ergebnis hat vielleicht noch größere Reichweite.

Das ganze Mammut der Industrie ist wirklicher, dauernder als jedes ihrer zeitweiligen Produktionszentren. Die Industrie besteht nicht aus den Fabriken, wie sie gerade sind. Es ist umgekehrt: jede Fabrik, wie sie gerade ist, hängt von dem industriellen System als Ganzem ab!

Wohl muss die Industrie in jeder einzelnen Phase des Fortschritts in bestimmte Produktionsformen vorpreschen. Aber doch kann jede dieser Hochkonjunktur-Städte zur Geisterstadt werden.

So enthalten diese Formen niemals die Industrie; sie pulsiert durch sie hindurch, immer bereit, jede einzelne dieser Formen abzustreifen.

4

Wer mutig diese entscheidenden Tatsachen der Industrie anschaut – und jeder weiß von ihnen – erhebt sich über die Schlagworte der Kapitalisten und Kommunisten.

V

1

Was aber ist dann die praktische Schlussfolgerung aus der kreuzweise angelegten Lage der industriellen Produktionszweige?

Die Betriebsleitung geht gar nicht mit den Menschen um! Sie geht mit kurzlebigen, vorübergehenden, zwischengeschalteten Beziehungen zwischen *Ingenieuren, Arbeitern, Maschinen* und *Märkten* um.

2

Der Mann, der an den Fabriktoren erscheint, ist nicht der ganze Mensch. Es ist der Mensch, dessen Farbe, Rasse und Glaube gleichgültig sind, der um Beschäftigung per Stunde anhält, weil er keiner Produktionsstätte zutrauen darf, dauernde Arbeit für ihn zu haben.

Er sagt sich mit Walt Whitman: „Ich bin auf der offenen Straße. Ich glaube den Sitzen der Herrschaft nicht."

3

Wer in der Industrie arbeitet, ist ein eigenartiges menschliches Wesen, weil sein Sinn für Zeit und Zeitigen vom Dilemma der Betriebsleitung bedingt sind. Nie darf der Arbeiter vergessen, dass eine Hochkonjunkturstadt über Nacht zur Geisterstadt werden kann und dass sein Können schon am Nachmittag durch einen Roboter ersetzt werden wird.

4

Das ist der Grund, warum wir ihn studieren wollen, diesen spezifischen und neuen Menschen, mit dem die Betriebsleitung umzugehen hat.

Es ist der Mensch ohne Zeitsinn, wie ihn die Erde nie zuvor gesehen.

II WAS AN DEM MENSCHEN EINFÖRMIG IST

ERSTES KAPITEL: DIE SOZIALEN AUSWIRKUNGEN DER INDUSTRIE SIND NIEMALS WIRKLICH UNTERSUCHT WORDEN

I

1

Neulich musste ich nach jemandem suchen, mir die maschinell geschriebenen Kopien eines Manuskripts durchzusehen. Ich fragte beim Studentendienst in Harvard an. Man gab mir eine Adresse und die Auskunft, die reguläre Bezahlung wäre soundsoviel für die Stunde.

Am selben Abend war ich mit einem alten und berühmten Kollegen zusammen, der von seiner Studentenzeit erzählte. Er musste sich seinen Weg durchs College durcharbeiten und wurde eines Tages gefragt, ob er nicht, mit seinen Deutschkenntnissen, die Lutherbibel für einen Professor lesen könne, der damit seine Kenntnis dieser Sprache auffrischen wollte. Der Professor war William James. Die Sache wurde verabredet, das Vorlesen ging den ganzen Winter lang. Ich fragte ihn, wie er entlohnt wurde. Er gab zur Antwort: „Selbstverständlich monatlich. Jede andere Zahlungsform wäre damals unerhört gewesen."

Das Geld, das die beiden Studenten kriegten, war gerade ungefähr gleich; der einzige Unterschied war die Berechnungsart.

2

Diese beiden Erzählungen scheinen für das Problem: Ökodynamik in einer mechanisierten Welt nicht viel beizubringen. Ich glaube aber, dass sie, besser als alles andere vielleicht Gewichtigere, das Ziel des Versuchs illustrieren.

Bei beiden Erzählungen geht es um Geld und ökonomische Probleme. Aber sie gehen mit dem Geld nicht als Geld um. Sie behandeln das Geld als soziales Symbol.

Löhne können pro Stunde oder pro Monat ausbezahlt werden.

Das ist eine soziale, keine ökonomische Frage.

3

Diese Seite der Industrialisierung hielt man lange für minder wichtig und hat sie den Überlegungen der Ökonomen und Techniker überlassen. Es gibt wenig Literatur zum sozialen Rahmenwerk der industriellen Gesellschaft.

Erst jüngst sind die sozialen Folgen der Industrie bestimmbar geworden und unausweichlich für jedermann, sogar für Dichter, Geistliche und Professoren der Musen.

Europa produziert nämlich keine vorindustriellen Leute mehr, Amerika keine Pioniere. Die präkapitalistischen Gesellschaftsformen verschwinden, die ihre Werte reproduzieren und ihre Charaktertypen regenerieren konnten. Puritaner, Gentlemen, Bürger kommen nicht mehr in altgewohnter Weise aus Quincy oder Salem.

4

Diese Typen hörten nicht einfach zu existieren auf, als die industrielle Revolution kam. Die industrielle Revolution marschierte in die vorindustrielle Menschheit ein; und eben deshalb verließ sie sich darauf, dass die präkapitalistische Welt solche Leute für weitere hundert Jahre produzieren würde.

Weil diese hundert Jahre jetzt aber vorüber sind, müssen wir jetzt fragen, wie Werte und Leute innerhalb der uns umgebenden industrialisierten Welt regeneriert werden können; denn in Zukunft wird nichts dergleichen mehr von außen in sie eintreten.

II

1

Das erste Axiom für diese Welt ist ihre Einförmigkeit.

Ihre Probleme sind einförmig; ihre Verwirrung ist einförmig. Zeit und Raum haben für sie einen speziellen Typ.

An kleinen Dingen kann man diesen Wechsel von Zeit und Raum, bewirkt durch Industrie, am besten erfassen. Vergleicht man die modernen Lohnsysteme mit den Einkommensformen der Vergangenheit, ist zu lernen, wie man die unsere Gesellschaft als magischer Zirkel umgebenden Gewalten von Zeit und Raum walten lassen muss.

2

Der Tag eines Arbeiters entsprach in früheren Zeiten dem Rhythmus des eigenen Lebens. Ehrenämter dauerten ein Jahr. Längere Arbeitszeiten hatten wohl keinen objektiv feststellbaren Sinn, gaben aber der Persönlichkeit eines Menschen einen eigenen Status.

Der Monatslohn war ein Bruchteil des Einkommens der ganzen Lebenszeit. Das erzog die Leute dazu, sich auch Vorhaben für die Lebenszeit vorzunehmen.

Der neue Kalender ist ganz anders. Selbst wenn die Löhne noch monatlich oder vierteljährlich gezahlt werden, zählt die alte Bedeutung nicht mehr. Der Unterschied von Tag und Nacht, der Jahreszeiten, Generationen und Lebensalter ist abgeschafft. Der Tag hat 24 Stunden, 365 Tage bilden ein Jahr und 100 Jahre bilden ein Jahrhundert im Sternenlauf.

3

Der neue Kalender ist das Symbol einer ökonomischen Revolution. Solchen Kalender gab es vorher nicht; nie zuvor hielt man die Erde für den winzigen Satelliten der Sonne.

Der Kostenkalender der Industrie wurde erdacht, um künftige Arbeitsstunden vorwegnehmen zu können. Sobald man in Schichten arbeitet, wird die Arbeit nicht mehr nach Diensten bekannter Personen berechnet, sondern durch Multiplikation der Arbeitsstunden, die von austauschbaren anonymen Arbeitskräften ausgeführt werden.

Das System der Arbeitsschichten ist erst in den letzten dreißig Jahren in das gesamte soziale Leben einmarschiert.

4

Der von der Kostenabteilung aufgestellte Kalender trennt die Arbeitszeit von dem Menschen, der die Arbeit tut, und bezieht sie ausschließlich auf das Arbeitsstück. Die Stunden der menschlichen Arbeit haben keinerlei Beziehung mehr zueinander. Die Zukunft, die doch die eines Menschen ist, wird in einen vorwegzunehmenden Zeitraum für die Arbeit umgewandelt.

Der neue Sonnenkalender erlaubt auch keine Unterscheidung von Vergangenheit und Zukunft mehr.

III

1

Die Nervenzusammenbrüche unserer jetzigen industrialisierten Gesellschaft sind das Resultat der Tyrannei der Terminbücher, der Tyrannei einer Vergangenheit, die mehr und mehr auf die Zukunft übergreift.

Denn „Arbeitszeit" ist ja durch und durch erkundetes Territorium.

Der Mensch aber braucht die Balance zwischen erkundetem und jungfräulichem Territorium der Zeit; die Naturwissenschaft verachtete aber eben die Kraft, die uns ermutigt, Kalender in Klarheit aufzustellen: den Glauben.

2

Ich möchte von den sozialen Wirkungen der modernen Ökonomie sprechen. Und weil das Wort sozial eher verblasst ist, können wir vielleicht den Begriff sozialer Wirkungen beschreiben, indem wir sagen, dass die moderne Ökonomie bestimmte Veränderungen für Regierung, Kunst, Wissenschaft, Familie, kommunale Verwaltung, Freundschaft und schließlich auch für das individuelle Glied der Gesellschaft mit sich bringt.

Für unser Vorhaben behandeln wir die Welt der Industrie und des Handels, aber nicht wie Ökonomen, Techniker oder Kaufleute es tun. Wir erörtern nicht hohe oder niedrige Löhne, nicht billige Preise für Rohstoffe. Ich biete keine Lösung für die Wirtschaftsdepression.

Und bin doch trotzdem leidenschaftlich am ökonomischen System und der modernen Technik interessiert, weil die die Menschen in ihrem täglichen Leben angehen, mich und alle anderen.

3

Es ist meine Überzeugung, dass wir erst am Anfang stehen, um die Auswirkungen der industrialisierten Welt auf den Menschen wahrzunehmen.

Was sich vielleicht als reichlich verspätete Feststellung anhört. Hierzulande nimmt man doch als erstes und letztes an, wir wüssten alles über die Industrialisierung, in einem Land der Hochhäuser und Fordautos wüsste die Gesellschaft alles über die Industrie. Und doch ist das meine Behauptung und Frage:

Wie kann eine Gesellschaft leben und existieren, in der jedermann alles weiß?

Wir werden sehen, dass die Industrialisierung eben das getan hat, wovon mich meine Freunde überzeugen wollten – das sind alles Leute, die alles wissen und keine Geheimnisse haben.

Kann eine solche Gesellschaft überleben?

4

Also möchte ich die These verteidigen, dass die Wirkung der Industrie auf die Menschheit während des 19. Jahrhunderts niemals wirklich untersucht wurde.

Hier meine Verteidigung.

IV

1

Soweit ich weiß, hat man der Entwicklung keinerlei Aufmerksamkeit gezollt, die sich in den beiden Erzählungen von den Studenten spiegelt. Ich kenne kein Buch, das den Einmarsch des Stundenlohns in das Leben der Studenten, Professoren, Sekretäre, Pfarrer, ärztlichen Assistenten usw. beschreibt. Ich finde kein Handbuch der Wirtschaft, das erwähnt, dass der erste Bergarbeiterstreik in Deutschland großen Ausmaßes ausbrach, weil der alte Typ Grubenarbeiter und Knappe nicht gewillt war, die erniedrigende Bezeichnung als Arbeiter oder Kumpel zu akzeptieren. Der erste aller folgenden Streiks ging nicht um höhere Löhne!

Aber die Lehrbücher behandeln irrtümlich alle Streiks als Lohnstreiks.

2

Die Ideologie des Arbeiters hat von seinen Motiven her wenig mit den unbewussten Kräften zu tun, die in der modernen Industrie zum Streik führen. Die Oberflächlichkeit, mit der wir die These der Arbeiterschaft selbst akzeptieren, ist Anzeichen genug, dass die Wirtschaftler und die Leute, die als Ingenieure tätig sind, das Feld der sozialen Wirkungen der Industrie schön für sich behalten wollen.

Erst in den letzten dreißig Jahren haben sich die herrschende Klasse und die, die für sie denken sollen, der Lage gegenübersehen, dass sie sich nicht mehr auf die vorindustrielle Menschheit und ihre etablierten Werte verlassen konnten. Bis dahin konnten die Führer der Gemeinschaft sozusagen zwischen den Früchten und Produkten der neuen Ordnung und den Produkten und Gütern eines vorigen Zeitalters wechseln. Ein förmlicher Strom hoch ausgebildeter Handwerker ging von dem Handwerkerladen aus in die Fabriken, und ein ebensolcher Strom europäischer Facharbeiter wanderte aus der Alten Welt in dieses Land.

3

Noch heute, höre ich, gibt es in bestimmten Industriezweigen das Problem, dass Meister und Vorarbeiter aus Europa bezogen werden müssen, weil sie hierzulande nicht reproduziert werden.

Ein Klavierbauer zum Beispiel kann hier ein gutes Auskommen finden, aber wenn er stirbt oder in den Ruhestand geht, muss der nächste wieder aus der alten Tradition in Europa bezogen werden. Fällt ein Spezialarbeiter aus, wird jedes Mal die Kette durchbrochen.

Hier gründet sich die industrialisierte Welt noch immer auf der Zivilisation nicht-industriellen Typs – in diesem Falle auf der Zivilisation mit richtigen Lehrlingen und Gildentraditionen der Meisterschaft.

In Europa waren bis 1908 zwei Drittel aller Facharbeiter in den Fabriken in einer Umgebung ausgebildet und geschult, die nichts mit Fabrik zu tun hatte.

4

Das galt nicht nur für Fabriken und Handwerksbetriebe, sondern genauso für alle freien Berufe.

Vor achtzig Jahren kamen zwei Drittel der Studenten auf einem College aus den Farmen, was doch heißt, dass sie in präurbaner und präkapitalistischer Umwelt aufgewachsen waren. Diese hatte strikt lokalen Charakter, mit der konkret sichtbaren örtlichen Regierung gewählter Räte. Politik oder Wirtschaft eines solches Ortes war in keinem Punkte abstrakt, wo es doch eines der hervorstechenden Merkmale der modernen Ökonomie ist, sogar jetzt auf dem Dorf, dass die Wirtschaftsbeziehungen des First National Store, der Busgesellschaft, der Western Union, die die Kinder bei der Arbeit in ihrer Gemeinde zu sehen kriegen, translokal sind und weder beurteilt noch verstanden werden können, wenn man auf Leute und Häuser im Dorf guckt.

Erst heute füllen sich die Colleges mit Studenten, die in der überwältigenden Mehrheit nicht aus Häusern und von Farmen kommen, sondern aus Schulen und Mietshäusern, die nicht von einer lokalen Wirtschaftseinheit umgeben waren, sondern durch die abstrakte Wirtschaft des Kontinents.

Trotz dieser Tatsachen lehren die Colleges so, als wären die Studenten weiterhin Leute vom Dorf, die nun mit dem Wissen der Welt von außerhalb ausgestattet werden müssen.

ZWEITES KAPITEL: DIE ALTE WELT LIEFERT KEINEN NACHSCHUB AN FACHKRÄFTEN MEHR

I

1

Nicht nur sind jetzt Fabrik und College einem anderen Menschentyp gegenübergestellt, sondern sie können auch im Notfall und für eine besondere Aufgabe keinen älteren Persönlichkeitstyp mehr heranziehen.

Wir sind die erste Generation, die sich auf nichts als auf die industrialisierte Welt verlassen kann.

2

Während des ganzen vorigen Jahrhunderts gab es zwei Zivilisationen beieinander. Die sogenannte industrielle Revolution war keine Revolution, weil sie nur den alten, weiterbestehenden Gesellschaftswerten etwas Neues hinzufügte.

So war es immer noch möglich, der technischen Welt zu entkommen. Die Dichter konnten immer noch in der Sprache eines älteren Zeitalters reden. (Während des Ersten Weltkrieges war bemerkenswert, wie der damals zeitgenössische Stil unfähig war, die Wirklichkeit des technischen Krieges mit seiner Abstraktheit, seiner „Leere des Schlachtfelds", dem großen Maßstab zu beschreiben.)

Und für den abenteuernden Geist der Jungen gab es noch genug jungfräuliches Territorium, um die Vorstellungskraft zu befriedigen. Schließlich konnten die Amerikaner doch auch nach Europa gehen.

3

All dies wirkt nun nicht mehr als Sicherheitsventil. Wir leben endgültig in einer industrialisierten Welt.

Ein Professor der Erziehung am Lehrer-College in Columbia veröffentlichte 1931 ein Buch, in dem es von dieser Welt heißt:

„Sieht von einem Autofenster aus nur wüstes Land,
Wälder und Moore, dann sieht man gar nichts.
Denn das wüste Land ist doch Lehm, Sand und Stein.
Wälder Balken, Sparren und Verbindungen.
Torfmoore elektrischer Strom.“
Und weiter heißt es: *„Wir brauchen Fabriken nicht nur dazu, um Eisen und Stahl zu veredeln. Wir brauchen sie, um Leute zu veredeln.“*

4

Dieses Zitat soll helfen, unsere wirkliche Lage zu erkennen. Das Veredeln der Leute muss jetzt nämlich innerhalb der industrialisierten Welt passieren, in etwas den Fabriken Entsprechendem. Bildungseinrichtungen müssen in ihren grundlegenden Elementen zu Zeitgenossen der Fabriken werden. Ihre Werte müssen die Probe bestehen, ob sie von den Massen der im Fabriksystem lebenden Leute verstanden und geduldet werden.

Hinfort sind keine interessanten Carusos[14] oder Albert Einsteins oder James Bryces aus den erschöpften Zivilisationen Europas zu erwarten. Die Einförmigkeit der Industrialisierung hat die Volksüberlieferungen der Alten Welt jenseits des Atlantik ausgeschöpft.

II

1

Vielleicht sind es noch ein paar Jahrzehnte, dass man die interessanten Typen, Handwerker, Maler usw. importieren kann. Das sind dann aber nur Ausnahmen. Romantik nützt Europa gegenwärtig wenig, und romantisches Europäertum verliert seinen Nutzen in Amerika.

2

Bis zu den Weltkriegen marschierte die industrielle Gesellschaft in das Territorium der vorindustriellen Menschheit ein und nutzte die moralischen Schutzwachen und Verbote, die physischen Instinkte und Talente des vorkapitalistischen Zeitalters.

---

14 Enrico Caruso, ital. Startenor 1873 - 1921

Diese Ausbeutung der Vergangenheit ist an ihr Ende gekommen. Von jetzt an machen Maschinen alles, sogar kochen und waschen, schreiben und rechnen.

3

Die Einförmigkeit der Industrialisierung war vor 1914 noch nicht vollkommen. Damals hatte der Mensch selber noch viele Maßstäbe eines ganz unterschiedlichen Ursprungs und Typs.

Ich vermute, dass ein Amerikaner meiner Generation noch in der Ideologie Alexander Hamiltons und Thomas Jeffersons erzogen wurde. Für persönliche Ziele und persönliche Ideale schaute er wie Theodore Roosevelt auf den *self-made man* von vor hundert Jahren.

4

In der Einförmigkeit der modernen Zivilisation scheint das Ideal des *self-made man* schon recht bedeutungslos. Umstände und Konstellationen machen einen, die Mühle von Krise und Wohlstand. Die Massen teilen das Merkmal des Selbstvertrauens nicht mehr; sie erwarten, dass die industrielle Zivilisation um sie herum ihnen schon Gestalt geben werde.

III

1

Zum ersten Mal ist der Mensch allein mit Industrie und mit nichts als nur Industrie. Die Pionierzeit gibt es nur noch im Gedächtnis, aber nun mit dem Makel, dass sie uns nicht mehr mit Menschen für die Zukunft beliefern kann.

Vermutlich ist das der Grund, warum wir alle anfangen, über die Dynamik der mechanisierten Welt nachzudenken. Wir lassen jegliches Sicherheitsgefühl von Glanz, jegliches Abenteuer in einem noch unentdeckten oder noch nicht mechanisierten Teil der Welt hinter uns.

Weder die Bauernlieder aus Bayern, noch die Möglichkeiten des Mount Everests sollen uns von unserer Frage ablenken. Wir übersehen die wenigen weißen Flecken auf der Karte der Sahara oder der Arktis und die kleine Oase für Volkstanz in Kroatien.

Wir sehen die endgültige Industrialisierung und Organisation voraus, und fragen uns, was eine solche Welt wohl mit dem Menschen und der Gesellschaft macht.

2

Wir haben uns alle auf diese gemeinsame Zivilisation eingeschifft.

Wir bedauern das nicht, versuchen auch nicht, sie zu verlassen. Wir möchten ihre Verantwortlichkeiten teilen.

Aber auf der anderen Seite können wir uns nicht mehr auf die alten Schönheiten, die alten Werte, die alten Regenerationswege der nun vergangenen Welt verlassen, wir fragen nach Schönheit, Werten und Regenerationswegen in dieser neuen Welt.

3

Wir sind bereit, die alte Form aufzugeben: wie wir den Abend in der Familie verbringen, den Gottesdienst und die völlige Stille des Sonntags, den Genius der undisziplinierten Kinder der Natur, die Abenteuer eines Melville in der Südsee.

Aber wir möchten doch Äquivalente so oder so für all diese Verluste aufspüren. Wenn es auf der Welt nicht mehr viel gibt, das entdeckt werden kann und noch nicht entdeckt worden ist, verlagern wir die Neugier von der Welt auf die Gesellschaft und versuchen, Möglichkeiten zum Dasein auf einem industrialisierten Erdball zu entdecken.

4

Dass die industrialisierte Welt wirklich überall auf der Erde einförmig ist, ist am verblüffendsten. Und gerade durch diese Einförmigkeit wird die Gesellschaft heute so tief beeinflusst und verwirrt.

Wie einförmig die russischen, italienischen, deutschen, britischen und amerikanischen Probleme sind, muss nicht weiter betont werden. Das liegt auf der Hand.

Vor einigen hundert Jahren gab es eine große Variationsbreite nationaler Lagen, je nach Klima, Fruchtbarkeit, religiöser Widersprüche, Krieg, Hunger und Krankheit. Heute ist die Arbeitslosigkeit ein großes Problem, Verteilung ein anderes. Die Russen zum Beispiel unterscheiden sich, was diese beiden Probleme betrifft, in nichts von anderen Nationen, es sind auch ihre Probleme.

Die Lösungsversuche unterscheiden sich in den verschiedenen Ländern wohl, aber die Verwirrung ist überall dieselbe. Überall versucht man sie zu lösen. Überall sind die Leute eifersüchtig auf die Lösungen anderer Nationen.

Die Einförmigkeit in diesen zwei Dingen, der Eifersucht und der Verwirrung, ist überwältigend.

IV

1

Diese Einförmigkeit ist eine in Zeit und Raum. In beiderlei Hinsicht lebt der moderne Mensch in einer neuen Welt, verglichen mit der Welt der Vergangenheit.

Deshalb handele ich hier hauptsächlich von der neuen Zeit und dem neuen Raum, welche die Industriewelt geschaffen und nötig hat.

Indem wir die neue Zeit und den neuen Raum beschreiben, erbauen wir eine Diagnose für den Krankheitsfall der Gesellschaft unter der Herrschaft der Industrie und in ihrer Ära.

2

Wir sind ja mit den Methoden einer industriellen Welt vertraut. So könnte es als bloßes Geschwätz scheinen, wenn ich vorgebe, dass wenig bekannt ist, was diese moderne Welt eigentlich mit dem Menschen macht. Und ich stelle mir vor, wie gelangweilt ein Hochbauingenieur reagiert, wenn ich ihm sagen will, was der Zeitplan in seiner Fabrik wirklich bedeutet und an welchem Ort er eigentlich arbeitet.

Was ich sagen kann, ist, dass ich mehr als zehn Jahre in engstem Kontakt mit Technikern gelebt habe, vom Arbeiter bis zum Betriebsdirektor, dass ich später Kollege leitender Ingenieure an drei verschiedenen Technischen Einrichtungen war. Darüber hinaus habe ich das Leben von Bergleuten, Waldarbeitern und Steinmetzen geteilt; wir haben zusammen eine Fülle verschiedener Unternehmungen durchgeführt.

3

Und doch war sich keiner von ihnen des spezifischen Charakters der Zeit und des Raumes bewusst, in dem er arbeitete und lebte. Wenigstens waren sie nicht in der Lage, das auszudrücken.

Es wird eine ganze neue Generation brauchen, um die Gewalt und Fähigkeiten der Menschen zu entwickeln, damit sie die Geheimnisse der Welt erfassen und ausdrücken können, in die sie die moderne Produktionsform hineingehext hat.

4

Es sind die kleinen Dinge, die am klarsten den Einfluss einer Ordnung der Dinge auf den Menschen verraten.

Erinnern Sie sich an die beiden Studenten, der eine pro Stunde, der andere pro Monat bezahlt. Diese zwei trivialen Fälle mögen uns die neue Art Zeit offenbaren, in der wir heute leben.

Auf den ersten Blick scheint der Unterschied unwichtig. Die zwei Jungen erhielten dieselbe Geldmenge. In dem einen Fall kam sie zustande, indem fünfundzwanzigmal 50 Cents addiert wurden, im anderen, indem ein monatliches Gehalt festgesetzt wurde, das für zwölf bis vierzehn Abende mit jeweils zwei Stunden galt.

Man benötigt vielleicht genaueres Zusehen, um die volle Bedeutung des Befundes zu durchschauen. Der Monat des einen und die Stunde des anderen gehören zu vollkommen unterschiedlichen Zeitauffassungen.

DRITTES KAPITEL: DER ABSTRAKTE KALENDER DER INDUSTRIE

I

1

Ich muss Sie bitten, mir in die Welt zu folgen, von der solch monatliche Bezahlung nur der letzte Rest war, nämlich in die vorkapitalistische Welt. Ich will sie in keinster Weise idealisieren.

2

Schauen wir auf den ärmsten Teufel unter den freien Leuten in der Vergangenheit, den Tagelöhner. Er gehörte auf die unterste Stufe der sozialen Leiter.

Als Odysseus den berühmten Helden Achill im Land der Schatten besuchte, war der so außer sich vor Wut darüber, dass er tot war, dass er bekannte: ‚lieber ein Tagelöhner, wenn er doch nur wieder lebendig sein durfte'. Tiefer war also der Männerstolz nicht zu erniedrigen, als durch Bezahlung pro Tag.

Solch ein Arbeiter wurde für den Tag bezahlt, der von Sonnenaufgang bis Sonnenuntergang reichte. Ein voller Arbeitstag enthielt gewöhnlich vier Pausen für Mahlzeit und Ruhe.

3

Dieser Mensch konnte in Harmonie mit dem Tag seiner Umgebung arbeiten.

Ein Tag war die kleinste Einheit seines natürlichen Lebens. Er stand auf, wenn alle aufstanden, und ging heim, wenn die Abendglocke läutete. Sonntage oder Hochzeits- oder Begräbnistage im Dorf waren keine Arbeitstage. Samstagnachmittag und -abend von zwei Uhr mittags an waren ebenfalls von der Arbeit ausgenommen.

Die soziale Umgebung hatte die Arbeitszeit ziemlich uneffektiv und subjektiv als Teil des Menschenlebens organisiert. Vieles passierte nicht rechtzeitig, weil es zu viele Hochzeiten und Feiertage gab. Der Arbeitstag dauerte im Sommer sechzehn Stunden, im Winter sieben Stunden.

Trotzdem hieß sogar ein halber Tag ein Tag. Jegliche Unterteilung des Tages zählte selbst für den bescheidensten Arbeiter nicht. Denn das persönliche Leben eines Menschen hat keine Einheit kürzer als ein Tag.

4

Von Schlaf bis Schlaf ist der Tag die kürzeste bewusste und wache Einheit; und diese Kontinuität des Bewusstseins von Morgen bis Abend bildete einen Tag und formte den Tag zur kleinstmöglichen Einheit für jede Lohnfestsetzung um.

II

1

Im Allgemeinen wurde jemand ohne Eigentum nicht nach Tagen bezahlt. Er bekam Gehalt pro Monat oder pro Jahr. Pfarrer und Staatsbeamte wurden so bezahlt.

Praktisch war aber sogar das jährliche Gehalt keineswegs die Bezahlung für ein einzelnes Jahr. Sondern etwas anderes.

2

Das Jahresmaß galt zwei besonderen Zwecken. Zunächst diente es als Probezeit. Ein Jahresvertrag hieß: Vertrag fürs erste Jahr. Am Ende des Jahres wusste man, ob man dauerhaft zusammenarbeiten sollte. Zweitens war das Jahr der beliebte Ausdruck für Ehrenämter, die man für die Gemeinde wahrnahm. Ein Jahr Dienst als Bürgermeister, als Mitglied einer Jury oder eines Ausschusses war der Beitrag des Edelmanns für das Gemeinwohl. Niemals nahm er dafür Geld.

Noch immer braucht man in vielen Institutionen die Jahresfrist für solche Zwecke.

3

Monats-, Vierteljahrs- und Jahresgehälter galten regulär als Unterteilungen größerer Zeiteinheiten. Drei, fünf oder sieben Jahre waren die normale Zeit für Unverheiratete.

Für einen Erwachsenen, einen Verheirateten galt das Jahr als Unterteilung seines Lebens.

Als Nathaniel Hawthorne Konsul in Liverpool wurde oder Herman Melville Zollinspektor im Hafen von New York, war ihr Monatsgehalt das Glied in einer Kette, ein Tropfen in dem einen Einkommensstrom, den sie für den Rest ihres natürlichen Lebens voraussehen konnten.
Dieses natürliche Leben mochte wohl zehn oder zwanzig oder vierzig weitere Jahre umfassen. Damals war die Gesundheit den Gefahren viel mehr ausgesetzt, und die Dauer eines Menschenlebens äußerst zufällig.

So war die Bestallung klar bezogen, aber nicht auf ein Produktionsschema, sondern auf die besondere Persönlichkeit, die ein verantwortlicher Politiker – das war die Absicht – vor weiteren Sorgen schützen wollte.

4

Lebenslange Anstellung drückt den persönlichen Charakter einer Tätigkeit klar aus.

Jemanden für eine so lange Zeit zu beschäftigen, könnte leichtsinnig scheinen, wenn man nur die zu tuende, objektive Arbeit in Betracht zieht. Deshalb ist wahr: die lebenslange Anstellung vernachlässigt unverhohlen die objektive Seite der Weltproduktion und legt das Schwergewicht auf die Persönlichkeit eines Menschen.

III

1

Aber so erhielt das monatliche Einkommen seine eigentümliche Bedeutung. Es galt dem, der es regelmäßig empfing, als Rate für die Gesamtsumme. Hundert Dollar im Monat hören dann auf, hundert Dollar zu sein, sobald ich sicher weiß, dass ich sie zwölf Monate lang bekomme.

Die deutschen Lehrer und all die anderen deutschen Beamten waren für die Wunder berühmt, die sie mit ihren lächerlich kleinen Vergütungen vollbrachten. Sie bewirtschafteten die ganze Lebenszeit und konnten so Einkommen und Ausgaben rückwärts und vorwärts über viele Jahre tragen.

Am ersten jedes Monats oder jedes Vierteljahres legte man eine größere Summe zurück, die Schlüssel zu größeren Lebenszielen waren. Und keine momentane Versuchung konnte einen da verleiten, diese Beträge zu schmälern, von denen nicht das tägliche Leben, sondern die ganze Lebenszeit abhing.

Von 2500 Mark oder 600 Dollar im Jahr sparte ein deutscher Lehrer mit Freuden zweihundert, obwohl er tatsächlich unterbezahlt war. Denn für ihn stellten diese zweihundert Mark dank des Anstellungsmodus nicht den täglichen oder monatlichen Lohn dar, noch nicht einmal den Bonus für Weihnachten, sondern sollten den Traum des Lebens zu erfüllen, etwa, dass der Sohn eine Ausbildung bekam und nach Heidelberg gehen konnte. Es zahlt sich aus, auf jeden Pfennig zweimal zu gucken, wenn man mit den Dollars jahrein, jahraus für zwanzig oder dreißig Jahre rechnen kann.

2

So wurde man ermutigt, für fernliegende Ziele zu sparen, die Ausbildung des Sohnes, die Aussteuer der Tochter, die Silberhochzeitsreise nach Italien.

Da die Jahre nur Untereinträge in der Rechnung des lebenslangen Jahreseinkommens waren, waren die Gehälter der Beamten im öffentlichen Dienst wirklich eine biographische Angelegenheit, die wirtschaftlich gesehen das Leben zu einer einzigen Einheit machten.

Dank dieses Systems konnte der höchste Typ der um Lohn dienenden Klasse, der Beamte auf Lebenszeit, trotz der Kleinheit des Entgelts mit dem Adel und dem wohlhabenden Bürger wetteifern. Er konnte sich wirklich als freier Mann fühlen, da er bis zu einem gewissen Grade seine Lebenszeit überblicken und damit disponieren konnte.

3

Um mit dieser Seite der Erzählungen abzuschließen:

der Student in Harvard, der monatlich bezahlt wurde, wurde als Anwärter auf eine Lebensanstellung behandelt. Der andere Student aber, der zu mir kam, auf modernere Weise.

Die Moderne hat einen eigenen, völlig von dem alter Tage – wie im Leben eines Arbeiters oder in der Lebenszeit Herman Melvilles – abgesetzten Kalender. Dieser von der American Chamber of Commerce empfohlene Kalender soll – so meinen sie – durch subversive und revolutionäre Propaganda auf alle Lebensgebiete ausgedehnt werden: er hat 24 Stunden, ein Jahr von 365 Tagen, Perioden von fünf, zehn oder dreißig Jahren, letztere dabei nur, um das Budget wieder auszuwiegen oder für Planung oder Amortisation der Kredite.

4

All diese Zeitspannen stammen aus dem Sonnenkalender, aus der Natur, in der der Mensch keine Stimme mehr hat.

Der Tag, das Jahr und die dreißig Jahre dieses neuen industriellen Kalenders sind etwas ganz Neues. Der Mensch kennt die Gleichmäßigkeit der 24 Stunden eines Tages eigentlich nicht. Wohl seine Uhr.
Für diesen Kalender gibt es weder Tag noch Nacht. Die Zinsen des investierten Kapitals werden unablässig angehäuft, weil Dampf, Strom, Licht und Kohle zur Tages- und Nachtzeit völlig gleichgültig dienen.

IV

1

Prinzip der modernen Industrie ist der 24-Stunden-Tag.

Das Schichtensystem ist der wahre Ausdruck dieses Kalenders. Es geht nicht um meine Zeit, sondern um die Produktionszeit der Natur, die mir völlig fremd ist, die aber die industrielle Welt regiert. Tag und Nacht sind bedeutungslos für Eisenbahn, Telegraphen, Schmelzofen, Taxiverkehr.

Nicht einmal die Astronomie bildet für diesen neuen Kalender eine bestimmte Begrenzung.

Eine der großen europäischen Banken veranschlagt Zinsen für den 29. und 30. Februar, um die Buchführung zu vereinfachen.

So hat der neue Sonnenkalender wenig mit dem irdischen Kalender früherer Zeiten zu tun und sollte damit nicht verwechselt werden.

2

Die 365 Tage sind alle gleich lang. Da gibt es weder Jahreszeiten noch Feiertage. Einförmig gehen die 365 Tage fort, die Summe austauschbarer Einheiten.

Und die größeren Perioden wiederum haben nichts mit dem Leben der Menschen oder einer wirklichen Generation zu tun.

Ursprünglich erstreckte sich die Frist für die Kriegsschulden bis zum Jahre 1987.

Man sieht: der moderne Kalender an sich ist nicht unfähig, längere Perioden zu überschauen. Nur sind diese von ihrer Bedeutung für den Menschen völlig getrennt. Sie nehmen von der Folge der Generationen, der Väter, Söhne und Enkel keine Notiz.

3

Dieser Sonnenkalender ist für den Menschen gleichgültig. In seiner „Natur“, nämlich dem Sonnensystem, ist der Mensch nur Staub auf einem der kleinsten Planeten.

Es ist ein Kalender mit Kopernikanischer Reichweite, er zerstört oder missachtet Woche und Sabbat des Menschen, Weihnachten und Ostern, die natürlichen Zeitfolgen des Menschen von drei, fünf, sieben oder dreißig Jahren.

4

Es ist dieser Grund, warum nach 1919 kein Friede eintrat.

Es war purer Aberglaube, der Friede könne nach fünf Kriegsjahren mit einem Federstrich zurückkehren. Man schaute auf den abstrakten Kalender und legte eine Geschwindigkeit an den Tag, die vielleicht beim Autofahren löblich, aber in menschlichen Angelegenheiten verhängnisvoll ist. Alles an Versailles war zu früh.

VIERTES KAPITEL: DIE ABSTRAKTE ZEIT DES STUNDENLOHNS

I

1

Das ist kein Zufall.

Der neue Kalender ist das Symbol einer ökonomischen Revolution.

Vielleicht nehmen Sie an, dass ich übertreibe. Man zeigt vielleicht auf den alten Landwirtschaftskalender der Bauern. Ist der Sonnenkalender nicht doch eine alte Institution?

2

Da viel daran hängt, dass wir uns über die Neuigkeit des gegenwärtigen Kalenders verständigen, machen wir uns gleich an die Analyse des angeblichen Sonnenkalenders der Bauernschaft.

Ja, der Bauer hat eine besondere Chronologie. Die Jahre regelten die Ernten und damit die wichtigste Einkommensquelle für das Jahr. Und der Mensch selbst, als Leib und Seele, ward von Sommer und Winter, Kälte und Hitze berührt wie die übrige Bodenoberfläche. Humus (der Boden) und menschliches Wesen (homo) standen in Wechselwirkung.

3

Boden und Mensch waren in demselben Kalender der Jahreszeiten befangen, der aber in jeder Zone und in jedem Jahr etwas anders war. Und so war das Leben der Menschheit innerhalb dieser Umwelt ihr Teil, sie war nicht ihr Unternehmer.

Erntedank war nicht das Fest, bei dem der Bauer stolz darauf schaute, was er mit der Natur getan hatte. Es war ein Dankfest für die Ernte, denn Bauer und Weizenfeld hatten sich beide nach Fruchtbarkeit gesehnt und darum gebeten, beide waren gediehen und hatten reichlich Fürsorge erfahren.

So galt das Bauernjahr ökonomisch nicht für die Erde allgemein. Es war, mit besonderen Daten für Ernte und Pflanzen, die normale Zeitspanne für die lokale Menschengruppe. Der einfache Mensch lebte das Jahr der Erde, nicht das der kopernikanischen Sonne; ihn beglückte, wenn die Ernte endlich da war. Er hatte darauf gehofft, hatte sie aber nicht vorwegberechnet.

4

Unsere Analyse ist nun weit genug gediehen, dass wir den Unterschied zwischen dem alten Jahr und dem neuen Kalender umreißen können.

Der alte Kalender nahm die Lebenszeit des individuellen Menschen vorweg, konnte aber auf das Leben der Natur außen nur hoffen.

Die moderne Ökonomie nimmt die Arbeit der äußeren Natur vorweg und hofft von dem Menschen, dass es ihm auch ohne Vorwegnahme seiner Zukunft schon gut gehe.

II

1

Die moderne Welt beschäftigt die Arbeit nicht eine Stunde länger als nötig.

Die Freiheiten der Französischen Revolution gaben wiederum dem Unternehmer die Freiheit, Arbeiter pro Stunde einzustellen und zu entlassen.

2

Nur so ist die Kostenkalkulation pro Einheit des Produkts möglich. Auf der Basis des einzelnen Stücks wird der „Produktivlohn“ kalkuliert, nämlich das, was für die Handarbeit bei der Produktion dieses Stücks gezahlt werden muss.

Und da gelangt man zu Bruchstücken der älteren Einheit des Tagelohns, zu Stunden, Minuten und eventuell sogar, nämlich im Taylor-System, zu Sekunden.

3

Aber das ist noch nicht alles.

Auf den ersten Blick scheint es unmöglich, die Arbeit der Betriebsleitung in der Fabrik auf diese Weise mit aufzuteilen. Wie kann man ausmachen, bei 1.000 Stück Ware, die pro Tag von den Webstühlen kommen, wieviel von dem Gehalt des Ingenieurs, des Konstruktionszeichners, des Verkäufers jedem einzelnen Stück zugeordnet werden kann? Besonders, wenn zweihundert dieser tausend vielleicht die liebevollste Zuwendung der Betriebsleitung der Fabrik erfordern, während die anderen achthundert ohne besondere Anstrengung von Seiten der leitenden Kraft mechanisch durchlaufen?

Die Kostenberechnung schreitet trotzdem so vor, dass diese „allgemeinen" Kosten auf die Produktivlöhne als Extragebühr mit 100, 200 oder 300 Prozent draufgeschlagen werden,

Zugegeben, das ist nur der Weg, zu den Ziffern zu kommen, es ist aber trotzdem die Ideologie der Fabrikkostenberechnung.

4

Das eine ist klar: die Arbeiter mit ihren Händen tragen die ganze Struktur, und die Herren von der Feder, das Kragen-Proletariat, sieht der Unternehmer selber als Überbau an, dessen Kosten auf der Basis der Produktivlöhne berechnet wird.

Die letzte Zahlungseinheit ist die Arbeitsstunde des Menschen am Webstuhl.

III

1

Dieser Mann erhält den Umschlag mit der Bezahlung am Ende der Woche, mit anderen Worten: er erhält einen aus Stücklohn und Stundenlohn kombinierten Lohn. Der Hersteller macht seine eigene Kalkulation per Stück, aber er bezahlt nach Vertrag oder stündlichen Löhnen.

Das macht aber keinen Unterschied, denn das herrschende Prinzip ist das Lohnsystem, und das war in vorkapitalistischer Zeit unbekannt. Das Prinzip ist: Löhne werden pro Stück und pro Stunde an die Arbeit gezahlt, insofern sie produziert werden.

2

Nun liegen beide Einheiten unterhalb der Tageseinheit, der kleinsten natürlichen Einheit im Leben des Lohnverdieners, mit einer infinitesimalen Standardeinheit der Arbeit, die in menschlichem Sinne ganz bedeutungslos ist und nur für die Zwecke der Kostenrechnung erfunden wurde.

Ein Jahr ist die Minimum-Einheit des Lebens; nur über dieses hinaus wird ein Mensch seiner selbst bewusst. „Nur was in uns länger währt als ein Jahr, ist wahr und echt"(Goethe).

Eine natürliche Lebensperiode umfasst drei bis sieben Jahre.

3

Von diesen höheren Zeiteinheiten ist der Arbeiter durch das Lohnsystem ausgeschlossen. Der gegenwärtige Moment mit seiner fließenden Form ist ihm als Wesen seiner Arbeit aufgedrückt.

Die Welt muss ihm infolgedessen als Gesamtsumme solcher Momente erscheinen – und obendrein: als nicht zu kalkulierende Menge. Seine 2400 Arbeitsstunden pro Jahr sind von vorn bis hinten unverbunden.

4

Seine ganze Aufmerksamkeit sollte deshalb darauf gerichtet sein, sie doch zusammen zu bringen. Von 1 bis 2400 zu sehen, ist aber zu viel verlangt.

Und das hat eine praktische Folge. Es bedeutet, dass dem Arbeiter alle Sorge für entfernte Zukunft, für Krankheit, Unfall, Alter unausweichlich Schritt für Schritt abgenommen werden muss. Er wird für die Jahre jenseits der Gegenwart und für seine Lebenszeit bevormundet. Nur die Sorgen des täglichen Lebens bleiben in seiner Verantwortung. Er ist nur halbwüchsig.

Ausgaben, die weniger als ein Jahr währen, hat er aus seinen Löhnen noch zu bestreiten, den Rest übernehmen Gewerkschaften, Sozialarbeiter, Wohltätigkeit und Sozialpolitiker.

IV

1

Und sobald solch paternalistischer Sozialismus eingerichtet ist, gibt der Arbeiter jeden Ehrgeiz auf und betritt den Lilliput-Stundenkalender. Er bricht zusammen.

1918 marschierten die Arbeiter mit dem Plakat: „Acht Stunden Arbeit, acht Stunden Freizeit, acht Stunden Schlaf" durch die Straßen Berlins. Sie hatten vor dem neuen Kalender kapituliert, sie waren zu richtigen Proletariern geworden. Sie bemaßen nunmehr ihre eigene Zukunft mit den Methoden des Kostenbüros, das nichts mit dem Menschenleben, nur mit der Vorausberechnung der Stunden zu tun hat, die man für ein Arbeitsstück braucht.

2

Ein Beispiel: wir planen eine Brücke.

Die Brücke benötigt 715.000 Arbeitseinheiten, die wir Stunden nennen. Diese Stunden können theoretisch auf 715.000 Leute verteilt werden, dann würde jeder eine Stunde arbeiten, oder auf 71.500 Arbeiter oder auf tausend; bei letzterer Produktionsform fände jeder wenigsten drei oder vier Monate Arbeit.

Aber die Stunden, für die er während dieser drei oder vier Monate bezahlt wird, sind nicht die Teilmengen seiner persönlichen drei Monate.

3

Auf der anderen Seite haben sie ebenso wenig mit dem Leben dessen zu tun, für den er arbeitet. Es sind 715 Teilmengen, jede hat Sinn nur in Beziehung auf die 715.000. Teilmenge 300 oder Teilmenge 533 haben dieselbe Bedeutung wie die Teilmengen 1 oder 715. Sie erhalten keinerlei neue Qualität daher, dass sie eine große Menge sind.

Sie sind ein imaginärer Plan, der auf verschiedene Weise realisiert werden kann, in drei Monaten oder in zehn Jahren.

4

Die Mauern um die mittelalterlichen Städte wurden gebaut, mehr oder weniger ohne überhaupt von der Zeit Kenntnis zu nehmen, die es brauchte sie zu errichten.

Die Objektivität des modernen Produktionsprozesses erlaubt uns, Arbeit wie ein Akkordeon zu behandeln: wir können es zusammenpressen oder auseinanderziehen. Wir bleiben dabei immer in der abstrakten Welt der Vorwegnahme. Die damit verbundene Zeit ist nur ein Mittel zum Zweck, der jenseits des Zeitraums liegt, den wir durch Stunden einteilen.

5

In der Stundenlohnrechnung behandeln wir die Zeit als Mittel zum Zweck.

Der Mann, der pro Monat bezahlt wird, lebt während dieses Arbeitsmonats sein volles Leben; es gibt nichts außerhalb oder jenseits davon. Der Mann, der pro Stunde bezahlt wird, lebt in einer Zeit, die der Vollzahl der Zeiten vorgeschaltet bleibt.[15] Und allein das Vorwegnehmen dieser Zeit in Beziehung auf ein Resultat bewirkt, dass sie jede Bedeutung verliert.

15 Näheres dazu in „Heilkraft und Wahrheit – Konkordanz der politischen und der kosmischen Zeit“, Stuttgart 1952.

FÜNFTES KAPITEL: DER VERLUST ECHTER ZUKUNFT

I

1

Uns allen sind solche Zeitfragmente bestens bekannt, die ja nur erträglich sind, weil wir es auf eine Leistung, etwa eine Prüfung, abgesehen haben. Die Stunden, die damit verbracht werden, diese Seiten zu tippen, haben für sich keine Bedeutung, sie dienen einem objektiven Resultat.

Die Schwierigkeit fängt an, wenn ich nicht meine eigenen Vorlesungen tippe, sondern die eines anderen, wenn ich meine Stunden also Zwecken leihen muss, die über mein Verstehen oder meine Billigung hinaus liegen, und wenn ich von dem Kalender des Kostenbüros gebannt bleibe.

2

Wenn jemand zu dieser Art des Denkens in Stunden gezwungen wird, hört er auf, ein Bürger zu sein, er wird ein Proletarier. Jahr und Tag fordern Interesse und Lebenszeit des Bürgers, die Ewigkeit die des Christen. Interesse an Stunden macht ihn zu etwas Neuem und von beiden Verschiedenem.

Denken Sie nicht, man könnte in das größere Haus der Stadt oder der Kirche zurückkehren, indem man einfach zehntausend Stunden übereinander türmt. Ich habe gezeigt, dass die industrielle Kalkulation sich immer auf ein äußerliches Arbeitsstück bezieht, auf Haus, Mauer, Kanalisation. Nirgendwo trifft sie das Leben des Menschen, außer für diese einzelne Stunde, durch die seine Arbeit berechnet wird.

3

In einem russischen Leitfaden für den Fünfjahresplan sagt Herr Ilin, ein bolschewistischer Ingenieur: „Wir brauchen Maschinen, damit wir weniger arbeiten müssen und doch mehr erreichen. Am Ende des Fünfjahresplans wird die Arbeit in der Fabrik um fünfzig Minuten verringert sein. Nehmen wir an, dass das Arbeitsjahr aus 273 Tagen besteht (Ruhetage und Ferien nicht mitgerechnet), wird der Arbeiter also 227 Stunden weniger im Jahr arbeiten als zu Beginn des Plans.“

Der neue Sonnenkalender schult den Menschen, die Zukunft für nichts Neues zu halten, sondern für etwas im Vorhinein Kalkulierbares. Zukunft ist in dieser Welt der Ökonomie und Technik die Verlängerung der Vergangenheit.

Wenn frühere Zivilisationen die Zukunft als Anhang zu dem gedacht hätten, was wir von der Vergangenheit wissen, wäre eine besondere grammatische Zukunftsform wahrscheinlich nie erfunden worden. Wirkliche Zukunft, ihrer eigensten Bedeutung nach, impliziert eine Qualitätsänderung, eine Überraschung, eine Verheißung.

In der Zukunft leben heißt, den Nöten der Gegenwart gegenüber gleichgültig zu sein.

4

In Amerika hatte die Zukunft den Rang einer Gottheit, weil sie ein unbekanntes Leben meinte. Der Sonnenkalender des Handels ist pedantisch.

Ein geistvoller Bankier Fürstenberg in Berlin machte sich in folgender Geschichte darüber lustig. Er hatte eine Unterredung mit dem Präsidenten der größten deutschen Elektrizitätsgesellschaft. Nach zwei Stunden sahen beide, dass sie sich nochmals treffen müssten. Der Industrielle war eher wichtigtuerisch und erklärte, wie schrecklich beschäftig er wäre. Jeder Tag war völlig ausgebucht. Praktisch jede Stunde Treffen, Beratungen, Ausschüsse und Geschäftsreisen. Es war Januar, vor dem 16. April konnte er keinen freien Tag im Terminkalender finden. Ja, der 16. April würde ihm passen, ob der Bankier wohl auch könne? Von solcher Angeberei gelangweilt sagte der Bankier ruhig: „Tut mir leid. Am 16. April muss ich zu einer Beerdigung.“

II

1

Die Abschaffung der wirklichen Zukunft ist der Preis, den wir zahlen, wenn wir den Terminkalender überladen, als wären die kommenden Tage unser Eigentum wie die vergangenen. Wer die Zukunft als Privateigentum behandelt, spürt nie ihres Charakters Vollgewinn, nämlich der Erneuerung.

2

Erwachsene machen das so, sie behandeln die Zukunft als logisches Resultat der Vergangenheit. Sie können nicht anders, sie leihen von ihrer Vergangenheit ein halbes Jahr oder mehr vorweg. Aber damit zeigten sie, dass sie wenig wirkliche Zukunft übrighaben.
Während der Zeit, die im Voraus ausgebucht ist, kann keine wirkliche Zukunft in das Leben treten. Denn niemals treten vorausgebuchte Tage in das Buch des Lebens ein.

3

Ab und zu müssen wir alle Verabredungen streichen, den ganzen Kalender leermachen. Tun wir das nicht, zerbricht etwas.

Unter dem Druck von zu viel vorweggenommener Zeit hat der moderne Mensch einen Ausweg gefunden. Unsere Seele antwortet, wenn sie mit zu viel Vergangenheit überladen ist, mit einem Nervenzusammenbruch.

Bei harmloseren Fällen ist es die vorsorgliche Grippeattacke, die genau im richtigen Moment kommt, um den Kalender leerzumachen. Solcherart widerstehen wir dem Einmarsch der Vergangenheit in die Zukunft.

4

Aber das eigentlich Wichtige daran ist wahrzunehmen, wieviel Gift in unser Leben durch diesen Einmarsch der vorberechneten Zeit eingedrungen ist. Das heißt so viel, dass wir das gesunde Gleichgewicht zwischen organisierter Zeit und dem freien Raum unerforschter Zukunft stören.

III

1

Dieses Gift zu hochorganisierter Zeit hat man zu allen Zeiten der Geschichte für tödlich gehalten.

St. Franziskus versuchte deshalb, seine Tage als Fioretti, als Blüten, zu leben. Die Fioretti des St. Franziskus werden heute oft zitiert. Man hält es für ein frommes Büchlein. Aber „fioretti“ ist keine sentimentale Metapher. Franziskus war es ganz ernst damit. Er kannte wie ein moderner Psychiater die zerstörerischen Ergebnisse einer Lage, in der die Vergangenheit auf die Zukunft übergreift.

Jeder Tag muss befreit und gelebt werden wie eine neue Gegenwart, unbekannt, unerhört, unberechenbar, jungfräuliches Territorium. Jeder Tag, den Franziskus lebte, war eine neue Blume.

2

Die moderne Spielart der Zeit, die wir Arbeitszeit nennen, ist erforschtes Territorium. Sie ist vorweggenommene Zeit, sie ist die für die Produktion benötigte Zeit, von einem festen Punkt in der Zukunft zurückgerechnet.

Wer in ihrem Zeitplan gefangen ist, gehört zu einem Denkrahmen, der in der Vergangenheit angeordnet wurde. Das Rahmenwerk der industrialisierten Welt belässt das Rädchen in der Maschine in den Vorläufigkeiten und Vorkammern des wirklichen Lebens, in einer im voraus geordneten Welt ohne Zukunft.

Es erhebt sich die Frage: wo soll da jemand seine Zukunft finden?

III DAS MOLEKÜL DER PRODUKTION

Erstes ökodynamisches Gesetz

ERSTES KAPITEL: 3=1

I

1

In der behexten Welt von heute haben wir einen magischen Kalender entdeckt, den objektiven Sonnenkalender, der sich auf objektive Ziele bezieht. Wir haben festgestellt, dass in diesem Entwurf eine Stunde der Bruchteil eines vorgestellten, im Kostenbüro entwickelten Planes ist. Die Stunde, für die jemand bezahlt wird, ist nicht Teil des Menschenlebens, sondern Teil der mehreren hunderttausend Stunden, die zum Bau einer Brücke nötig sind.

2

Die englische Sprache spiegelt das wieder. Ein Arbeiter sagt: „Das ist nichts in meinem Leben.“ Da hat er recht, in seinem Leben zählt die biologische und psychologische Einheit des Tages und des Jahres. Seine erste und hundertste und tausendste Stunde sind völlig verschieden voneinander.

Im Produktionskalender sind sie nicht verschieden, weil sie in ein und demselben Moment der Vorwegnahme auf den Produktionsplan geraten sind. Die Produktionsstunden werden behandelt, als lägen sie aufgestapelt in einem Warenlager, Millionen, Billionen Stunden.

Die Stunden des Menschenlebens werden vorausgenommen wie Naturkräfte, mit denen die Gesellschaft in jedem beliebigen Augenblick disponieren kann.

3

Jetzt wollen wir versuchen, Genaueres über den Charakter des Menschen in der Industrie zu erfahren.

Warum sprechen wir nicht von dem einzelnen Arbeiter? Ein Mensch ist nicht die kleinste Einheit in der Fabrik – und das aus aufzuzeigendem Grund.

Die kleinste Einheit für die Arbeit unter der allgemein akzeptierten Herrschaft von Elektrizität und Technik muss ein bestimmtes Merkmal haben: sie muss in Schichten arbeiten können. Das Individuum, das schlafen und ruhen muss, kann es mit der wiederkehrenden Natur und ihren Menschen aus Eisen und Stahl nicht aufnehmen, die müssen nicht aufhören, um sich zu erholen.

4

Das große Gesetz der „zweiten Natur" lautet:

In der Industrie sind drei natürliche Menschen gleich einem Mann.

Der Mensch wird als das Molekül M3 behandelt, da doch ein Mensch ein zu zartes Atom ist, um das neue Universum direkt betreten zu können. In einer industrialisierten Welt muss die Gruppe vorherrschen genau deshalb: weil 3=1 im Kalender der technisierten Natur gilt.

II

1

Mit dem Individuum lässt sich der Mensch in der Industrie nicht darstellen. Bei technischer Arbeit ist das Team die natürliche Einheit. Drei physische Menschen sind als Arbeitseinheit zu verstehen, als das kleinstmögliche soziale Molekül.

Unser Zeitprinzip macht es leicht zu sehen, was die Fanatiker des Raums absichtlich übersehen, dass nämlich der Mensch, der die Fabrik betritt, ein

Drittel der Menschenkraft ist, die in dem System zu gebrauchen ist, soll es nicht zum Desaster kommen.

2

Das erste ökodynamische Gesetz der Industrie schafft jede Form des Individualismus im herkömmlichen Sinne ab. Es wird dem gerecht, was der Arbeiter instinktiv fühlt, dass man ihm nämlich als Individuum nicht helfen kann, feierlich erkennt er den supra-personalen Charakter der Probleme des Arbeiters.

3

Ich darf doch hoffen, dass klar ist, dass dieses ökodynamische Gesetz auch so abstrakt wie die thermodynamischen Gesetze der toten Natur ist. Ich weiß, dass es nicht überall Schichtarbeit gibt: da gehen die Leute nach acht oder zehn Stunden nach Hause. Und viele Fabriken schließen auch am Samstag und Sonntag.

Aber kraft der Gewalt, die der Mensch über die Zeit hat, erklärt die Verfassung der technischen Welt alle diese Fälle zu Ausnahmen von dem technischen Prinzip. Sie tut das, weil sie an die Wurzel der vorherrschenden Bedingungen gelangen will. Und die Väter dieser Verfassung dürfen überzeugt sein, dass der pro Stunde bezahlte Student, ein Halbzeit-Sekretär, ein Assistent, dass alle in dem, was sie tun, mehr oder weniger abhängig sind und dem ersten ökodynamische Gesetz ihr Scherflein zahlen müssen, dass nämlich 3=1 ist.

4

Da das unbekannt ist, war die Gesetzgebung nicht in der Lage, alles zum Fall Arbeit Gehörige zufriedenstellend zu klären. Unsere Gesetze weichen den Realitäten der Arbeitergewerkschaften und Streiks aus, sie bauen alle auf der Fiktion auf, dass 1=1 ist.

Der Arbeitgeber aber hat ein abstraktes 24-Stunden-Wesen im Sinn!

III

1

Was für einen Tag gilt, gilt auch für eine Woche.

Weil ein Großteil der Arbeit am Samstag nicht aufhören kann, sondern sieben Tage in der Woche weitergeht, brauchen sogar die Leute, die nicht in täglichen Schichten arbeiten, einen Stellvertreter für den siebten Tag. Das ist nur ein Unterfall unseres ersten ökodynamischen Gesetzes.

Ich will das an einem Beispiel beleuchten.

2

Ich kenne einen Mann in Boston, der für fast hundert Leute zuständig ist. Die Werkstatt ist von 7.30 Uhr morgens bis 7 Uhr abends geöffnet, und als Abteilungschef muss er die ganze Zeit da sein. Die Tätigkeit geht wochen- wie sonntags gleichmäßig weiter. Die Arbeitskraft in der Abteilung kriegt den Ausgleich für den Sonntag durch ein System abwechselnden Freikriegens, der Abteilungsleiter aber hat eine Siebentagewoche! Er sagte mir, er habe praktisch keinen Tag frei. Er wurde rot, als er zugeben musste, dass es für ihn keinen Sonntag gibt. Er fühlte wohl, dass da etwas empörend wäre, etwas Unmenschliches an seiner Lage. Er sah keinen Weg, seinen Sinn für Menschenwürde und den durch das System bereiteten Druck zu versöhnen. Aber er hatte Angst, die Anstellung zu verlieren, wenn er sich nicht als unersetzlich erwies.

3

Eine dritte Anwendung unseres Gesetzes ist daher abzuleiten, dass dieser selbe Mann, der den Sonntag nicht wahrnahm, doch jedes Jahr vierzehn Tage frei nahm. Während dieser zwei Wochen durfte ein Gehilfe ihn vertreten. Der Jahresurlaub war also unwiderruflich und nicht zurücknehmbar.

Das erweitert unser Bild von der zweiten Existenzform des natürlichen Menschen in der technisierten Welt. Sein natürliches und persönliches Jahr empört sich gegen das Sonnenjahr von 365 Tagen eben darin, dass er Urlaub verlangt.

In der vorindustriellen Welt gab es keine Urlaube, jetzt sind sie völlig berechtigt, weil doch der industrielle Kalender nicht mehr auf den menschlichen Bedürfnissen fußt.

4

Urlaub gibt es auch in den Fällen, wo das Drei-Schichten-Prinzip oder der Sonntagsersatz nicht gelten. Er ist der allgemeinste Ausdruck der Freiheit des Menschen vom ewigen Kalender der Arbeit.

Wo Urlaube geheiligt sind und wichtiger scheinen als die freien Abende oder freien Sonntage, herrscht, da kann man ganz sicher sein, die Industrie. Ein Bauer hatte keinen Urlaub, der Boden ruhte eine Weile im Winter, da ruhte er mit dem Boden.
Urlaube weisen auf die unaufhörliche Tätigkeit, die auch ohne mich weitergeht.

IV

1

Die Zivilisation des Arbeiters und Arbeitgebers beruht wahrscheinlich auf dem Jahresurlaub. Indem er einen Urlaub im Jahr forderte, ist der Mensch mit wunderbarer Einfachheit aus den zerstreuten 2400 Stunden eines Jahres emporgestiegen. Ist der einmal gewährt, ist das Jahr trotz des Lohnmechanismus dem Leben wieder eingefügt; es ist für den individuellen Arbeiter wieder eingefügt.

Er ist der Mensch, der 50 Wochen Arbeit und zwei Wochen Urlaub hat, oder 46 Wochen Arbeit und sechs Wochen Urlaub und so weiter. Die Urlaubslänge, obwohl doch nicht unwichtig, ist weniger wichtig als das Prinzip selbst, welches nämlich den Menschen auf sein menschliches Existenzniveau hebt. Ein Jahr ist menschlich; die Stunde war es nicht.

2

Dasselbe aber, was dem Arbeiter den Urlaub erlaubt, vereint ihn auch mit dem Mann, der ihn in der Zwischenzeit vertreten muss. Der darf ihn nämlich nicht verraten. Der darf nicht versuchen, ihn rauszuschmeißen oder selber seinen Platz zu bekommen.

Urlaube und Schichten gründen auf einem Ehrencode zwischen den Mitgliedern der zeitweiligen Gruppe. Nach diesem Ehrencode darf kein Gruppenmitglied während seiner Schicht Vorteil nehmen, welcher die Aussichten eines anderen Gruppenmitglieds zerstören würde.

Wenn wir den Mechanismus einer Gruppe in der Werkstatt als natürliche Anordnung von drei Menschen betrachten, die in Reihe einer nach dem anderen arbeiten, bedarf dieses Gesetz der Kameradschaft keiner weiteren Erklärung.

Aber da wir ja annehmen, dass es das fundamentale Gesetz der Industrie ist, wirft es endlich helles Licht darauf – und das ist jedem Erfahrenen bekannt –, dass nämlich die, die zusammenarbeiten, zur selben Zeit in einer Gruppe den verachten, der das gemeinsame Produktionsmaß bricht.

3

Weil es das Prinzip ist, durchzieht die Idee der Schichtarbeit unser ganzes industrielles System.

Die verschiedenen räumlichen Gruppen, fünf oder zehn Männer oder Frauen, die in derselben Werkstatt arbeiten, das heißt ein und dasselbe tun, sind nur die Projektion der Anordnung in den Raum, die garantiert, dass einer dieser Männer oder Frauen die Arbeit des Vorgängers aufgreift.

Das wohlbekannte Phänomen, dass dabei die Effektivität erlahmt, ist allgemeine Regel für jede Gruppe. Das Glied mit dem niedrigsten Leistungsstandard oder wenigstens das normale Glied bestimmt das maximal mögliche Ergebnis.

Der pfiffige Arbeitgeber möchte jedem Arbeiter individuell einpflanzen, er oder sie möge doch an die Grenze ihrer individuellen Möglichkeiten gehen. Die Fabriken haben, ausgehend von der Annahme, der Arbeiter reagiere als Individuum, anfeuernde Pläne und Belohnungssysteme aufgestellt. Nichts dergleichen tut er.

Ich zitiere aus einer Studie der Harvard Business School: „Die meisten

Maschinisten waren von der Idee besessen, den wöchentlichen Durchschnitt, wieviel sie pro Stunde fertigkriegten, von Woche zu Woche gleich zu halten. Die Gruppenaktivitäten machten jeden Versuch des Arbeitgebers nichtig, die Stückzahl zu vermehren. Einige Arbeiter hatten tatsächlich mehr Arbeit fertiggekriegt, als sie dem Gruppenleiter am Ende des Tages mitteilten. Sie teilten die Zahl mit, die sich dem individuellen mittleren Tagesergebnis näherte."

ZWEITES KAPITEL: DAS OPTIMUM EINER GRUPPE

I

1

Die Atomeinheit in der Fabrik ist nicht der einzelne physische Mensch. Die kleinste Einheit, auf der die Moral der Fabrik aufbaut, ist die Dreiergruppe.

Diese Auffassung lässt sehen, dass Arbeit in einer industriellen Gesellschaft die Gruppe berücksichtigen muss. Die Gruppe ist die überall merkliche Realität. Und doch werden Erfordernisse und Bedürfnisse dazu vom Arbeitgeber beharrlich verletzt, weil er und sein Stab gelernt haben, den einzelnen Menschen als einzelnen Menschen zu sehen.

2

Als ich erstmals die transpersonale Lage in der Fabrik erfasste, kam ich zu dem Schluss, das Industrierecht müsse die wirklichen Tatsachen erkennen. Ich schickte mein Buch über die Dezentralisierung der Industrie an meinen Lehrer für Zivilrecht an der Universität in Heidelberg. Als er mich das nächste Mal sah, klopfte er mir väterlich auf die Schulter und sagte, halb irritiert, halb niedergeschlagen: „Wir sind doch alle Menschen. Ich sehe überall Menschen, ich sehe nichts als Menschen."

Dieser nette und liebenswerte Mann tat, was das Sprichwort meint, wenn es heißt: „Er sieht den Wald vor lauter Bäumen nicht." Er konnte das industrielle System vor lauter Arbeitern nicht sehen.

Auf einen Schlag muss alles, was man für die Organisation der Industrie annimmt, revidiert werden. *Ehre, Wettstreit, Ehrgeiz, Stolz* finden in der Fabrik zwischen Gruppen, nicht zwischen Einzelnen statt.

3

Die normale Größe einer Gruppe im Raum ist als nächstes zu untersuchen.

Ich kann die die zu der Annahme führenden Gründe im Einzelnen nicht ausführen, dass 5 bis 15 gleichzeitig zusammenarbeitende Leute die für die Gruppe in der Industrie so bedeutsame Qualität des Selbstgefühls und der Einheit bewahren können.

Die optimale Größe hängt natürlich von den Umständen ab. Aber die Kollektivgruppe hat ein Optimum. Und sobald die Vorurteile, was der Mensch ist, die Menschen nicht weiter für die Wirklichkeit blind machen, werden Elektrizität oder Dampf nicht mehr die einzigen Energien sein, deren Optimum sorgfältig untersucht wird.

4

Hat sich diese Sichtweise einmal als nützlich erwiesen, wird das Optimum einer Fabrik als ganzer für den Bauingenieur zur Frage allererster Ordnung.

Viel niedriger als gewöhnlich angenommen ist, nach meinen Forschungen in Deutschland, das soziale und ökonomische Optimum für eine Fabrik als Ganze. Nirgends sind Einheiten von mehr als 600 oder 800 Arbeitern wirklich notwendig.

Bei dem Prinzip „größer und besser" hat man auf Backsteine statt auf Menschen geschaut, hat die öffentlichen Finanzen mit steigenden Ausgaben für Polizei, Gefängnisse, Krankenhäuser, Straßen, Eisenbahnlinien, Irrenanstalten in geradezu skandalösem Ausmaß belastet.

II

1

Die finanzielle Einheit für ein Unternehmen hat nichts mit dem Pflichtbewusstsein gegenüber den in der Fabrik genutzten Energien zu tun. Diese Energien müssen auf naturwissenschaftliche Weise genützt werden und haben ihren technischen Charakter noch nicht, solange enorme dunkle Massen von zehn oder fünfzehntausend Arbeitern durch die Tore einer einzigen Fabrik strömen.

Solch ein Mammut ist gewöhnlich überorganisiert. Spannungen zwischen den Stabsmitgliedern sind unvermeidlich, und weil sich jede solcher Spannung geheimnisvollerweise an der Basis zeigt, ist die Spannung oben teilweise verantwortlich für die Unruhe unten.

In vielen Fällen wäre es ergiebiger, diese Spannungen zu studieren als die Sekunden, die in den Zeitstudien der Stückarbeit geistern.

2

Einen Moment lang haben wir den Standpunkt eingenommen, das Optimum sei durch Erforschung im Raum zu bestimmen. Damit habe ich mein Versprechen gebrochen, den Problemen in der Fabrik meine Messlatte der Zeit anzulegen. Ist das auch für die Fabrik im Ganzen möglich?
Ich behaupte nicht nur, dass das geht, sondern dass es notwendige Bedingung für jede zufriedenstellende Bilanz in der elektrifizierten Industrie ist.

3

Die moderne Industrie unterscheidet sich völlig von der Landwirtschaft im Dorf. Da wird jedes Jahr derselbe Boden gepflügt und dieselben Zäune um dieselben Felder werden Jahr für Jahr gesetzt. Der Mensch ist da auf seinem Boden zuhause.

In der Industrie und speziell in einer elektrifizierten Welt stimmt das nicht mehr. Die Fabrik ist die Anwendung des Goldminen-Prinzips auf alle Arbeit.

Die Fabrik lebt eine begrenzte Zeit. Sie ist keine dauerhafte Gründung wie Kirche und Friedhof. Die einzelne Fabrik ist ein zeitweiliges Mittel, wie zum Beispiel die Kräne und Dampfschaufeln, die man für das Tennessee-Valley-Projekt einsetzte.

4

Grundsätzlich ist die Fabrik vorübergehender Natur. Sie sollte niemals für die Ewigkeit gebaut werden. Sie ist eine zeitweilige Anordnung, deren Maschinen nach drei oder fünf Jahren Gebrauch abgeschrieben werden.

III

1

Wer sich das Geschäftstreiben oben und individuelle Arbeiter unten ausmalte, für den war die Vision fortdauernden Wechsels erschreckend. Der durchschnittliche Liberale mochte glauben, eine hässliche Fabrik sollte wie die Kathedrale von Mailand durch Jahrhunderte getragen werden, eine Vision, die ich weitaus erschreckender finde.

Dem Himmel sei Dank, King's Chapel wird viele Fabriken überleben.

2

Wir dürfen nicht daran festkleben, dass die moderne Arbeit in Häusern zu leisten ist, die für die Ewigkeit gebaut sind. Wir wissen ja schon, dass eine Fabrik die Wiederanordnung der Natur ist. Darum ist sie so vorübergehender Art wie die Natur selbst, und darum werden auch die Unternehmungen der Zukunft mobil sein.
Einige werden den Rohstoffvorkommen über die Erde hin folgen, andere ändern ihren Standort aus Organisationsgründen.

Aber die Gruppen an der Basis werden die wandernde Fabrik überleben.

3

Der einzelne Arbeiter kann von ganzem Herzen diese Vision vom Wechsel annehmen. Auf der einen Seite hört die Fabrik dann auf, bleibende Festung wie die Bastille zu sein: sie ist bloß das für einen vorübergehenden Zweck gestaltete Mittel. Die Technik enthüllt sich da nicht als ein sich für immer auf einem bestimmten Territorium einrichtender Despot, sondern als Diener für einfache und besondere Aufgaben.

Auf der anderen Seite wird der einzelne Arbeiter durch die anerkannte Mitgliedschaft in einem Molekül vor der Gewalt des Wechsels geschützt. Die von solcher Solidarität geschützte Gruppe wird die Wechsel im Aufbau der Industrie überleben.

4

Und ist es nicht das Einfachste von der Welt? Die Molekularität ist das Rückgrat der Fabrik, sie muss soweit gestärkt werden, dass sie überleben kann.

IV

1

Natürlich warnt uns unsere Zeitauffassung vor Übervereinfachung. Es ist nicht anzunehmen, dass jedes Zeit-Molekül eine gleich lange Lebensdauer hat. Wir kennen die Gruppe nicht, solange wir nicht etwas vom Klang, von der natürlichen Zeitspanne für ihr Dasein wissen.

Wie lange kann ich mich mit dem Mitarbeiterstab in solch zusammenarbeitender Gemeinschaft identifizieren?

2

Auch hier hat wiederum der Aberglaube der Raum-Experten uns Menschen daran gehindert, die einfachsten Fragen zu stellen.

Wie lange dauert eine solche Gruppe?
Wie lange sollte sie dauern?

3

Als ich diese Frage nach dem Optimum in der Zeit zum ersten Mal aufbrachte, wurde ich schlicht ausgelacht.

Einer meiner Kritiker war der Herausgeber einer Zeitschrift. Er war so höflich nur zu lächeln. Fünf Minuten später sagte er: „Die meisten Zeitschriften sind im Irrtum, wenn sie immerdar dauern wollen. Jede Zeitschrift von wirklichem Wert und Zweck hat ihre *raison d'être* für eine bestimmte Zeit. Es sollte doch ehrenhaft genug sein, das zu wissen und nach einer bestimmten Zeit aufzuhören. Bester Prüfstein ist die Loyalität der ersten Herausgebergruppe. Die kaufmännisch verwertete Zeitschrift ist in der Regel vollkommen tot und hindert nur bessere und frischere Sachen am Wachsen. Sie währt immer weiter, weil sie tot ist. Tote Sachen können nicht sterben. Die meisten Leute wissen nicht, wie tot das ist, wovon sie leben. Die Wahrheit ist doch, dass eine Gruppe sehr junger Menschen selten für mehr als ein paar Jahre etwas von Wert zu sagen hat; ältere Leute etwas länger."

4

Die Einheiten in einer Fabrik sind nicht Lebenszeit-Einheiten. Kein Mensch wird in der Fabrik geboren, wird auch nicht in eine Fabrikgruppe hineingeboren. Die Gruppe ist kein totes Ding wie die kaufmännisch verwertete Zeitschrift. Sie ist lebendig, und eben deswegen muss sie eines Tages sterben.

Der Tod ist für eine Gruppe unausweichlich.

Und der muss als wirklicher Schmerz und als menschliche Erfahrung kommen.

Aber der Tod einer Gruppe ist auf keinen Fall tragisch. Der Tod hat in der modernen Gesellschaft seinen tragischen Charakter verloren, er wird in kleinen Dosen auf das ganze Leben verteilt. Es ist ein teilweises Sterben, ein anderer Teil von uns überlebt.

DRITTES KAPITEL: ANERKENNUNG DER GRUPPE AUS 3=1

I

1

Die Anbetung des Raumes verursacht in der modernen Welt schreckliche Verluste, indem sie den Ernst dieser dauernden Prozesse von Tod und Geburt, von Binden und Lösen der Gruppen vernachlässigt.

Das Stundensystem hat die Leute dazu verleitet zu denken, alle Sakramente wären spurlos verschwunden, der Mensch könne leben, indem er bedeutungslose Sekunden, Stunden oder Tage zusammenzählt. Die Entdeckung der Gruppe, ihre moralische und gesetzliche Anerkennung wären ein erster Schritt in der Richtung, in welcher das Leben die volle Tiefe und Intensität zurückgewinnen könnte.

Die modernen Massen müssen lernen, wie man „fünf Jahre" buchstabiert.

Das ist, als ob man nach langer Krankheit wieder gehen lernt.

2

Ich möchte nicht missverstanden werden: das Optimum für eine Gruppe, sagen wir von drei, fünf oder sieben Jahren, muss eine wirkliche und moralische Zeiteinheit sein, nicht die bloße Summe von Stunden. Wer einer Gruppe beitritt, muss wissen, dass sie fünf Jahrc halten soll. Von Anfang an soll er sich der schwierigen und ernsten Aufgabe widmen, Mitglied einer solchen Optimum-Gruppe statt Arbeiter per Stunde zu sein.

Die Fünfjahres-Spanne ist kein äußerlich von Seiten der Fabrikverwaltung auferlegtes oder zufälliges Maß. Gemeint ist sie vielmehr als Pflicht und Vorrecht der Gruppenmitglieder. Die fünf Jahre sind ihre fünf Jahre, nicht fünf Jahre in einem abstrakten Plan. Es sind ihre fünf Jahre, denn der Mensch muss seine verschiedenen Kräfte und ganz eigenen Qualitäten entfalten, wenn er Tag für Tag mit seinen Mitarbeitern zusammen sein soll – das kann er aber nur, wenn er die Gemeinsamkeit mit ihnen für eine Zeit von fünf Jahren vorwegnehmen kann.

3

Die Gesellschaft erleidet jedoch eine so völlige Atomisierung und Erniedrigung des Glaubens des Menschen an die Zeit, dass es schon eine schwere Aufgabe geworden ist, auch nur eine Gruppe von neun Arbeitern für fünf Jahre zu organisieren.

Der Weg, sie dazu zu bilden, ist natürlich, sie zur Verantwortung zu zwingen. Eine Arbeit wird nur dann gutgetan, wenn die dazugehörigen Pflichten klar und überprüfbar sind.

Die Gruppe in der Fabrik kann Selbstregierung entwickeln. Man soll ihr gestatten, ihre Mitglieder zu disziplinieren. Bei der Wahl des Chefs sollen die Gefühle der zugehörigen Gruppe berücksichtigt werden.

4

Nicht das tausendfache Individuum in der unartikulierten Machteinwirkung der Fabrik, die Gruppe ist die Einheit, auf der man die Vertretung dieser Macht im Betriebsganzen aufbauen soll.

Die meisten Personalräte sind falsche Nachahmungen der Demokratie mit allgemeinem Wahlrecht. Man falle also nicht in den Irrtum, Arbeiter wären in ihrer Arbeitszeit in derselben Position wie Wähler bei der Staatswahl. 3=1! Das Problem der Personalvertretung in der Fabrik lässt sich nicht mit dem Stimmrecht des Erwachsenen lösen.

Trotz der Aufrichtigkeit aller Beteiligten waren die Personalräte in Deutschland zum Scheitern verurteilt. Sie bekamen nie Fleisch und Blut, denn sie vertraten die unartikulierte Arbeitskraft als Ganze.

II

1

Die Gruppen sind mehr als bloße Sozialeinheiten. Oft können sie sich um den Raum, in dem sie leben, selber kümmern. Wo die Gruppe das Recht zurückerhält, die eigene Umgebung zu verwalten, erobert sie den Raum wie ein von seinem fernen Lehnsherrn in eine mittelalterliche Burg gesetzter Ritter. Niemals mehr wird es einen Ein-Mann-Raum geben.

Aber der Raum kann für eine Gruppe zu zugeteilten Verantwortlichkeits- und Selbstregierungsfeldern werden. In vielen Fällen ist mehr als eine Gruppe zu koordinieren. Zahllos sind die verschiedenen Probleme, die entstehen, wenn zwei, drei oder mehrere Gruppen zu bestimmten Zwecke zu koordinieren sind.

2

Jetzt möchte ich den Brennpunkt Ihrer Aufmerksamkeit auf das von uns entdeckte ökodynamische Gesetz lenken, das besagt, dass in jeglicher Art organisierter Arbeit heute möglicherweise mehr als ein Mensch vorausgesetzt wird. Die Gleichung 3=1 liegt der industriellen Gesellschaft bei allen Arbeitszwecken zugrunde.

Man fühlt sich unglücklich, kann nicht wirksam organisiert werden, solange dieses Prinzip nicht durchgedacht ist.

Das ist keine Frage des Geldes. Arbeitslosigkeit ist keine Frage des Geldes. Einst war man glücklich, wirklicher Mensch und guter Bürger mit sehr viel weniger Geld, als man heute hat.

3

Der Weg zu einer wissenschaftlichen Behandlung der menschlichen Zeit hat sich eröffnet.

Wir haben den Aggregatzustand des Menschen bei der Arbeit und für die Arbeit als etwas unterscheiden können, das der völligen Individualisierung widersteht.

Wir haben das erste ökodynamische Gesetz proklamiert, nämlich, dass das Individuum im Kampf um die menschliche Existenz auf der Erde von der Kette zusammenarbeitender Schichten verschlungen worden ist. In der Formel 3=1 gemahnt das erste ökodynamische Gesetz den modernen Menschen an die ewige Tatsache, dass die Gesellschaft den Kampf ums Leben einheitlich belohnt.

4

Sobald wir an der Arbeitsteilung teilnehmen, sind wir Soldaten in einer Armee.

Die Soldaten der Nachtwache im Hamlet, die den Geist des Vaters Hamlets sehen, sind Glieder in einer Postenkette, die das Schloss von Elsinore Tag und Nacht bewachen. Arbeit in Schichten ist nichts Neues. Immer wurden Menschen als Wachposten der Gemeinschaft aufgestellt.

Die Arbeit in der Gesellschaft ist das organisierte Postenschieben, das unabhängig von individueller Krankheit, Schwäche oder Tod zu leisten ist. Die Arbeit in der Gesellschaft geht weiter, wenn ein Vater stirbt, ein Kind weint oder ein Frauenherz bricht.

III

1

Das alles ist in der Gleichung 3=1 ausgedrückt. „3" drückt den nicht-individuellen und sozialen Charakter eines Menschen als Mitarbeiter aus.

Ersetzbar müssen wir sein, wenn die Schichtarbeit, bei der der einzelne Arbeiter die Abweichungen sowohl des Vorgängers wie das Nachfolgers ausgleicht, gut vonstattengehen soll.

2

Ersetzbar sein heißt, in das Rad der sozialen Maschine eingesetzt, das heißt beschäftigungsfähig zu sein.

Aber das ist nicht alles. Die Lage zu dritt enthält auch ein Risiko. Wenn ich mich als Wachtposten zwischen zwei anderen verstehe, gehe ich in ein Unbekanntes hinein.

3

3=1 hat den Beigeschmack des uns vom Autofahren her vertrauten sozialen Risikos. Auf der Autobahn kennt man die anderen Fahrer nicht, kann sie nicht kennen. Man geht davon aus, dass sie so vernünftig handeln wie man selbst. Aber eins zu tausend, und diese Annahme stimmt schicksalhaft nicht. Der andere verhält sich verkehrt.

Da wendet sich das versicherungsmathematische Gesetz „eins zu tausend" gegen einen. Der Betrunkene stößt an den Kotflügel.

Das bleibt also ein unpersönliches Ereignis. Es ist sinnlos, den Mann rachsüchtig anzugucken. Er vertritt das unvermeidliche von den Statistikern formulierte soziale Risiko, das Risiko des Unbekannten.

4

Der anonyme Charakter unserer sozialen Zusammenarbeit zwingt uns unablässig diese Art von Risiko auf, das man so ausdrücken könnte, dass wir den gewissen Mitarbeiter, der unser Gefährte ist, nicht kennen können.

Ein Mensch kann einen anderen Menschen kennen. Er kann seinen Partner kennen; er kennt nicht den, mit dem er zusammenarbeitet genug, um das Risiko des Scheiterns auszuschließen.

IV

1

In der Welt der angewandten Thermodynamik, inmitten der technischen Welt, setzt die Ökodynamik den Menschen als Molekül statt Atom.

Der Konflikt zwischen Ökonomie und Thermodynamik braucht nicht länger zu bestehen.

Entdeckt worden ist die erste der Natur gewidmete Hausart, das Haus nämlich, mit dem die Natur zur Wiederholung gezwungen wird. Die Fabrik hat die Natur in die Menschenfamilie inkorporiert. Dank der Technikära ist die Natur ein Teil der Menschheitsgeschichte geworden.

2

Kein Wunder also, dass wir Thermodynamik und Ökonomie miteinander versöhnen können. Die behauste Natur ist nicht länger mehr bloße Physis. Sie ist mit einem geschichtlichen Sieg zu erobern. So kann die Thermodynamik durch Ökodynamik ausgewogen werden.

Auf der anderen Seite haben wir entdeckt, dass der Mensch selbst Teil der in einer Fabrik behausten Natur sein kann. Er und seine einzigartigen Fähigkeiten, da er nun selber Teil der Natur ist, müssen auf naturwissenschaftliche Weise untersucht werden.

3

Der Mensch, der mit Thermodynamik nicht zu erklären ist: das wäre nämlich eine Beleidigung, gleichbedeutend mit der Unterstellung, er wäre tot – er muss sich nicht länger beleidigt fühlen, wenn wir sein Verhalten in der Fabrik untersuchen. Ökodynamik stellt womöglich seine Würde unter seinen älteren Brüdern Dampf, Kohle und Elektrizität wieder her.

Die ökodynamischen Gesetze überwinden die Vorrechte dieser erstgeborenen Elemente in der modernen Welt.

4

Die ökodynamischen Gesetze dürfen dem Erstgeborenen das Recht nehmen und es dem Menschen zurückgeben.

Esau verkaufte seine Erstgeburt an Jakob. Die Menschheit ist immer in Esaus Lage. Sie befindet sich ständig am Rande der Verzweiflung, ständig hart am Götzendienst, ständig geneigt, die Mächte der toten Dinge anzuerkennen.

Sie hat Eisen und Stahl verehrt wie einst das Goldene Kalb.

In Ägypten symbolisierte das Goldene Kalb die technische Welt der Rinderzucht und des Pflügens.

Heute hat der monistische Glaube an die Materie aus Autos und Telefonen Götzenbilder gemacht. Nach einer Zeit übermäßiger Aufregung von wegen der Technik ist die Menschheit noch stets zu Sinnen gekommen und hat den Götzendienst erkannt. Sie versetzt den Menschen wiederum mitten in die Naturelemente, dann ist das Kalb einfach nur ein Kalb. Dann wechselt die Menschheit von Esau zu Jakob.

VIERTES KAPITEL: DIE GRENZEN DER REIN ÖKONOMISCHEN BETRACHTUNGSWEISE

I

1

Aber die Erfahrung mit dem Goldenen Kalb ist von höchstem Wert. Unser ganzes Wissen von der Natur entsprang der Leidenschaft für die Natur.

Wenn die Ökodynamik den Menschen an seinen rechtmäßigen Platz unter den Elementen setzen kann, verdankt sie sich immer noch als eine neue Wissenschaft, dem naturwissenschaftlichen Fortschritt der letzten Jahrhunderte.

2

Karl Marx zum Beispiel tastete nach unserer neuen Wissenschaft.

Er formulierte die Regel „Mitgefangen, mitgehangen“ für die Zusammenarbeit des Menschen in der Gesellschaft.

Das kam nur daher, dass er dem Goldenen Kalb des Raumes Tribut zahlte,[16] dass er die Regel auf kommunistische Weise formulieren musste: „Alle für Einen“, die ihres abstrakten Universalismus wegen für praktischen Gebrauch nicht anwendbar ist.

3

Unsere Regel 3=1 schließt das „Alle=Einer“ des Kommunismus nicht aus, lässt aber zu, dass die Regel von Gruppe zu Nation, von Nation zur Welt verbreitert werden kann.

Die abstrakte Formel absoluter Solidarität ist eine wunderbare Idee für den Sonntag, entmutigt aber jede Anstrengung, sofort handeln zu können und aller Arbeit die ihr eigene Würde zurückzugeben. Sodann intensiviert sie

16 In meiner Soziologie wird nachgewiesen, dass Lebendiges nur in abgeteilten Räumen leben kann.

den Gruppenwetteifer zwischen Nationen, indem sie die Nationen in den Krieg miteinander bringt, statt sie in Arbeit zusammenzubringen.

In allen praktischen Angelegenheiten sind die Russen trotz ihrer marxistischen Formel heute Nationalisten und Faschisten.

4

3=1– das genügt, um den Menschen die Wahrheit über ihre Lage in der Gesellschaft zu sagen. Das übrige, das „mehr als 3", ist darin enthalten.

Und es ist eine Goldene Regel, die der Heilige, der Evangelist Johannes aufgestellt hat, dass wir niemals versuchen sollen, unserem Mitmenschen als gemeinsamen Glauben mehr aufzuerlegen, als für unser Miteinanderleben unbedingt und wesentlich erforderlich ist.

Im hohen Alter grenzte der heilige Johannes den ganzen Glauben auf zwei Aussagesätze und einen Imperativ ein: alle drei haben zwölf Wörter. „Kinder, liebet einander" war seine ganze Predigt. Als sie ihn fragten, weshalb er nur dies sage, fügte er hinzu: „Weil es genügt und weil´s der Herr befohlen."

II

1

Der Kommunistenglaube ist wie der Islam: er fordert die Annahme eines ganzen intellektuellen Systems. Kein Wunder, dass er deshalb die Menschen mehr trennt als vereinigt.

Ökodynamik muss sich, wenn sie auf wirklich wissenschaftliche Weise gehandhabt wird, auf das kleinste Gebiet beschränken, innerhalb dessen die Wahrheit noch bestätigt werden kann. Sie muss vom Grunde her aufgebaut werden, nicht vom Gipfel her.

2

Die Wissenschaft der Ökodynamik muss in ihren Formulierungen die Minimal-, nicht die Maximalerfordernisse angeben. Entgegengesetzt ist sie der liberalen oder kommunistischen Verwechslung von politischer Wissenschaft und politischen Programmen.

Absichtlich sagen wir „drei“, während der politische Führer „alle und jeder“ sagt. Er hat recht; aber wir auch.

Was den Kommunismus unmöglich macht oder ihn auf jeden Fall unendlich verzögert, ist die Kommunistische Partei.

3

Ein auf wissenschaftliche Weise aufgestelltes Minimalerfordernis für Zusammenarbeit verletzt den Menschenstolz nicht, wenn man es selber anwendet. Eine universale Gültigkeit beanspruchender Glaube schafft die spontane Handlung ab. Hier aber ist jeder eingeladen, selber die wunden Stellen zu erforschen, wo unsere Regel in seiner Umgebung verletzt wird.

4

Der Marxismus versucht kraft seiner universellen Formeln die Menschheit in die Zwangsjacke der Naturwissenschaft zu stecken: er befiehlt zwei Billionen Menschen, sich wie Wassertropfen zu benehmen. Das allein schon verhindert, dass sie das auch tun.

Wo der Mensch nicht eingeladen wird, durch ein spontanes „Ja“ seine Zustimmung zu geben, muss er „Nein“ sagen, wenn er nicht aufhören will, Mensch zu sein.

Ökodynamik muss also die Freiheit des Menschen respektieren: anzuhangen oder nicht. Der Mensch sagt nicht „Nein“, wenn man ihm die Vollmacht lässt, frei und mit Anstand „Ja“ zu sagen. Das aber muss ihm in voller Wahrhaftigkeit und in Wirklichkeit überlassen bleiben.

Wer nicht um seine Zustimmung gebeten wird, den fordert der Selbstrespekt heraus, „Nein“ zu sagen.

Diese These kann eine Gesellschaftswissenschaft nicht aufheben.

III

1

Indem wir diese Wissenschaft Ökodynamik nennen, legen wir den Nachdruck auf zwei Tatsachen:

dass die Menschheit ständig Häuser baut, dass der Mensch es ist, der sie baut –

und dass die Häuser der Menschheit vorübergehende und provisorische sind.

2

Wir trotzen der traditionellen Regel der politischen Ökonomen, es sei Natur der Regierungen, Kirchen, Vereinigungen, ihre Häuser für möglichst lange Zeit zu bauen. Wir erklären, dass lange Dauer für solche Bauten nur Ausnahme ist, und räumen die Notwendigkeit ein, dass dauernd alle Gründungen der Gesellschaft revidiert werden müssen.

Wir behaupten, es gebe eine optimale Zeitspanne für die verschiedenen Häuser.

3

Indem wir bei der Fabrik, dem am meisten vergänglichen Haus in der Gesellschaft, anfangen, können wir hoffen, den zeitweiligen Charakter jedes Hauses unmissverständlich nachzuweisen.

Aber selbstverständlich sind nicht alle so kurzlebig wie die Fabrik. Mount Vernon soll viele Generationen an George Washington erinnern. Und dass St. Peter in Rom so alt ist, ist kein Luxus. Ohne die Kontinuität, die dieser Bau vergegenwärtigt, wüssten wir nichts vom Christentum.

4

Der Unterschied zwischen der alten Bilanz der Gesellschaft und der ökodynamischen Bilanz ist als einfacher Richtungswechsel zu bestimmen.

Die politische Ökonomie fing mit den beständigen Formen der Regierung und der Kirche an. Sie erörterte die Verfassungen der Reichen oder Republiken, sie schaute mit Schrecken auf den Niedergang und Fall dieser großen Mächte und ließ nur widerwillig zu, dass der Wechsel und Zusammenbruch und Tod von Institutionen unvermeidlich ist.

Ökodynamik fängt bei den für den Tod ausersehenen Formen an. Sie fürchtet den raschen Umschwung der menschlichen Häuser nicht. Sie fängt mit der alten Frage an: „Quousque tandem?“ „Wie lange kann es dauern?“

IV

1

Das ist der Schlüssel für das Labyrinth der zeitweiligen Formen des Menschen. Die Ökodynamik sträubt sich nicht, vom Dasein immerwährender Häuser oder langanhaltenden Verbindlichkeiten zu erfahren, möchte aber wissen, woher sie die Kraft zu so langer Dauer haben.

2

Nachdem wir den flüchtigen Charakter des Menschenlebens in der Fabrik bestätigt gefunden haben, fragen wir nach der nächsthöheren Form der Häuser des Menschen auf der Erde. Wir werden versuchen, die Kurzzeitgruppen auf die ihnen eigentümlichen Zwecke zu begrenzen, denn so können wir das Geltungsgebiet unseres ersten ökodynamischen Gesetzes begrenzen und es mit einem anderen ergänzen.

3

Das erste ökodynamische Gesetz reicht allein nicht, weil es den Menschen bloß an seiner Arbeit festmacht und alle Regeln für sein Betragen von dem Ort in der Gruppe abzuleiten scheint, die weiter keine soziale Aufgabe zu erledigen hat.

Wie in den meisten Fällen genügt es schon, das Gruppenprinzip konsequent bis zum letzten Ziel zu verfolgen, um zu sehen, dass es sich in ein anderes verwandelt. Unausweichlich kommt dieser dialektische Umschlag des Gruppenprinzips, wenn die Gruppe stärker wird.

Wir haben von der Fabrikgruppe als zeitweiliger Anordnung gesprochen. Die Natur kennt keine zeitweiligen Anordnungen. Der Mensch ist nach zehn Jahren Arbeit nicht mehr derselbe.

Ihrer Natur nach ist die Gruppe eine Anordnung für weniger als ein Menschenleben.

4

Die Gruppe erschöpft ihre Möglichkeiten in einer bestimmten Zeitfolge, in drei, fünf, sieben Jahren. Jede lebendige Einheit produziert schon dadurch, dass sie lebt, ihr eigenes Ende.

Das Gewicht unseres Gesetzes liegt auf der Tatsache, dass eine Gruppe auf Lebenszeit nicht einmal das Optimum für das Team in der Produktion ist! Das Optimum für Teamarbeit liegt weit unter der Lebenszeit eines Menschen.

Räumt man das ein, sind die Wechsel unserer Tätigkeiten kein notwendiges Übel mehr, sondern die Essenz jedes sozialen Systems. Der Mensch muss alle Teams überleben, zu denen er gehört.

Auf der anderen Seite liegt auf der Hand, dass dies Gesetz eines Optimums für Teamarbeit nicht alle Seiten des menschlichen Wesens beherrschen kann.

IV DIE ARBEITERBEWEGUNG

Zweites ökodynamisches Gesetz

ERSTES KAPITEL: WEDER PLURAL NOCH SINGULAR

I

1

Die Industrie blickt – von wegen ihres Prinzips der Kostenberechnung für zukünftige Warenproduktion – auf den Menschen als Atom in den Molekülen des Arbeitsvorrats für geplante Arbeit. In dem Plan sind 70.000 Arbeitsstunden die erste grobe Schätzung. Erst später wird diese allgemeine Schätzung auf die Arbeitstage verteilt. Und diese Verteilung bleibt stets elastisch. Denn die Arbeit muss, je nach finanziellem Druck oder anderen Gründen, warum das besser ist, beschleunigt oder verlangsamt werden können.

Jedes Wechseln der Zeit, die zum Vollbringen der Aufgabe zugelassen wird, hat auch den Wechsel in der Zahl der beschäftigten Arbeiter zur Folge.

2

Da das so ist, hat es das Kostenbüro mit dem 24-Stunden-Tag des Arbeitstages der Natur zu tun. Die endlose Wiederkehr eines Arbeitstages für diese Art Naturkraft drückt am besten die endlose Willigkeit des eisernen Menschen aus, die Maschine. Schwache Maschine, die der Mensch doch ist, kann er es mit den rein mechanischen, ohne Pause dienstbaren Kräften nicht aufnehmen. Der Mensch braucht Ruhe, Ferien, Schlaf.

Diese Mängel muss er durch Schichtarbeit wettmachen. Für die menschliche Arbeit in Schichten muss die Industrie also eine Konzession an die Menschlichkeit machen. Es sieht ihr, der Industrie, nicht ähnlich, solche Konzessionen zu machen.

In den ersten Tagen der industriellen Revolution mussten Kinder 23 Stunden am Tag arbeiten. Und ein englischer Arzt stellte vor einem Ausschuss des House of Lords das Zeugnis aus, er sähe nicht, warum sie das nicht auch sollten!

3

Dieser Mann war nicht einfach verrückt. Es widerspricht dem angeborenen industriellen Ansatz, sich auf Schichten einzulassen. Nirgendwo enthält der Bezugsrahmen des Fabriksystems die Elemente der Menschennatur, die nicht Arbeit sind. In diesem Bezugsrahmen gibt es kein Kindeswachstum, nicht Lebenszeit eines Arbeiters, keinen Sonnenauf- oder -untergang, nicht Rhythmus von Woche und Feiertag. Einzig zählt, was Dinge sind und machen können.

Die Arbeit wird als feststehendes und nicht zu veränderndes, als standardisiertes und dauerndes Rohmaterial gekauft.

4

Die Standardisierung hängt von dem pluralistischen Konzept vom Menschen ab. Drei oder mehr dieser Individuen werden in Schichten verknüpft, damit das industrielle Molekül, dieser „eine Arbeiter", nicht unmöglich wird.

Die Industrie trifft nirgendwo direkt oder in erster Linie auf den wirklichen einzelnen L. B. Thompson. Sie reicht nicht weiter hinab in das Reservoir von Arbeitsvorrat als bis zum abstrakten „Individuum". Ein Individuum ist eines in drei oder vier. Weit unterscheidet es sich vom wirklichen Menschen.

II

1

Denn so ist unsere Denkmaschine, dass wir den Plural eines Konzepts nicht äußern können, ohne gleich ganze vier dazugehörende Kennzeichen heraufzubeschwören.

Wo es einen Plural gibt, gibt es zum Beispiel auch einen Singular.

Weil die Industrie die fragliche Existenz des Menschen von der pluralistischen Seite her angeht, dürfen wir wohl fragen, wo in der Gesellschaft der rechtmäßige Platz des Menschen als einzigartige, als wirkliche Persönlichkeit im Singular ist.

2

Ein alter Liberaler hätte die Frage damit beantwortet, dass er auf das Privateigentum eines Menschen gewiesen hätte; ein alter Christ hätte vielleicht geantwortet: „Sie fragen, wo der Mensch einzigartig ist? Fragen Sie besser, wann er einzigartig ist. Und was das betrifft, sage ich Ihnen: auf dem Totenbett und in seinem Grabe."

Vielleicht haben beide recht.

Und doch sind wir es leid, als bescheidene Mitglieder der modernen Gesellschaft allzu Genaues von der Metaphysik wissen zu sollen. Wenigstens sind wir nicht geneigt, irgendein Dogma vom einzelnen Menschen herzubeten, das sich nicht auf eine wie immer geartete Untersuchung der Tatsachen der Gesellschaft gründet.

Zu lange haben sich die Denker den Menschen als den „einen" vorgenommen, ohne auch nur zu erwähnen, dass er von der Gesellschaft als Plural behandelt wird – sollte uns das nicht ihre ganze Methode verdächtig machen? Sie übersahen doch alle Konsequenzen aus dem ersten ökodynamischen Gesetz.

Der erste Impuls einer Gruppe aus sechs oder sieben Wesen, die sich als bloße Summe behandelt finden, ist nämlich alles andere als eine individualistische Reaktion. Der als Zahl in einer Summe behandelte Mensch versucht durchaus nicht, sich zu seiner Einzigartigkeit und Einmaligkeit zurückzuwenden.

3

Wenn ein Professor seine vielen Studenten als „seine" fünfundvierzig Studenten aufzählt, ist die instinktive Reaktion der Herren Riebe, Robe und Raabe nicht die erwartete. Sie begehren nicht auf: „Bitte schön, ich bin Herr Johann Wilhelm Riebe", „Ich bin Herr Ralf Maier Raabe Senior" oder „Verwechseln Sie mich bitte nicht mit meinem jüngeren Bruder Albert, ich bin Frank Robe" – weit entfernt! Die drei Studenten wollen sich instinktiv als Kollektiv benehmen! Plötzlich sind sie ein Bündel Studenten und verhalten sich entsprechend.

Vielleicht fordern sie ein, sie seien die Studentenschaft oder vertreten sie, die Klasse von Professor Falsch oder die Seminargruppe von Professor Richtig. Derart dehnt sich ihre Selbstbestätigung, dass sie am Ende vorgeben, „die Jugend der Nation" zu sein.

4

Genauso reagierten die Arbeiter auf die industrielle Betriebsleitung. Sie kämpften im Streik zusammen, bauten für die flüchtige Arbeit ein moralisches Zuhause und nannten es Gewerkschaft. Sie errichteten das Kollektiv des Internationalen Proletariats.

III

1

Die Arbeit ist ein Kollektivbegriff wie die Jugend auch. Spricht ein Arbeitgeber von der Arbeit statt von seinen Arbeitern oder seinen Leuten, muss er sich bald dem neuen Kollektiv und kollektiven Verabredungen stellen. Niemand tauscht den Kollektivbegriff für den Plural ein, ohne von dessen Logik gefangen zu werden.

Die Logik des Kollektivs und die Logik des Plurals sind völlig verschieden.

2

Die grammatische Verkleidung eines Kollektivs kann irreführen. Man hält irrtümlich einen Singular für ganz harmlos: „der Kapitalist ist gierig", „der Student ist faul", „der Mensch ist ein Kämpfer", „der Staat ist auf Gerechtigkeit gegründet."

„Der Staat", „der Mensch" sind in diesen Sätzen nämlich kein Singular. Sie sind Abstraktionen und abstrakte Typen wie Christentum oder Feudalismus. Christentum ist der kollektive Zug in allen Christen, und der Staat ist ebensolche Abstraktion wie der Feudalismus.

3

Lateinische Wörter auf –as oder –us sind deutlich Kollektive. Libertas, civitas, iuventus, senectus sind wohlbekannte Substantive dieser Wortbildung.

Deutsche Wörter auf –heit und –schaft wie Menschheit und Einheit oder Wirtschaft und Mutterschaft reflektieren den besonderen grammatischen Apparat, mit dem man allgemeine Ideen ausdrücken kann.

4

So ist es hochbedeutsam, dass in der Ära der letzten 150 Jahre die Kollektivformen der Sprache übersehen und zu bloßen Abstraktionen degradiert wurden.

Citizenship und civilization sind doch abstrakt gegen die civitas. Die civitas ist weder citizenship noch civilization, sondern „wir, die freien Bürger einer city"; noch ist ein Hauch des idealisierenden Elements in citizenship und civilization in den konkreten Kollektiven vorhanden.

IV

1

Nun sind – in der Sphäre der Kollektiva – die beiden Worte *die Arbeit* und *die Jugend* bemerkenswerte Neuerungen der letzten fünfzig Jahre. Ihre sprachliche Konstruktion ist völlig von den alten Sprechweisen abgehängt. Denn diese neuen Begriffe verwenden weder –heit noch –tas oder –us.

Sie mussten im neunzehnten Jahrhundert geschaffen werden, das heißt in einer Ära, die dem Gebrauch konkreter Kollektiva direkt entgegenstand.

2

Die Sprache unserer Zeit bot keine dienstbare Matrix für die neue Terminologie, weil die früher für Kollektive gebrauchten Endungen alle zu bloßen Abstraktionen verwässert waren. So mussten die neuen Wirklichkeiten durchbrechen und gegen schwerwiegende linguistische Wahrscheinlichkeiten ihren Weg finden.

Die Ära der Französischen Revolution glaubte an keine anderen Wirklichkeiten außer dem Singular und dem Plural. Weder Kollektive noch Ganzheiten waren sichtbar.

3

Und dennoch kann weder „die Arbeit“ noch „die Jugend“ mit einer der beiden Kategorien Singular oder Plural bezeichnet werden.

Ein Kollektiv ist etwas Drittes. Es handelt von einem gemeinsamen Ziel, indem es auf einen idealen oder abstrakten Typus deutet. Das Kollektiv handelt mit Teilen in Beziehung zu einem Ganzen, mit positiven Tatsachen in Beziehung zu einem Superlativ, mit Brüchen in Beziehung zu einer ganzen Zahl.

Ein Jugendlicher ist die mikrokosmische Zelle der makrokosmischen Wirklichkeit „die Jugend“.

4

Und während der bloße Plural vieler viele Menschen, viele Arbeiter gleichsetzt und als unbestimmte und endlose Reihe von 1+1+1+1+1 dargestellt werden muss, ist das Kollektiv mit 1= ¼ + 1/8 + 1/8 + 1/16 + ¼ + 3/16 darzustellen.

ZWEITES KAPITEL: DAS KOLLEKTIVUM

I

1

Obwohl die beiden Gleichungen dazu ausreichen, jegliche Gleichheit zwischen Plural und Kollektiv abzuweisen, kann man das Ganze doch nicht als rein statistisches Problem betrachten. Die Idee der Ganzheit, nämlich von Jugend und Arbeit, ist nie Ausdruck einer quantitativen Behauptung. Jedes Ganze hat einen eigenen Charakter und eine eigene Qualität.

Im Kollektiv wird die Qualität, welche Teile, Zellen oder Exemplare aufzeigen, aufgewertet und zur Vollendung geführt. Ein Kollektiv ist ein Superlativ!

2

Der elative oder superlative Charakter eines Kollektivwortgebrauchs – etwa der Wörter „Männlichkeit", „Potenz", „Schönheit", „Wahrheit" – ist nicht zu übersehen, wollen wir nicht unsere Wege von Leben und Ordnung völlig falsch verstehen.

Alle griechischen Götter entsprangen der elativen Qualität der Kollektive und Abstraktionen.

3

Jedes Wort kann Faszination von wegen der Qualität wecken, für die es steht.

Statt an vielen schwarzen Wolken interessiert zu sein, statt selber Schwarz zu tragen, kann ich plötzlich von Ehrfurcht oder Bewunderung für Schwarz befallen werden – und wenn das geschieht, beuge ich mich in Respekt vor einer unabhängigen Macht im Leben.

So war es in den jungfräulichen Tagen der Religion, so ist es wieder und wieder.

4

Die vielen Arbeiter also, durch den Übergriff der industriellen Gleichung „3+mehr=1" auf ihr Leben ins Unrecht gesetzt, reagierten nicht, indem sie nun Wert auf die Person jedes einzelnen Arbeiters legten. Die vielen Individuen scharten sich mit ihren Genossen und riefen: Wir vertreten die Arbeit, wir verkörpern die Arbeit, wir bilden das Emblem der sozialen Energien der Massen.

Entsprechend muss das zweite ökodynamische Gesetz eingesetzt werden. Das Gesetz der Qualifizierung lautet: *Alle gleich einer*. Mathematisch gesprochen: $\infty=1$.

II

1

Dieser neuerlich vom Kommunismus vorgebrachte Kollektivismus ist nichts Neues für die Menschheit. Ganz von selbst ist jede Klasse im College so ein Kollektiv. Schon Schule und gute Erziehung sind nichts anderes.

„Lass den Jungen auf eine gute Schule gehen" heißt so viel, wie ihn zu einem Mitglied der guten Gesellschaft zu machen, ihn zum wahren Repräsentanten der Gruppe machen, die du am meisten magst, gib ihm den gemeinsamen, zu seiner Zeit und Nation passenden Hintergrund.

2

In der Erziehung verdient das unaufdringliche Wort „gemeinsam" in der Wendung „gemeinsamen Hintergrund" eine bessere als die übliche Analyse. Es wird zu oft geringschätzig behandelt.

Wohl starren die meisten Lehrer auf das Problem, was sie lehren sollen. Wichtiger aber ist, sich zu fragen, was einem jedem Mitglied der zu erziehenden Gruppe mitgegeben werden soll. Dass sie eine Erfahrung des kollektiven Leibes sei, ist der an erster Stelle stehende Wert einer Schulbildung.

3

Schulbildung „kollektiviert". Sie behandelt Verallgemeinerungen. Zu bilden heißt: den Teil des zukünftigen Erwachsenen verstaatlichen, auf den er später als seine Vergangenheit zurückblickt. Eine hoch artifizielle und hoch nützliche Kollektivierung unserer zukünftigen Gedächtnisinhalte!

Man könnte denken, die im Vorhinein stattfindende Ordnung zukünftiger Gedächtnisinhalte sei ein komisches Vorhaben. Aber gerade das ist die allgemeine Schulbildung! Wir befassen uns gar nicht mit seinen unmittelbaren Bedürfnissen, wenn wir das leere Kinderhirn absichtlich bearbeiten – warum es nicht so lange wie möglich im Stande der Natur belassen? Wir möchten aber diese unschuldige und vor-persönliche Phase des Lebens des Jungen oder Mädchens zu der Erfahrung eines *gemeinsamen* Lebens wenden.

Wer dann auf die jugendliche Vergangenheit zurückblickt, hält sie für das reguläre Leben eines jungen Mannes von normaler Gesundheit, Sitte und sittlicher und gesunder Normalität.

4

Warum ist das so wichtig?

Das spätere Leben macht die Jungen immer zu Individuen. Und Persönlichkeiten unterscheiden sich. Das Leben zerstreut, es bricht die Gruppe der Brüder oder Klassenkameraden unausweichlich auseinander. Auf lange Sicht scheren wir alle aus.

Da das für jeden Sohn einer Frau der Schicksalsweg in die Einsamkeit ist, nehmen wir bei der Schulbildung Zuflucht. Wir versuchen, den Jungen bei Morgenanbruch des Lebens wahre Solidarität und Freundschaft erfahren zu lassen.

Früher durch Tage endloser Kindheit mit Schwestern und Brüdern, heute durch die Klassenkameraden wird das Leben in das Leben der ganzen Menschheit eingebettet. Da die Absolventen dann aber an der Individuation nicht vorbeikommen, müssen die Studenten im ersten Jahr Allgemeinwissen lernen, welches sie mit dem großen Strom der Tradition verknüpft.

Sie sollen ein volles Gemeinschaftsleben erfahren, sich als gute Sportsleute der Gruppe einfügen.

III

1

Die vorpersönliche Lebensphase färbt die Schulzeit wirklich mit kommunistischen Farben. Und nicht zuletzt ist es diese Seite, die die Eltern fasziniert, die den letzten Groschen für die Erziehung des Nachwuchses hergeben. Die in einer pluralistischen Industriegesellschaft lebenden Eltern sind nämlich in die kollektiven Lebensformen verliebt, weil da doch jeder Zug ihrer eigenen Lage in der Fabrik entgegengesetzt ist.

Zum Beispiel wird ein Mensch in der Fabrik nach seinem Nennwert eingekauft. Er ist, was er jetzt und hier ist. In der Schulzeit hingegen nimmt man von niemandem an, erwartet es auch nicht, dass er ist, was er ist. Man glaubt, er verändere sich, befinde sich zurzeit in einem fließenden Status, der keine endgültige Bedeutung hat. Man nimmt ihn als Larve. Er wird schon noch wachsen.

In der Schulzeit hat niemand einen festen Preis. Er hat, wie ein neugeborenes Kind, keinen Tageswert.

2

Folglich heißt die Lösung „Gib jemandem eine gute Ausbildung" genauer: zögere hinaus, dass er unter den Zeitplan gerät, durch den er für bestimmte Löhne und einen bestimmten Preis gekennzeichnet ist, warte seine Entwicklung ab.

Die Ausbildungsmaßnahmen schützen die Zeit des Wachstums, der Träume, der Hoffnung gegen Ausbeutung. Wir kleiden die jungen Gesellschaftsmitglieder, indem sie in einem Kollektiv zurückgehalten werden, mit dem schützenden Gewand der Kameradschaft, das keine endgültige Forderung an Charakter und Fähigkeiten stellt.

3

In der idealistischen Schulgruppe befinden wir uns in dem glücklichen Stande, der der Zeit des zerklüfteten Individualismus vorausgeht und immer vorausgehen muss.

Darum glauben die Massen an die Ausbreitung kollektiver Lebensformen. Denn der Kollektivismus ist die Weile, in der man der individuellen Verantwortlichkeit entkommen kann.[17]

4

Nun leidet jeder, der keine Kollektivausbildung von genügender Länge gehabt hat, an der Bürde zu früher Vereinzelung.

IV

1

Die Arbeiter leben, solange man sie als Proletariat oder „die Arbeit" betitelt, wie jegliche Mitglieder eines Kollektivs, nicht in der Gegenwart. Diese Namen machen sie zu Visionären ihres „Idealtyps". Während der Kindheit und Jugend und indessen eine neue Bewegung wächst, ist dieses Gefühl voll und ganz berechtigt. Da ist das Leben vor uns und wir sind natürlich eher zur Zukunft hingezogen.

Diese Tendenz verleiht allen Kollektiven ihre Eigenschaften. Kollektive beziehen ihre Anstöße aus Zukunft oder Vergangenheit, sind utopisch oder romantisch.

2

Also gehört die Kollektivform nicht zu der einfachen Gegenwart oder zu der vernünftig zu berechnenden Wirklichkeit bestehender Tatsachen und Dinge. Weder eine Hochschulbildung noch die Arbeiterbewegung noch die Amerikanische Veteranenlegion leben in der Gegenwart. Die Veteranen hegen ihre Kriegserfahrung, als sie im Lande in höchstem Ansehen standen, und so verklären sie eine Vergangenheit, während der Kommunismus gepredigt wird als das Ziel der Zukunft.

17 Die Wucht dieser Tatsache wird im Teil „Eva und die Folgen der Arbeitsteilung" dargestellt.

Solch ein Ziel übergeht alle sonst vorhandenen Einteilungen der Menschen, Glaubensformen, Farben, Klassen. Es spricht an, weil es anziehend ist. Wir möchten doch alle die Schwellen und Fesseln der Wirklichkeit loswerden. Die Kollektive bieten allen Menschen die Ausflucht an, die sie aus dem Gefängnis unserer Existenz herbeisehnen.

3

So können wir auf dem Weg über den kollektiven Aggregatzustand etwas Bestimmtes lernen, eine Wahrheit, die wohl jeder Politiker beherzigt, der Logiker aber oft nicht wahrnimmt.

Die Kollektivformen *Mensch, Jugend, Frauen* gehören nicht einfach zu der gegenwärtigen oder vernunftmäßig zu erfassenden Wirklichkeit der Dinge. Sie vertreten eine in vielen durch ein Kollektiv geprägten Exemplaren anzutreffende Tendenz. Wenn wir eine Kollektivform anwenden, betonen wir immer etwas, das im Fluss ist. Wir verunglimpfen oder beschönigen eine Eigenschaft, um eine Formation entweder zu erzeugen oder zu unterdrücken und dabei über die statistische Wirklichkeit des gegenwärtigen Augenblicks hinauszugehen.

Die Arbeit oder die Jugend sind solche Tendenzwörter. Es sind Wörter des Wachstums und der Intensivierung.

4

Das Kollektiv ist unser Mittel, die Eigenschaft zu mehren, von der wir glauben, sie wäre wichtig genug, um ihm den Charakter eines in der Welt unentbehrlichen Elements zu verleihen.

Die semitischen Sprachen haben Formen der Intensivierung für ihre Verben. Im Arabischen wird „ich liebe heftig“ durch eine besondere Form ausgedrückt, indem die Superlativform „am meisten“ oder „heftig“ in die Form „ich liebe“ hineingesetzt wird, sodass es sozusagen heißt: „ich liebest“, oder wie es in einem vorgestellten Latein heißen könnte: amabissimo. In ähnlicher Weise ist der Kollektivgebrauch eines Substantivs das Fortissimo, der Superlativ des Substantivs. Jeder Gegenstand kann, wenn man ihn als Kollektiv bejahend gebraucht, zu einer Idee erhoben werden.

Und jedes solcher idealisierten Substantive kann diese kollektive Qualität auch wieder verlieren, und dann stirbt die Idee.

Ideen sind nicht unsterblich. Sie sind Tendenzen im Umgang mit der Wirklichkeit. Sie drücken unsere Ängste und Hoffnungen gegenüber der Wirklichkeit aus, sie sind unser Zukunftsprogramm.

DRITTES KAPITEL: DIENSTE

I

1

Daher obliegt eine Idee der Gesellschaft als ein Imperativ. „Die Arbeit" impliziert Anstrengung und Aufgabe. Der Satz besagt: Alles oder nichts – und das Manifest von 1848 tat das buchstäblich. Der Ausdruck „Die Arbeit" verwandelt die vielen Arbeiter aus fleißigen Bienen zu einem Bienenschwarm, der den Bienenkorb verlassen hat und als großer, unauflöslicher Haufen anhängt.

Mit Bestimmtheit lässt sich sagen, dass die kollektive Reaktion der Arbeiter normal ist und in der Gesetzgebung in zweifacher Richtung ein Ventil finden muss.

2

In den vielen Beziehungen, in denen der pluralistische Arbeiter befangen ist, muss seine Eigenschaft als Molekül anerkannt werden. Je eher das Phantom der liberalen Anschauung in der Fabrik als fiktiv durchschaut wird, desto besser für einen dauerhaften Frieden der Gesellschaft.

Sind aber alle vernünftigen Änderungen im Vertragsrecht und ähnlichem getätigt, wird es immer noch den sozialen Instinkt zum Kollektivismus geben. Das natürliche Ventil für den Kollektivinstinkt der Arbeit ist wahrscheinlich seine Zusammenarbeit mit den kollektiven Instinkten in jedem menschlichen Wesen.

Das natürliche Ventil für die kollektive Tendenz im Menschen ist der gemeinsame Dienst.

3

Eine Industriegesellschaft braucht Symbole des gemeinsamen Dienstes auf dem Felde der Produktion.

Deshalb ist das Heer nicht mehr wirksames Symbol für die Zusammenarbeit einer Nation. Die moderne Gesellschaft durchzieht das Verlangen nach kollektiven Symbolen für den kollektiven Kampf gegen die Natur.

Das war es, was William James meinte, als er von dem positiven Ersatz für den Krieg und den Kriegsgeist in der Jugend des Landes schrieb.

4

In vielen Schriften habe ich Praxis und Theorie des „Arbeitsdienstes" als eines freiwilligen Beitrags jedes Gesellschaftsmitglieds dargelegt. Nach sechs Jahren Heeresdienst widmete ich mich mehr als dreihundert Tage in ein paar Jahren der „Arbeitslager"-Bewegung.

Im American Civilian Conservation Corps (CCC) wollen die Grundlagen eines allgemeinen, die ganze Nation umfassenden Dienstes von der Vorstellung befreit werden, sie wären das Heilmittel für die Arbeitslosen. Der landesweite Plan eines universalen Dienstes für die Erhaltung des Bodens wäre ein wirklicher Schritt in Richtung auf die Lösung der sozialen Frage, während die Begrenztheit des CCC auf die Arbeitslosen die Klassen des amerikanischen Volkes sonderte und den Collegejungen von dem arbeitslosen Jugendlichen trennte.

Daher sind diese beiden Auffassungen des CCC in höchstem Maße bezeichnend für die doppelbödige Lage.

In Wirklichkeit weisen die Pläne der Amerikanischen Veteranenlegion für einen gemeinsamen Dienst aller und Herrn Baruchs Plan die Gewinne aus dem Krieg zu ziehen, in dieselbe Richtung wie 1910 schon William James[18]. Darin könnte die große Chance der CCC-Bewegung leicht integriert werden.

II

1

Der Kollektivismus der Freizeit-Gesellschaftsschichten fand in der College Erziehung ein Ventil. Da es aber unmöglich ist, jedem bis zu seinem

18 William James: The Moral Equivalent of War; in: beiheft stimmstein 2, Mössingen-Talheim 1995 isbn 3-89376-044-X

zwanzigsten Jahr eine College-Erziehung zuteilwerden zu lassen, muss etwas anderes in der Blütezeit kollektiven Strebens um das zwanzigste Lebensjahr herum alle Menschen zusammenzufassen.

Als Huey Long jedem Kind einer amerikanischen Familie eine College-Erziehung versprach, artikulierte er ein tiefes Verlangen der menschlichen Natur. Aber es liegt auf der Hand: sobald die College-Erziehung sich weiter und weiter ausdehnt, verliert sie allmählich ihren Ausbildungscharakter verglichen mit den Zeiten, als nur wohlhabende Leute und Mitglieder akademischer Berufsstände dorthin gingen. Ein gewisses „rapprochement" muss stattfinden, damit die Standards der Erziehung für die Minderheit und die Standards des Dienstes für die Jugend der ganzen Nation dazu taugen, dem tiefen Instinkt für kollektiven Dienst im Menschen Genüge zu tun.

2

Rein logische Überlegungen führten zu direkt praktischen Schlüssen.

Wir haben entdeckt, dass – ebenso wie die Industrie begründet ist auf dem Molekül-Charakter der qualifizierten und geschulten Erwachsenen – die Erziehung auf die kommunistische Neigung in jedem Menschen gegründet ist.

3

Man kann die Vielförmigkeit des Menschen in Hinsicht auf den Kollektivismus so feststellen.

Mit zwanzig ist der Mensch von Natur aus ein Kommunist. Die Erziehung soll von diesem Vermögen des Menschen an diesem Moment Gebrauch machen. Tut sie das nicht, treibt der Kommunismus diese natürliche Neigung zu ihrem Extrem. Dann wird aus einer allgemeinen Neigung zu idealistischem, selbstlosem Dienst, die während einer bestimmten Lebenszeit erfüllt werden kann, durch künstliche politische Propaganda die einzige Neigung für das ganze Menschenleben.

4

Menschliche Neigungen werden entweder zum Albtraum oder sie werden in Probleme im hellen Tageslicht gewendet. Auf die eine oder andere Weise machen sie sich bemerkbar.

Die Nacht erzeugt leidenschaftliche Unterdrückung und verzweifelte Besessenheiten, die Nüchternheit des Tages ist für die Untersuchung und kühle Beobachtung.

III

1

Die Ära des Liberalismus schickte die kollektiven Instinkte der Menschen als kindisch und abergläubisch aus dem Tageslichthorizont ins Exil. Der Liberale verkannte den ewigen Jüngling im Mann.

Dass sein eigener Gebrauch des Wortes „Mensch“, wenn er von Menschen sprach, ein monotones Manifest und nicht Tatsache verlautete, ignorierte er.

2

Kein Wunder, dass er hilflos vor den Manifesten der Klassen und Rassen steht.

Erst, wenn alle nacheinander zu Manifesten geworden sind, *Jugend, Arbeit, Mensch, Vernunft*, besänftigen wir ihr Rasen.

V DAS GEHEIMNIS DES SICH FORTZEUGENDEN LEIBES

Drittes ökodynamisches Gesetz

ERSTES KAPITEL: DER DUAL ALS VERGESSENE GRAMMATISCHE FORM

I

1

Unser leidenschaftliches Erforschen des Pluralismus und Kollektivismus wird sich als unwiderleglich erweisen, wenn gezeigt werden kann, dass sie keinesfalls die einzigen Möglichkeiten sind, den Menschen einzuteilen. Der jede beliebige Menschenmenge aufrührende Mechanismus, dass sie sich als Kollektiv einen Boden gebe, ist auch in einer dritten und vierten Richtung am Werk.

Wie vorher schon, finden wir in den vergrabenen grammatischen Traditionen für unsere Wiederentdeckung der Aggregatzustände des Menschen jenseits des Kollektivs und des Plurals Unterstützung.

2

Diese Binsenwahrheiten hat die Philosophie der letzten Jahrhunderte übersehen. Aber wenn auch das moderne Denken uns verblendet hat gegen diese wichtigen grammatischen Ausdrücke der Wirklichkeit, gewährleisten die alten Sprachen und auch Erfahrungen ihr Dasein.

Bei der Arbeit, im Kampf gegen die Natur, wird der Mensch wie die Soldaten bei der Wache angeordnet: als Glieder in einer Kette. Denn die Natur kennt keinen Schlaf; woraus folgt, dass unser Kampf gegen sie endlos ist. Es ist diese Qualität des Fortdauerns in den Bewegungen der Natur, die den Menschen zum Teilchen einer größeren Einheit machte. Er wurde ein Atom innerhalb eines Moleküls mit Namen Arbeit.

Bei der Arbeit ist ***3 oder mehr =1.***

3

In der Schulbildung, in allen Vorläufigkeiten und freiwilligen Gruppierungen, weit entfernt von den brutalen Forderungen der Natur, kommen Menschen, gerufen vom spontanen Instinkt, zu einem Gemeinschaftsleben zusammen.

Das Schlagwort lautet: ***∞=1***

Weil der Rahmen für jede solche freiwillige Zusammenkunft größer als die Geld-Wirklichkeit von heute sein muss. Sie muss in die Zukunft weisen, eine größere und bessere Zukunft, und zu diesem Zweck werden Ausdehnung und Intensivierung in der Kollektivform ausgedrückt, welche Leute versammeln und ihre kleinen Energien bündeln kann.

4

In allen Freundschaftsbeziehungen, Beziehungen persönlichen Mögens und Widerstrebens, der Eifersucht und der Liebe, des Hasses und der Sehnsucht wiegt eine dritte Beziehung vor, die der dialektischen Polarität. Freund und Feind, du und ich und das kleine Wort „beide“ verraten das Dasein eines Dualismus.

Der Gipfel solchen Dualismus‘ ist in den Formen der Reproduktion der Art dargestellt. Männlich und weiblich sind in einer polaren Beziehung miteinander verbunden.

II

1

Wo wir an den Nachfolgeprozessen im Leben auf der Erde interessiert sind, an Erbschaft, Rekonstruktion, historischer Entwicklung, schauen wir auf die Wirklichkeit mit den Augen, die denen Platos oder Hegels gleichen. Das Universum erscheint als dialektischer Prozess, das Leben wird dem unwilligen Selbst in einem Duell zwischen Gott und Teufel, Licht und Finsternis, Mann und Frau, Christus und seiner Kirche, Himmel und Erde abgerungen.

All dies sind berechtigte Ausdrücke für einen Aspekt der Wirklichkeit.

2

Und dieser Aspekt ist so durchgängig wie die Beschreibung eines pluralistischen Universums oder einer Milchstraße der Ideen durch Materialisten und Idealisten.

Heirat ist eine elementare Erfindung.

Ein Paar zu verheiraten und alle Wirklichkeit zu verheiraten als ein System unzähliger Paare, ist eine unserem Verstand gemäße Erklärungsform. Als ein Rabbi gefragt wurde, was Gott tat, nachdem er seine schöpferische Arbeit getan hatte, sagte er: „Er verheiratet die Teile seiner Schöpfung miteinander."

3

Der Dual, diese eigentümliche grammatische Form von Verben, Substantiven und Adjektiven, ist bei Homer wohl bewahrt. Uns ist sie in allen Formen des Vergleichs vertraut, wie auf Latein *alter, uter, neuter, ambo, duo*. Im Deutschen ist sie in jedem Komparativ wie *bess-er, größ-er* deutlich anwesend. „Entweder" und „ein anderer" sind weitere Spuren.

Das ist nicht alles. Alle Teile des menschlichen Leibes, die Zwillinge sind – *Beine, Arme, Augen, Ohren, Hände, Füße* – sind wahrscheinlich anfangs als Dual empfangen worden. Und einige der urältesten Wörter der modernen Sprache bewahren heute eine Phase in der Geschichte, als die Sprache noch tiefreichend am Dual interessiert war.

Es sind die Wörter *Mutter* und *Vater, Schwester* und *Bruder*. Hier sind beide Endungen, eine feminin, die andere maskulin, auf r, Überbleibsel der Komparativform „-er" wie in *größ-er*.

4

In Gegenwart des Kindes nennt ein Mann seine Frau Mutter, und von dem geliebten Gatten redet die Angetraute als Vater. Die meisten wissen wohl, welch ein Schritt es vom Werben zum Haushalten ist, wenn ein Mann seine Liebste „Mutter“ nennt.

Mutter und Vater sind Titel, die Gatte und Gattin einander in Bezug zu ihren Kindern erteilen. Ohne, dass das sie in einen Leib vereinende Band zwischen ihnen zerschnitten wird, wird die Gliedergestalt dieses Leibes nun so ausgedrückt, indem innerhalb dieses kleinen politischen Körpers der Familie ein Glied zur Mutter und das andere zum Vater gemacht wird.

III

1

Der Dual ist der wahrste Ausdruck für jede Inkorporation und Verkörperung. Er besagt, dass innerhalb der Einheit eine Vielfalt waltet. Die zwei Brennpunkte einer Ellipse setzen einander voraus und haben keine Bedeutung außer in Bezug aufeinander.

2

Ist der Prozess des Duals einmal verstanden, ist es nicht mehr schwer zu verstehen, dass das Paar „Gatte und Gattin“, obwohl keine grammatische Endung zu Hilfe kommt, ein echter Dual ist. Gatte und Gattin sind nämlich weder ein Plural (dann könnten ein dritter, vierter und fünfter hinzugefügt werden), noch ein Kollektiv, denn es gibt keine Neigung über die nüchterne Präsenz hinaus, noch Vergötzung der „Liebe“ als eines Absoluten, das Liebende zu Anbetern von Eros oder Venus machte.

Gatte und Gattin sind durch eine Beziehung gegenseitigen Zusammenfügens gebunden. Je mehr die Mutter Mutter ist, desto mehr kann der Vater Vater sein.

3

Als die Menschheit den Unterschied zwischen Dual und Plural fallen ließ, beraubte sie sich einer ursprünglichen Seite des Gewissens und Bewusstseins. Da Mann und Frau die polaren Hälften der Art sind, können beliebige zwei Sachen oder Wesen zusammengetan werden, es scheint das endlose Abenteuer des Lebens zu sein, neue Mixturen, neue Mischungen, neue Hochzeiten unter den chemischen Elementen zu finden, zwischen jederlei zwei Elementen, die auf gleich kommen können.

4

Der Bezugsrahmen des Duals ist nicht weniger universal als die zwei anderen Zugangsweisen.

Zum Beispiel kann derselbe Arbeitgeber, der mit seinen Leuten unter dem Lohnsystem als Atomen in Arbeitsmolekülen umgeht, in leidenschaftlicher Liebe zu seiner Fabrik oder seiner Arbeit entbrannt sein, und viele Geschäftsleute sind zum Glück mit der guten Sache ihrer Berufung verheiratet. Wir mögen einen Glauben annehmen, eine Sache heiraten, oder eine Nation umwerben, wie es große Staatsmänner tun.

In der Bibel gibt es eine tiefgründige Passage über den Dual. Es ist die, die von der Versuchung Moses erzählt, die ungläubigen Juden zu verlassen und auf einen besseren und treueren Stamm zu warten.

Der absolute Realismus der Bibel ist freilich anderwärts selten zu finden. Die meisten Menschen sind Heuchler und wagen es nicht, die dauernde Versuchung zur Scheidung einzugestehen, sei es von der Republikanischen Partei, oder dem Staat oder einer Bewegung, von der sie enttäuscht und gepeinigt sind.

IV

1

Das Schweigen von den notwendigen Dualen unserer Seele hat weitreichende Folgen.

Immer wenn eine Lage nicht als die anerkannt wird, die sie ist, bleibt sie sich nicht selbst überlassen. Sie wird verstört, unter eine falsche Rubrik getan und entsprechend der unangebrachten Überschrift behandelt.

Das geschieht mit der dualistischen Seite des Lebens heute mehr und mehr.

2

Damit die Reproduktion des Menschengeschlechts und unserer höchsten Werte nicht dadurch Schaden leide, dass man sie als Binsenwahrheit missachtet, muss wieder eines der ökodynamischen Gesetze als Grundform eingesetzt werden.

Das Gesetz besagt, dass in allen Beziehungen, die für die Generationen und die Regeneration des Menschen einstehen, *2=1* ist.

3

Für sich genommen mag diese Feststellung nichtssagend scheinen. Allen, die sich darüber beruhigen, muss aber doch gesagt werden, dass sie heute alles andere als nichtssagend sind, sogar für Philosophen und Soziologen.

Schlagartig wird die extreme Verarmung unserer Verstandeswerkzeuge klar, will man das auf dem Gebiet der Sexualität in Theorie und Praxis wütende Pandämonium meistern.

4

Vielleicht trifft man auf die Wurzel des Übels, wenn man an den Scharfsinn denkt, mit dem die meisten Soziologen vom Menschen nur in Begriffen der Gleichung 1=1 denken. Wenn diese primitive Formel herhalten muss, kann das Ergebnis nur verwirren, mit dem die Probleme des Familienlebens, der Eugenik, der Freundschaft und der dialektischen Prozesse in der Geschichte zwischen Klassen und Nationen beschrieben werden.

Eifersucht und Krieg sind für diese Denker keine Wirklichkeiten. Sie leben in einem simplifizierten Universum, das sie selber erstellt haben.

ZWEITES KAPITEL: DER TRUGSCHLUSS DER PLURALISTISCHEN WISSENSCHAFT

I

1

Wenn der Zusammenbruch kommt, ein Weltkrieg, eine Weltrevolution, eine Scheidung in der Familie, ein Gewaltverbrechen in der Freundschaft, kommt das ganz unvorbereitet und überraschend; diese Denker gehen so weit, die unerfreuliche Tatsache gänzlich zu verdrängen.

Wie viele Rationalisten waren völlig außerstande zu sehen, dass der Weltkrieg die eine Wirklichkeit ist, von der alle politischen Ereignisse der letzten zwanzig Jahre nur bescheidene Bruchstücke und Symptome sind? Sie machen den Krieg dafür verantwortlich und taumeln in den nächsten, weil sie nicht zugeben können, dass sie für den letzten selbst immer noch verantwortlich sind.

2

Diese findigen Rationalisten sind besonders erheiternd, wenn es dazu kommt, von Sexualität zu reden.

Ich kenne einen Professor der Psychologie mit einer großen Leidenschaft: seine einzige Tochter. Da er aufgeklärter Freidenker, Psychoanalytiker und Verhaltenspsychologe ist, hat er entschieden, das Mädchen müsse einen Jungen als Freund haben, damit sie dann unter keinen Hemmungen zu leiden habe. Bis heute hat sich das Mädchen trotzig geweigert, eine Affäre einzugehen. Sie sehnt sich nach wirklicher Liebe, nach Heirat und Kindern und will keinen Kompromiss in Form einer billigen Beziehung eingehen. Sie sehnt sich nach etwas, das vollständig ist. Aber der steif und fest an bloße „Sex-Beziehungen" unter Menschenwesen glaubende Vater ist durch den seltsamen Aberglauben der Tochter ernstlich bedrückt, er ist unfähig – mit all seiner Psychoanalyse –, für das, wonach sie Verlangen hat, eine Erklärung zu finden.

3

Wie viele andere gescheite Denker dehnt der Professor sein soziologisches, vom modernen Pluralismus in der Industrie hergeleitetes Wissen auf das Herrschaftsgebiet des Dualismus aus. Das sieht er nur durch die für die unzähligen Atome der Arbeit gefertigte Brille.

Es scheint ihm unmöglich, dass der Mensch mehr als einen Bezugsrahmen hat, in dem er zu leben hat. In seine pluralistische Logik ist er so abgrundtief verliebt, dass er all sein klares Denken zu verlieren fürchtet, wenn er das komplexe, reiche und hoheitliche Vokabular für den Dual, für alle einen einzigen Tag oder die Summe vieler einzelner Tage überdauernden Beziehungen zugäbe.

In seinem Mikroskop erscheint die Liebe als Sexualität.

4

Wo Liebe zur Sexualität erklärt wird, trägt der Sprecher – da können wir sicher sein – die Brille des Pluralismus.

Die Zeit für den Menschen im Plural ist tatsächlich so viel kürzer als die Zeitspanne für ein Paar. Dann wird die Liebe zu einer endlosen Kette von Sexverlangen, Sexschocks und Sexattacken pervertiert.

II

1

Es ist wahr, dass siebzigtausend Arbeitsstunden eine bloße Summe sind, und wer sich einmal darauf verstanden hat, das Stundenmaßband zu gebrauchen, für den können auch eine Million Stunden keine höhere Einheit, wie zum Beispiel ein Lebenswerk, einen Ruf oder unsterblichen Ruhm aufbauen. Und keine fünfhundert Sexerfahrungen führen in das von der Zeitspanne einer Generation regierte Herrschaftsgebiet.

2

Jede Art den Menschen einzuteilen, Plural, Kollektiv und Dual, ist aber innig mit einer zu eben diesem Modus gehörenden Zeitspanne verknüpft. Jede grammatische Form hat eine innige Beziehung zu einer der grammatischen Zeiten.

Wir sahen schon, dass man den Menschen zeitweilig zum Plural machen kann, aber eben nur zeitweilig. Für eine Stunde, vierundzwanzig Stunden, ein paar Jahre kann ich meine Arbeit der zusammenarbeitenden Gruppe widmen. Aber diese Hingabe kennt Grenzen.

Die Gruppe in der rationalisierten Produktion hat ihre Energien nach höchstens ein paar Jahren verbraucht. Sorgfältige Beobachtung in einer Fabrik über fünf Jahre hin hat erhärtet, dass die Konstellationen in dem besten Team, welche ja die Wirksamkeit einer Gruppe schaffen, nach dieser Zeit erschöpft sind.

Alle möglichen Varianten der Rivalität, des Wettstreits, der guten Nachbarschaft, der Führerschaft sind dann nämlich ausgebeutet.

3

Die Sporen, die der Mensch bei der Zusammenarbeit anderen gibt, dauern nicht ewig.

In jedem Heer muss, um der Truppe neue Energien einzuflößen, nach drei oder vier Jahren eine Umbildung stattfinden. Ein neuer Kommandeur, neue Soldaten, andere Unteroffiziere müssen zur Truppe stoßen. Oder sie wird schal, und bald ist das Heer untauglich geworden.

Dasselbe gilt für Schulen und Fabriken. Nach einigen Jahren müssen die Menschen in neue Gruppen versetzt werden.

4

Das erste ökodynamische Gesetz besagt eben, dass die Qualifikation des Menschen für das Gruppenmolekül bei der Arbeit im Fluss ist und vorübergehend.

III

1

Das Kollektiv auf der anderen Seite ist mit mikroskopischen Zeitspannen nicht zufrieden. Für einen kurzen Feldzug von ein paar Tagen oder Wochen lohnt es nicht, eine große Bewegung aufzuziehen.

Das ist aber doch möglich und geschieht auch, weil die pluralistischen Neigungen unserer industriellen Umgebung in jedes Lebensfeld eindringen. Die Ergebnisse sind jedoch gleich enttäuschend, als wenn die Liebe in Myriaden von Seximpulsen zersplittert wird.

Und ehe wir uns der Ehe wieder zuwenden, untersuchen wir die Perversion, die den menschlichen, unter die Tyrannei der Rationalisten geratenen Ideenkollektiven angetan wird.

2

Das echte Kollektiv bindet Leute zu endlosen Zeitperioden zusammen; der Feldzug der naturwissenschaftlichen Forschung zum Beispiel währt jetzt schon über mehr als drei Jahrhunderte. Die Kirche hat durch zweitausend Jahre das Menschengeschlecht aufgebaut. Die Sprache, das lebendige Wort, das uns zu Mitgliedern des geistigen Königreichs bildet, ist mindestens sechstausend Jahre alt.

3

Unser Befund war ja, dass Kollektive die Neigung zu endloser Fortdauer in die Vergangenheit und in die Zukunft haben. Das Leben des Geistes überdauert das leibliche Leben einer Generation.
Man kann sagen, dass schon die Phrase „geistiges Leben“ nutzlos würde, wenn nicht mitgemeint wäre, dass es unser leibliches Leben überdauert. Die höheren Vorgänge des Denkens, der Sprache und des schöpferischen Genius übersteigen Zeitspanne und Biographie eines Individuums. Sie haben ihre eigene Chronologie.

4

Der Göttin der Kunst zu dienen, in der Forschung zu sein, für den Frieden zu beten – immer und überall reicht das in eine gegen den Tod eines einzelnen Künstlers oder Forschers oder Gläubigen gefeite Ordnung der Dinge.

Und diese geistige Ordnung der Dinge ist speziell den Naturwissenschaftlern teuer, die meinen, sie wüssten, wie auch die Liebe in den Plural der Sexerfahrungen aufgelöst werden sollte. Ohne dass sie es ahnen, bewegen sich diese Naturwissenschaftler in der kollektiven Welt der Zeitlosigkeit. Sie dienen eben in der kollektiven „Wissenschaft", die ein ebensolches idealisierendes Kollektiv ist wie „die Jugend" oder „die Arbeit".

IV

1

Was wird aber aus einem Kollektiv, wenn es durch die industrialisierten Machtmittel des Pluralismus missbraucht wird?

Die Anhänger des kollektiven Ideals verwässern zu den Massen einer Wahlkampagne!

2

Bei der Untersuchung kollektiver Bewegungen entspricht also die Masse der Sexualität auf dem Gebiet des Duals. Wer die Brille des Pluralismus trägt, sieht nichts als Masse und Sexualität, auch wenn er sich Ereignissen zuwendet, die in einem der Warenproduktion unbekannten Zeitrhythmus voranschreiten!

Unsere moderne Gesellschaft, die die einander widersprechenden Auffassungen vom „Menschen" nicht achtet, welche unseren verschiedenen Sätzen über den Menschen zugrunde liegen, verfällt der Tyrannei der kurzen Zeitspannen.

3

Die Priester dieser modernen Gesellschaft (und die Naturwissenschaftler sind die Priester der modernen Welt) meinen, sie könnten alle Angelegenheiten der Menschheit mit der Stoppuhr händeln. Alle kurzlebigen Gesellschaftskonstellationen können so untersucht werden.

Aber diese eine Näherung an das menschliche Leben übergreifend Soziologie oder Psychologie zu nennen, zeigt schon den logischen Irrtum.

3=1

liegt allen ihren falschen Verallgemeinerungen zugrunde.

4

Eine Gruppe von Naturwissenschaftlern, die durch endlose Jahrhunderte hindurch die Sterne beobachten, dient derselben Leitidee der Astronomie. Dieser Dienst bindet sie in die Republik der Gelehrten. Ein echter Ehrenkodex bestimmt, wie sie miteinander umgehen.

Von Galileo Galilei zu den Leuten des Lick-Observatoriums ist eine einzige Spur zu verfolgen. Der Langzeitdienst durch Jahrhunderte setzt diese Leute als disziplinierte Leibgarde der Wahrheit beiseite.

Nehmen Sie jetzt eine Konferenz der Astronomen in einem bestimmten Jahr, sagen wir 1897. Nehmen Sie an, da wären bei dem Treffen 170 lebende Astronomen anwesend. Da erhält der Beobachter, der meint, er könne den Einfluss des Kollektivismus bei dieser Gelegenheit studieren, viele Daten zum Massenverhalten. Viel Kritik zur Unterbringung und zum Essen wird er zu hören kriegen, witzige Bemerkungen und Kunststücke, wird Eifersucht und Freundschaft, Ehrgeiz und Wohlwollen wie in jeder Gruppe von 170 Leuten aufspüren.

Aber die in den besten dieser Leute brennende Flamme hat er nicht, hat nicht die leiseste Ahnung davon. Sein Augenglas vermittelt ihm keine andere Beobachtung als die auf der Stelle zu sammelnden. Seine Methoden behandeln das Verhalten des Menschen an einem Ort, nicht den Prozess oder das Vorgehen der Menschen über menschliche und übermenschliche Zeitspannen von dreißig oder zweihundert Jahren hin.

Die Ergebnisse können also nichts anderes erbringen als die Reduktion der Wirklichkeit auf die Belanglosigkeit momentanen Verhaltens.

Ideale und Ehen, Kirchen und Künste erscheinen in dem Gerede dieser Beobachter als bloße Ansammlung einer gewissen Anzahl von Leuten.

Vor ein paar Jahren stellte eine einflussreiche juristische Fakultät dieses Landes das ordentliche Gerichtsverfahren einfach als die Technik dar, drei, fünf oder sieben ältere Herren auf dem Richterstuhl je nach Vorurteilen, Nerven und Verdauung zu beeinflussen. Aber ein in die Psychoanalyse von fünf Zeitgenossen aufzulösendes ordentliches Gerichtsverfahren verdiente den Namen nicht mehr.

Auch diese Professoren der berühmten juristischen Fakultät verfielen dem Trugschluss, ihre mikroskopischen Linsen für die einzigen zu halten, mit denen man zur menschlichen Zeit vordringen kann. Sie versuchen, in einer Kreuzung des Gleichzeitigen anzuordnen, was in einem einzigen Augenblick oder einem Tag gar nicht zu sichten ist. Auf die sichtbaren Prozeduren am 24. Januar, drei Uhr nachmittags zu starren, besagt nichts über die Verbindlichkeiten, die die von Anwälten, Gerichtsdienern und Richtern geäußerten, oft doch höchst seltsamen Urteile zustande bringen.

DRITTES KAPITEL: AUF GEDEIH UND VERDERB

I

1

Die Wellenlängen in echten Kollektiven lassen sich nicht mit den Verfahren der Verhaltensforscher und Psychologen, also mit Tests und Statistik, aufspüren. Kurze und lange Wellen im Radio können nicht unterschiedlicher sein als die kurzen und langen Zeitspannen im menschlichen Leben. Eintausend Kurzwellen führen zu keiner einzigen Langwelle.

2

Das gilt auch für die mikroskopische und teleskopische Schau der menschlichen Zeit. Sie fallen niemals zusammen, noch können eintausend Beobachtungen durch das Mikroskop der Reporter auf eintausend Konferenzen jemals ein Ereignis erklären, das an eine lange Zeitspanne gebunden ist.

3

Es ist ziemlich leicht zu erklären, dass die Kontinuität der christlichen Kirche nicht durch einen Intelligenztest bei den lebenden Kardinälen zu messen noch zu verstehen ist.

Vielleicht leuchtet schon weniger ein, dass eine Ehe nicht durch Statistik oder ähnliche industrielle Techniken zu prüfen ist. Das Teleskop der Jahrhunderte und das Mikroskop der Stunden und Sekunden sind die Extreme. Aber die Hochzeit ist, daran gemessen, ein kurzes Ereignis, selbst wenn es wie in alten Zeiten ganze drei Tage und Nächte gefeiert wird.

Warum also dann die Liebe nicht mit den modernen Untersuchungsmethoden angehen, die man auf Sexappeal und ähnlich vorübergehende Reizmittel anwendet?

4

Der Dual hat eine ihm eigene Chronologie wie Kollektiv und Plural!

Die Ehe ist weder ewig in Zukunft oder Vergangenheit, noch kurzlebig für Tag oder Woche. Keine Sexbeziehung einer Karnevalsnacht hat irgendetwas mit dem Zeitmaßstab zu tun, der durch wirkliche Hingabe zweier Menschen bewegt wird. Ein ihr ganzes Leben treu und glaubensvoll zusammenlebendes Paar, das in gemeinsamer Wirtschaft die Kinder aufbringt, kann doch wohl beanspruchen, verheiratet zu sein, auch wenn der Standesbeamte die Hochzeit nicht bestätigt hat.

Die Heuchelei der modernen Gesellschaft geht in dieser Richtung am weitesten, wo Sexbeziehungen mit einer liederlichen Frau und die Treue zweier Menschen, die ihr ganzes Leben miteinander teilen, gleichermaßen als „unmoralisch" gebrandmarkt werden, während die Scheidung nach einem oder zwei Jahren von Verheirateten für rechtmäßig gehalten wird.

II

1

Die Ehe organisiert die selbstbewusste Hälfte unseres Daseins auf der Erde.

Wer sich in einer Freundschaft, durch die Liebe zu einer großen Sache, in der Verlobung an einen Bräutigam oder eine Braut anvertraut, macht den Versuch, das Ganze des bewussten Lebens zu einer Einheit zu machen!

Der Dual ist nicht in Anwendung, wenn diese Entscheidung auf Gedeih und Verderb nicht fällt. Ein Bekannter ist kein Freund, eine Wahl ist kein

Lebensdienst für das Land und Flitterwochen, die in Reno, Nevada (also

im Vergnügungs- und Starparadies EW) enden, waren keine Ehe.

Denn dieser Mensch gab seinen Status als Individuum nicht auf, um den neuen Status als einer von zweien dafür entgegenzunehmen.

2

Lincoln konnte sich nicht von den Vereinigten Staaten scheiden lassen, Dante war außerstande Beatrice zu verlassen. Ihr Werben bedeutete eine

Statusverwandlung. Junggeselle und Verheirateter sind verschiedene Statusformen.

3

Der Dual strebt nach polarer Einheit. Er ist möglich in vielen Menschenleben, die von Sexbeziehungen nichts wissen, es gibt ihn da praktisch. Seit Paulus aufwies, dass die leibliche Beziehung zwischen Mann und Frau in der Ehe nur das schwache Gleichnis der Beziehung zwischen Christus und seiner Kirche sei, steht der Dual als ein Abenteuer eigener Art da.

4

Bewusstsein und Erkenntnis gehören verantwortlich zum Dual.

Die Bemäkelung mit dem Kennzeichen dialektischer Widersprüche widerfährt dem Versuch, die Zeit unseres bewussten Lebens in einem Dual zu organisieren. Nur weil man denkt, der Mensch sei gezwungen, eins gegen das andere in Gegensatz zu stellen: Schwarz schreit nach Weiß, Mann nach Frau, Ja nach Nein und so weiter *ad infinitum*.

III

1

Ohne Dual könnte kein Mensch diese haarspalterische Methode des Ja und Nein überwinden.

Der Dual verwandelt zwei Widersprüche in Brennpunkte einer Ellipse. Der Mann, der seine Frau „erkennt“, lernt, wie relativ Gegensätze sind. Mann und Frau sind Gegensätze, ja, Staatsmann und Nation sind Gegensätze, Christus und seine Kirche sind Gegensätze, und oft ist Christus auf der Seite der von seiner Kirche leidenden Märtyrer. Und obwohl die Konflikte zwischen den Geschlechtern, zwischen Kirche und einzelner Seele, zwischen Genius und zu gestaltendem Material herzzerreißend sein mögen, sind diese Konflikte doch nicht das letzte Geheimnis der Gegenseitigkeit dieser Paare.

Die Gegenseitigkeit ist wichtiger als das Leiden; die zwei in Konflikt stehenden Elemente sind die Würdenträger eines einzigen Lebens.

2

Die römischen Konsuln waren Kon-sul, das heißt „übereinstimmend" oder „Mitspringer". Dies Konsulamt kann also zeigen, wie an der Wiege der Demokratie der Dual einen wichtigeren Part spielte als der Plural.

Der Vize-Präsident der Vereinigten Staaten ist eine verstümmelte Form eines dualistischen Richteramts. In jeder Ehe repräsentiert die Ehefrau den abwesenden Ehemann.

3

Der Dual befähigt uns, die endlosen Paradoxe unserer Vernunft zu überwinden. Antagonismus und Kopfzerbrechen bereitende Konflikte werden in die Polaritäten einer höheren Einheit rückübersetzt.
Ohne den Dual würden wir alle nach ein paar Jahren Zweifel und Diskussion verrückt werden. Dank ihm können wir uns mit jemandem anderen austauschen, ohne die persönliche Identität zu verlieren!

4

Wenn ich jemanden als „mein Freund" anrede, habe ich schon den Weg für seine Antwort „mein Freund" gepflastert. Der ihm verliehene Titel war nicht bloß eine nur ihn betreffende Feststellung. Er schloss mich selber mit ein.

Die Mutter, die vom Vater spricht, schließt sich in diesem Titel mit ein. Sie ist ja die Mutter, weil er der Vater ist. Und er ist mein Freund, weil ich sein Freund bin.

IV

1

In einem echten Dual ist der andere mein zweites Selbst. Wir können die Rollen tauschen und doch wir selber bleiben.

Die chemischen Prozesse sind für Mechaniker undurchdringlich. Die Beziehungen in einem Dual sind für das nur im Plural geschulte Gehirn undurchdringlich.

2

Das sollte weitreichende gesetzliche und soziale Folgen nach sich ziehen. Die beiden Beziehungen, die die Pluralisten heute missbrauchen, sind die Ehe und die Religion. Die Kirche wird zur Gesellung einiger hunderter oder tausender altmodischer Leute erklärt, und die Ehe nennt man Vertrag zwischen zwei Partnern.

Difficile est satiram non scribere.[19]

3

Bei einem Kauf denken die zwei Vertragspartner an den eigenen Vorteil. Der ganze Inhalt der wirklichen Ehe aber kann in dem Satz zusammengefasst werden, dass von den beiden Partnern erwartet wird, dass sie mehr für das Glück des anderen Partners sorgen als für das eigene!

Keine Ehe überlebte auch nur vierundzwanzig Stunden, wendete das Paar die Vertragsgesetzregel auf das gemeinsame Leben an.

Während im Geschäftsleben jeder an das eigene Geschäftswohl denkt.

4

In jedem Dual denkt der eine Partner sozusagen an das Geschäftswohl des anderen. Eine Ehefrau soll mehr an die Gesundheit des Mannes als an die eigene denken, und ein Ehemann soll mehr an ihr Wohlbefinden als an das eigene denken.

Die Ehe also nach dem Vertragsrecht zu beurteilen, ist eine logische Verirrung.

---

19 „Es ist schwierig, darüber keine Satire zu schreiben!"

VIERTES KAPITEL: DIE TREUE IM REICH DER POLARITÄT

I

1

Es gibt noch eine andere Seite derselben Sache.

Die Pflichten aus einem Vertrag werden zu Anfang festgelegt. Die Pflichten in jeder echten Partnerschaft befinden sich in ständigem Fluss; sie resultieren nicht aus anfangs gesprochenen Worten, sondern aus den Handlungen der Partner auf die Beziehung, solange sie währt.

2

Diese Handlungen haben auf beide eine polarisierende Wirkung.

Je mehr Du mein Freund wirst, desto mehr werde ich Deiner.

3

Die gegenseitige Abhängigkeit ist gestuft, und in der normalen Entwicklung dualer Beziehungen werden die zwei Individuen mehr und mehr eingekreist und zu den Brennpunkten einer Ellipse verwandelt.

Folglich gestaltet die Handlung jedes Partners die Form des Duals. Jedes Mal wird die Polarität genauer bestimmt.

Schließlich werden die zwei zu den Wirkenden eines vergesellschafteten Leibes, für den sie stehen, denn von ihm leiten sie ihre Aktivitäten ab.

4

Das wird bei Abwesenheit oder Tod eines Partners klar. Dann versucht der eine nicht nur, den anderen mit zu vertreten, sondern die allgemeine Reaktion des Partners, der zurückgeblieben ist, ist auch, dass er Gesichtspunkt, Handlungsweise und Interesse des verschiedenen Partners betont.

In einem Vertrag aber bin ich frei, wenn die andere Partei nicht mehr da ist.

Das ist eine pluralistische oder individualistische Anordnung. Unter dem Dual bin ich wortgebunden durch das Gesetz der Polarisierung. Ich bleibe die andere Hälfte, je mehr mein zweites Selbst im Niedergang begriffen ist oder daran gehindert wird, seinen Platz einzunehmen.

II

1

So können wir sagen, dass ein Vertrag, mit dem eine Partei sich der anderen ausliefert, für nichtig gölte. Verträge sind zeitweilige Anordnungen für die individuellen Formen unserer Existenz, fließende Ansammlungen zum Zwecke der Arbeit und gegen die Natur draußen. Aber in der Ehe liefert eine Frau Schönheit und Gesundheit ihrem Ehemann auf Gedeih und Verderb aus. Und der Mann liefert seine Abenteuer, seine unendlichen Chancen aus.

Wie kann man also solch eine gefährliche Bloßstellung des Ganzen als das Ergebnis einer willentlichen Anordnung zwischen zwei Individuen behandeln?

In einem Vertrag versuche ich so viel wie möglich zu kriegen und so unverändert wie möglich zu bleiben. In jeder Partnerschaft werfe ich mein Los heute, ohne zu wissen, wo ich morgen sein werde.

2

Die moderne Gesetzes- und Sozialtheorie zur Ehe legalisiert die Sexbeziehungen zwischen Individuen. Ist das nicht – wie ein Pessimist es nannte – legalisierte Prostitution? Das meine ich nicht.

Es ist lediglich das Ergebnis der Tyrannei, unter welcher die modernen Menschen leben, der Tyrannei des Denkens in Molekülen. Das Reich des Pluralismus ist so mächtig im Fabrikzeitalter, dass solch Interessenaustausch – ich für Dich, Du für mich – für unmöglich gehalten wird.

3

Aber doch gehört jegliche persönliche Treue in das Reich der Polarität.

Es ist tröstlich, dass man sogar mitten in der Geschäftswelt echte polare Beziehungen finden kann.

Der Dual ist nicht auf die Gefühlszone beschränkt. Im Herzen der Stadt gedeiht heute die Partnerschaft.

Eine Firma, in der die zwei Anteilsinhaber ihre gegenseitigen Dienste darauf beschränken würden, was ihr Vertrag vorschreibt, wäre zum Scheitern verurteilt. Sie würde so schnell wie möglich das Geschäft auflösen, weil A und B ihre besten Energien davon zurückhielten. Moralisch bewegten sie sich außerhalb der eigenen Firma statt mitten drin.

4

Das Dauerhaft-Werden-Lassen eines Leibes, einer Firma, eines Heims, eines Königreichs, einer Hochschule in die Zukunft hinein unterscheidet sich wesentlich von der Erfüllung der im Vertrag oder Plan aufgestellten Bedingungen.

Unter einem Plan muss sich jeder entsprechend den aufgestellten Selbstinteressen (Löhnen, Gewinnen, Zielen, Ruhm) verhalten.

In der Ausbildung versuchen wir etwas Neues und bisher Unbekanntes.

Bei dem Dauerhaft-Werden-Lassen der Menschenart oder einer sozialen Form müssen zwei Probleme gelöst werden. Im Unterschied zum Wachstum der Gebildeten und im Unterschied zum klar umgrenzten Betragen eines Arbeitnehmers, versucht der Verheiratete oder der, der eine Sache in sein Herz geschlossen hat, sie mit seiner Hingabe zu regenerieren.

Der menschliche Leib oder der politische Körper, in den er verliebt ist, ist ganz hier und jetzt. Aber da es ein Leib ist, müsste er ohne Regeneration abgewirtschaftet werden oder sterben.

III

1

Der Dual ist unsere Existenzform, durch die wir die Regeneration der Leiber, die wir lieben, sicherstellen.

Das Geschäft ginge nicht weiter jenseits des Gründers, fände sich nicht wenigstens eine Seele, die daran glaubt und sie von ganzem Herzen umarmt. Und was im Geschäftsleben gilt, ist bei allen zusammenschließenden Lebensformen noch wahrer.

2

Sexbeziehungen zwischen Individuen führen zur Unterdrückung des Nachwuchses, weil ich in einer Sexbeziehung nur mich selber liebe und nur meine eigenen Bedürfnisse befriedige. Arbeitsbeziehungen zwischen Mitarbeitern führen zur Unterdrückung der Produktionsmenge. Und bloße Massenbeziehungen auf Treffen und Parteizusammenkünften führen zur Auflösung der Regierung.

3

Die Reproduktion der Menschenart und die Reproduktion jeglicher sozialen Form stellen das Problem, wie man nämlich Selbstvergessenheit hervorbringt. Der bipolare Dual ist das Mittel, dem einzelnen Menschen diese Hingabe abzuringen, die gegen sein Selbstinteresse, gegen seine Selbsterhaltungstriebe und Unabhängigkeit sind.

Fortpflanzung steht also im Widerspruch zum Selbstinteresse. Sie ist umso wirksamer, je größer das Selbstinteresse ist, das zu überwinden war, und je größer die Kraft ist, die es tatsächlich überwindet.

Schwächling und Verbrecher sind keine guten Väter. Aber der kraftvolle Kämpfer, der trotz seines wilden Individualismus überwunden wird, das ist der Richtige.

4

Je länger der Weg ist, um die Selbstinteressen der zwei, die verschmolzen werden sollen, zu überwinden, desto vielversprechender ist der Prozess. Darum sind alle Duale in der Natur und der Gesellschaft auf eine lange Freite aus!

Es ist der Prüfstein aller dualistischen Prozesse mit einigen Erfolgsaussichten, dass man nicht jederzeit in sie eintreten kann, sondern auf Reife und das Ein für alle Mal warten muss. Der Widerstand der zwei Individuen muss echt und tief sein, um das Ergebnis wertvoll zu machen.

IV

1

Die Ärzte geben sich heute mit den Chromosomen ab, aber der Unterschied zwischen einem schwachen und einem kraftvollen Spross gründet sich gewiss auf der Intensität der Freite zwischen den beiden Partnern, auf der Tiefe des Bundes, der Intensität des Prozesses, der den Brennpunkt sucht, auf die gute Aufzucht in der Ehe, die originelle Lösung für eine politische Streitfrage.

Heute scheint die Welt mit der Ehe mit zwanzig für die trostlose Imitation des Werkstattpluralismus verramscht zu werden.

2

Die Unterscheidung zwischen Vertrag und Anziehungskraft, Kontrakt und Attraktion, wird ausgebügelt. Das Fabriksystem durchzieht das Reich der polaren Beziehungen.

3

Da alle Primitiven von dem Dual in Leben und Sprache wussten, scheint es nicht hoffnungslos, die ewige Wahrheit wiederzuentdecken, dass ein Abgrund zwischen zweien auf der eine Seite und dreien oder mehreren auf der anderen klafft.

Und das heißt gerade so viel, wie diese Wahrheit außerhalb des Reiches der Eugeniker als Wahrheit des Denkens, Sprechens und wirksamen Handelns in einem weitaus weiteren Feld des menschlichen Handelns zu entdecken, statt mit einer praktischen Attacke auf die moderne Ehe anzufangen.

Es ist einer der anödenden Fehler der christlichen Sittenwächter, die Beziehungen zwischen Mann und Frau als etwas anzugehen, was von dem übrigen unseres Lebens getrennt wäre.

Wenn es den Dual nur in der Ehe gäbe, wäre die Ehe unfähig, dem Druck der anti-dualistischen Umwelt standzuhalten.

4

Aber zum Glück gewähren uns die Zahlen 2 und 3 Einblick in ihre Geheimnisse, ohne dass wir auf das begrenzte Problem der Sexbeziehungen schielen müssen. 2 und 3 sind ganz und gar nicht Ziffern, die einander in der Reihe von 0 bis ∞ folgen. Sie sind voneinander geschieden wie Molekül von der Polarität.

Zwischen zweien bringt ein gegenseitiger dialektischer Prozess die Qualitäten des einen und des anderen durch dauerndes Aufeinanderbeziehen hervor. In jedem Dual produziert ein Partner den anderen fortwährend, indem er mehr er selbst wird.

FÜNFTES KAPITEL: SPIRITUELLE FREITE

I

1

Der Dual vermag uns vom selbstbezogenen und eingrenzenden Bewusstsein zu befreien. Was so viel heißt, als unser ursprüngliches, angeborenes, natürliches Bewusstsein aufzugeben. Wir erwerben einen neuen Stand, einen neuen Charakter, indem wir mit Partnerschaft in einem Leibe bekleidet werden, der uns und noch jemanden anderen enthält.

Da wird nun unser Leib durch diesen politischen Körper ersetzt, in den wir mit dem Partner hineingeworfen worden sind.

2

Am Absterben des alten Ausdrucks für die vorbereitenden Schritte solcher Vereinigung erweist sich am besten das teilweise Aussterben des Duals. Weil die Alten von den außerordentlichen Kräften wussten, die nötig sind, um zwei Individuen zusammenzubringen, hieß der Versuch, diese Kräfte heraufzubeschwören, Freite.

Freite und Brautwerbung sind altmodische Termini für die Wege, die begangen werden, um einen Dual zustande zu bringen.

Sexbeziehungen, die die Ehe ersetzten, haben ausgedehnte Brautwerbung und langzeitige Freite lächerlich gemacht. Man heiratet morgen, nachdem man sich heute getroffen hat. Keine Bedenkzeit, keine Zeit, die Wälle der Individualität niederzubrechen.

3

Aber die formale Ehe nach vierundzwanzigstündiger Bekanntschaft, das völlige Absehen von dem Problem der Brautwerbung haben das, worum es geht, einfach aus der Zeit vor der formalen Ehe in die spätere Phase der ehelichen Entwicklung verschoben. Die Natur lässt sich nicht spotten. Und sie verwendet so viele außerordentliche Mittel, Farbe, Geruch und Musik, um die Ängste zweier, die einander lieben, zu überwinden, dass es ganz offensichtlich wird, dass der Dual etwas Abenteuerliches, Gefährliches und Überwältigendes ist.

4

Die Freite in alten Tagen nahm eine Braut von eines Vaters Haus mit dessen Religion, Grundsätzen und Überzeugungen. Sie hatte keine anderen Götter neben ihm und seinen Göttern. Sie war keines anderen Mannes Lehren, Ideen oder Werten ausgesetzt.

II

1

Das hat sich heute vollständig geändert.

Der natürliche Monotheismus einer guten Tochter, die zu ihrem Vater als dem Priester ihres Glaubens emporblickt, ist vergangen. Sie hört jetzt in Schule und Hochschule vielerlei, zu widerstreitenden Glaubenssätzen und Werten Gehörendes. Viele Lehrer, viele Filme bewegen und beeinflussen ihre Vorstellungskraft.

2

Ein modernes Mädchen wird polytheistisch erzogen. Und je polytheistischer, desto eher fühlen wir uns heute gegen den Polytheismus gefeit.

Aber mit dem Zusammenbruch der Familie hat jedes Mädchen das einfache Vertrauen in den Glauben des Vaters verloren. Und nichts ist eher Polytheismus, als dass man jedes Mädchen gegensätzlichen Ideen und Grundsätzen aussetzt.

3

So heiratet also ein moderner Mann nicht eines Mannes Tochter, sondern die Schülerin der Menschen. Bestenfalls fängt die moderne Ehe mit einem Menschen an, der sich selbst überwunden hat (und wie wenige haben das) und wird dadurch wiederum monotheistisch, gewöhnlich aber doch mit einer Frau mit Hochschulausbildung, und das eben heißt durch eine unbekannte Zahl von Göttern, Gottheiten, Idealen, Dämonen, Mächten geprägt.

Die Reproduktion des Menschengeschlechts in der Natur und in der Gesellschaft hängen an der Intensivierung der „Brautwerbung“.

4

In der Natur sind es die wunderbaren Farben von Blüten und Federn, das Irisieren einer Muschel, die die Ergebung erzeugen sollen, durch die das Leben der Art den Individuen abgerungen wird. Sie sollen Ängste und Selbstinteressen des egozentrischen Individuums durchbohren und es darauf hinstoßen, dass es Verantwortung für die Art übernimmt.

Deshalb rufen „Ich“ und „Du“ in einem wirklichen Dualismus einander hervor. Es ist ein Selektionsprozess, durch welchen ein Mann und eine Frau als diese eine einzigartige Konstellation in der Zeit, die niemals wiederkehrt, ausgesondert und zusammengesiegelt werden.

III

1

Das Risiko der Paarung unterscheidet sich von dem sozialen Risiko der Zusammenarbeit im sozialen Molekül. Drei oder mehr in der Arbeit bleiben Individuen. Die Liebe zwischen dir und mir legt aber das Leben der Art hinter unserer Existenz als Gattungsexemplar bloß.

Das wirkliche Problem guter Aufzucht ist es daher, zwei Gattungsexemplare dazu zu bewegen, ihre Individualität aufzulösen, die stolzen Wälle der jeweiligen Persönlichkeit niederzureißen und nichts als das Menschengeschlecht darzustellen.

2

Unverkennbar, dass die Zeit der Brautwerbung im Leben eines Mannes oder einer Frau nach neuer Auslegung verlangt. Mehr oder weniger sind mitsamt dem Wort die alten Formen der Brautwerbung verschwunden.

Und niemandem tut es weh, dass Diamanten und Glanz des väterlichen Hauses keine Symbole der Brautwerbung mehr sind.

Es ist eine große Neuerung unserer Zeit, dass die Brautwerbung zu einem spirituellen Problem wird, welches erst lange nach der Hochzeit sichtbar und gelöst wird.

3

Das große Abenteuer des Menschengeschlechts in der Gegenwart ist die Frauenemanzipation.
Frauen, die Sesshaften und Verteidiger der menschlichen Häuser durch die Zeiten, werden zu Mitgliedern, Sesshaften und Königinnen jenes einen vereinten Hauses der Natur, das die moderne Ökonomie und Technik um uns erbauen.

Eine Ökonomie, ein Haushalt ersetzt Millionen getrennter Wirtschaftseinheiten. Die Erde wird ein großes zweites Haus zur Wiederherstellung der Natur. Die blinden Elemente und die Rohstoffe werden durch Anstrengung der Naturwissenschaft und Können organisiert, die nun als „natura renaturata" glorifiziert werden können, die Natur wird re-naturalisiert.

Feuerplatz und Herd des Menschen, Küche und Scheune der Privatökonomie machen einer viel größeren Ökonomie Platz, in der Männer und Frauen im kontinentalen Maßstab zusammenarbeiten.

4

Das macht, dass die Frauen darin genauso wie die Männer zuhause sind. Da die Welt zu einem großen Haushalt für das Menschengeschlecht wird, entfällt auch jeder Grund, warum die Frauen nicht die Königinnen und vorsitzenden Beamten dieses Hauses sein sollen.

IV

1

Da wir unser System auf die Annahme gegründet haben, dass eines Tages die Industrialisierung vollständig sein wird, ist auch die Zeit vorauszusehen, wann die Töchter der Männer zu Töchtern der industriellen Revolution geworden sind, alle in Mütter, Töchter, Schwestern und Hausfrauen des Menschengeschlechts, der Gesellschaft im Ganzen umgewandelt werden.

Früher hätte ein Vater seiner Tochter niemals erlaubt, Freud, Gandhi, Marx, Admiral Byrd oder Leslie Howard zu verehren. Er wäre der eifersüchtige Gott gewesen. Moderne Frauen probieren viele Gottheiten aus, viele Lehrgebäude und viele Kochrezepte, ehe sie heiraten. Der Platz des Vaters, dieser einen großen persönlichen Autorität für Werte, wird von einer anonymen Zeitgenossenschaft eingenommen.

2

Die Mädchen sind einer Zerstörung ihres gesunden Instinkts durch all die falschen Propheten der Gesellschaft des Goldenen Kalbes ausgesetzt. Aber sie reagieren dabei ganz gesund. Sie nehmen ihren Jungen und heiraten. Diese Entscheidung erspart ihnen die schlimmsten Resultate des Lebens in Molekülen. Das öffnet einen Weg in die Zukunft.

3

Denn dann fängt die Brautwerbung ja erst an. Während der nächsten sieben oder acht Jahre finden Mann und Frau erst heraus, wer ihre wirklichen Götter sind. Sie sondern aus, welche Tradition, welche Glaubensform, welcher Glaube und welcher Wert wiederhergestellt werden soll und welche fallengelassen werden. In einem Syntheseprozess sucht sich das Paar seine Götter aus.

Das Mädchen ist nicht die Erbin des Königreichs des leiblichen Vaters. Stattdessen entdecken sie und ihr Ehegatte das Königreich des Geistes, in dem sie zusammenkamen. Zusammen erreichen Junge und Mädchen, was die abgeschnittene und schweifende Hälfte niemals vollbringen könnte,

sie können Gott finden.

4

Gegenseitige Verantwortung ist das Prinzip der Selbstvergessenheit in jeder wahren Ehe. Es ist das einfache Prinzip, das alle Sektierer-Albträume, jeden Aberglauben und alle Schlagworte des Tages zerstört.

Wer mit den Augen des Menschengeschlechts, der Rasse Mensch, sieht, sieht auch, wozu der Mensch geschaffen wurde. Wer seiner Individualität um eines anderen willen entsagt, erhält diese tausendfältig zurück.

Dieser Mensch entdeckt jeden Tag ein neues Geheimnis; er beginnt zu wachsen. Das Dasein ist dann keine bloße Wiederholung mehr und wird zu fortwährendem Wachstum und fortwährender Veränderung.

SECHSTES KAPITEL: DIE WAHRE EHE

I

1

In einer wahren Ehe führt die gemeinsame Suche von Mann und Frau unmerklich zu einem immer volleren Verlangen, der Rasse Mensch anzugehören, dem Menschengeschlecht. Und ist die Phase des sozialen Druckes erfolgreich überstanden, erweist sich Geburtenkontrolle nicht als Frage, wie man die Ehe rationalisiert, sondern wie man von der Brautwerbung aus die wirkliche Elternschaft aufbaut.

2

Wie in Zeiten der Jungfrau Maria wird die wirkliche Braut die junge Frau sein, die jetzt wie ihr Gatte das Joch des Experimentierstadiums abschüttelt und ihre offenbar gewordene Bestimmung als Magd Gottes willkommen heißt; und ihr Gatte wird, wenn sie ihre Zeit nicht vergeudet haben, zu einem verantwortlichen Glied der Gruppe draußen in der Gemeinde.

Dadurch, dass man für das Menschengeschlecht handelt, wird man verantwortlich. Der Verstand verändert sich. Er durchbohrt den Raum, er denkt in Begriffen der Generationen.

3

Und die Länge der Experimentierphase hat gegen Scheidung gestählt.

Der eine Mensch, mit dem Sie die falschen Dämonen bekämpft, mit dem Sie den Weg in das Leben des Menschengeschlechts gepflastert haben, ist für den Rest Ihres Lebens Ihr natürlicher Partner.

4

Haben diese Eltern einmal einen gemeinsamen Glauben erfahren und eine Gemeinschaft gegründet, die den Geboten dieses Glaubens zu gehorchen sucht, ist ihre Nachkommenschaft legitim. Ein Kind, dessen Eltern nicht durch gemeinsamen Glauben vereint sind, bleibt illegitim.

Das bürgerliche Recht hat keinen Einfluss auf diese Voraussetzung guter Aufzucht. Mit einem in gemeinsamem Feldzug gewonnenen Glauben gewinnen die Eltern leicht die Kraft zurück, ihre Kinder zu erziehen. Sie ignorieren die törichten Hemmungen von Eltern, die nicht wissen, was sie ihren Kindern sagen sollen. Das Sagen nämlich ist nicht das Wichtige daran. Der gemeinsame Glaube durchzieht und durchdringt die Kinderstube, ohne dass dafür Worte nötig wären; er gibt der kommenden Generation Kraft und Sicherheit.

II

1

Ein solches Paar hat ein wirkliches Gesetz wiederentdeckt; sie haben den Dämon der Fabrik von heute überwunden, der ihnen Scheidung und stündliche Beziehungen ins Ohr flüstert.

2

Indem sie mit ihrem Leben zwischen zwanzig und dreißig etwas anderes machen, gründen und festigen die jungen Generationen das dritte ökodynamische Gesetz.

Für die Vermehrung des Menschengeschlechts bewährt sich die alte Gleichung: *2=1.*

VI DER SINGULAR DES MENSCHEN

Viertes ökodynamisches Gesetz

ERSTES KAPITEL: WER IST DAS SELBST?

I

1

Man muss arbeiten. Man muss wachsen. Man muss lieben.

Alle drei Gleichungen verlangen nach Erfüllung.

Aber in allen dreien ist, so hat es sich herausgestellt, der angebliche Singular „Mensch" nicht der wirkliche Singular. Plural, Kollektiv und Dual saßen, entgegen allen liberalen Auffassungen der Klassenraumdenker, am Steuer.

2

1=3 und mehr– war die Vorrichtung der Welt der Natur und Technik, um den Menschen in den Rahmen endloser Prozesse einzubauen. Drei oder mehr mussten den Platz des wirklichen, gegen das Chaos Wache haltenden „Menschen" einnehmen, um sich mit dem unendlichen Kampf der Kräfte und der Materie in der physikalischen Welt vergleichen zu können. Nicht ein Mensch, sondern die Gesellschaft hält Wache gegen die Natur.

In der Gesellschaft zählen die Individuen nicht, außer als viele, als Plural. Wenigstens drei braucht man, um einen Plural darzustellen.

Es waren die Kurzzeitspannen, Stunde, Werkstück, Tag, Monat und Jahr, die dieser Vorstellung zugrunde liegen. Der mikroskopische Blickwinkel kann Dinge, Objekte, Mittel analysieren, er wirkt, wo Stunden, Arbeitskraft, Löhne und Güter organisiert werden.

3

Die zweite Gleichung wies in die entgegengesetzte Richtung.

Eins gleich alle oder *1* = ∞ blickt auf den Menschen ohne Rücksicht auf Zeit oder unmittelbare Wirksamkeit.

Der kollektive Blickwinkel dient da am besten, wo wir den Menschen als Mitglied ewiger Gruppen, als Repräsentanten der Zukunft idealisieren wollen.

Nach Fabriksystem und Stoppuhr für Sekunden und Minuten der Warenausgabe nahm uns die kollektivistische Gleichung „die Arbeit" oder „die Jugend" weit fort von der Wirklichkeit des gegenwärtigen Tages, hin zu der Milchstraße herrschender Formen und endgültiger Ordnungen. Da war es dann, als bräuchten wir das Teleskop auf der Suche nach der Milchstraße, als wir uns nämlich vom Kostenbüro der Baumwollspinnerei zu den Träumen des universalen Rufes der „Arbeit" wandten.

Jeder Kollektivausdruck des Menschen oder einer Menschenklasse bedeutet ihre Erhebung und sogar Vergöttlichung, weil es für jeden Typ dieser Art wesentlich ist, die augenblickliche Lage weit zu übersteigen.

Diese Vision ist immer vergrößernd, teleskopisch.

4

Die dritte Gleichung leugnete wiederum die Wirklichkeit jedes einzelnen Menschen. Mit dem Anheben einer Korrelation, *2=1*, machte das dritte ökodynamische Gesetz jeden einzelnen Menschen zu der einen Hälfte eines Ganzen. Es leugnete nicht, dass es zeitweilig Einsamkeit und Einheit eines Menschen gibt, behandelte diese aber als in sich bedeutungslos.

Für den Dualisten und den Dialektiker und den Phylogenetiker liegt die Bestimmung des Menschen in der Paarung. Die isolierte Existenz muss von der späteren Heirat her beurteilt werden. Außerhalb der endlichen Synthese haben These und Antithese keine Bedeutung.

All diese spontanen Bündnisse mit einer Sache geschehen also mitten in einer Evolution. Sie bezeichnen den Augenblick des endgültigen Erwachens des Selbstbewusstseins. Die Partner in einem Dual sind erwachsene Leute. Sie können sagen, was sie denken, sie vermögen sich für den Rest ihres Lebens zu verpflichten.

II

1

Es verdient unsere Aufmerksamkeit, dass der Dual weder mikroskopisch noch teleskopisch sieht. Weil der die unbewusste Hälfte beider Partner auslässt, ist er kürzer als das ganze Leben des Organismus. Er ist aber weitaus länger, als die kurzab getroffenen Anordnungen des Verhaltens im Kampf gegen die Natur.

Die Gesellschaft in uns, unsere pluralistische Seite, ist einfach nur an sofortigen Angleichungen an unsere Umwelt interessiert. Bei der Arbeit sind wir alle Verhaltensforscher. Wir befinden uns angesichts der Materie und reagieren als Materie gegen Materie.

2

Aber beim Paaren sind wir Schöpfer einer neuen Umwelt. Der Dual ist nichts anderes als die Wahl unserer nächsten Umwelt. Deshalb wird ein Mann Vater und Mutter verlassen und seinem Weibe anhangen.

Der Dual schafft die neue Umwelt, in der das alltägliche Leben der Arbeit, Angleichung und bedeutungsvolles Verhalten ersonnen werden.

3

Die drei möglichen Zeitspannen, drei bis fünf Jahre, Generation und Ewigkeit, sind mithin durch die drei ökodynamischen Gesetze ausgeschöpft.

Wo also begegnen wir dem Menschen im Singular?

Die Frage stellt tatsächlich vor ein Rätsel. Für das naive Denken der Zeit zwischen der Französischen Revolution und dem Weltkrieg, von Kant bis zu John Dewey, war es keine Schwierigkeit, mit dem Singular des Menschen als der klarsten und sicherst zu fassenden Einheit für den Verstand umzugehen. Für uns ist die Lage umgekehrt. Alles ist leichter zu verstehen, als die Wirklichkeit solch einer Einheit oder Gesamtheit.

Dieses Nervenbündel, dieses Auffangbecken der kollektiven Schlagworte, dieser wechselnd Liebende und Bittsteller aller Glaubensformen und Belange, warum sollte er nicht aufgesplittert werden? Warum sollte er nicht während seiner Lebenszeit jemand anderes werden?

Haben die Hindus recht, die meinen, der Mensch erleide eine dauernde Metempsychose?[20]

4

Hoffentlich habe ich hiermit den naiven Glauben an den a priori Charakter der menschlichen Persönlichkeit erschüttert.

Dieser naive und rationalistische Glaube verblendete die Soziologen und noch mehr die Humanisten für die offenbarsten Tatsachen in der Gesellschaft.

III

1

Es ist durchaus nicht naturgegeben, dass ein Mensch ein einzelnes und einzigartiges Wesen sei. Vielleicht ist er eins. Aber wenn, dann ist das eine unnatürliche und höchst erstaunliche Tatsache, die uns auf unseren Ausflügen in die Fabrik, die politischen Bewegungen und das eheliche Heim nicht begegnet ist.

Wenn also jedermann doch eine einzigartige und klar-geschnittene Person ist, dann muss diese anderswo zu entdecken sein. Als Überraschung, nicht als die sich selber erhellende Wahrheit, kommt sie zu uns.

Ach, mich sollte nicht wundern, wenn sie nichts anderes wäre als pure Überraschung.

20 Seelenwanderung

2

Wie also kommt es, dass vor hundert Jahren niemand im geringsten an der Wirklichkeit des Individuums zweifelte – jenes Individuums, das sich heute unter den Händen der Ärzte, Psychologen, der ökonomischen Ordnung und der politischen Kriegführung oder Revolutionen mehr und mehr aufgelöst hat?

Damals wurde Selbständigkeit gepredigt, der Self-made, der Mensch, seines Glückes Schmied, der Mittelklassen-Napoleon – das war das Idol der Bürger. Jeder wollte selbstständig, mehr als selbstständig werden. Man hatte berechtigte Hoffnung, reich, einflussreich oder beides zu werden.

Das war weniger Tatsache als Ausdruck einer Willensanwandlung, einer Sehnsucht und Tendenz, die unsere Vorväter mit Robinson Crusoe als Charakterheld des menschlichen Wesens ausdrückten. Und hätte man sie gefragt, was in ihren Augen den Menschen ausmache, hätten sie geantwortet: Verstandeskraft und Intelligenz.

3

Aber stimmt es, dass der Verstand den Menschen ausmacht? Sind wir wegen Intelligenz und Selbstbewusstsein einzigartige, außerordentliche, unwiederholbare Wesen?

Lassen Sie uns über diese Behauptung nachsinnen.

Folgt man ihr bis zu ihren Wurzeln, machen wir reichen Fund auf der einen Seite über die Verschwörung des Verstandes und seinen Erfolg während der letzten Jahrhunderte und auf der anderen die Gründe für seinen raschen Niedergang in unseren Tagen.

4

Wenn das Denken einen Menschen zu dem einen Wesen machen kann, zu dem wirklichen Singular, dürften erste Kindheit und spätes Alter nicht mehr zur Biographie gerechnet werden. Diese beiden Kapitel würden davon abgehauen werden können, ohne dass das Bild der betreffenden Person eigentlich Schaden litte.
Die ersten zwanzig Jahre gehören wohl kaum zum Leben des Denkers.

Der echte Denker und Rationalist muss die Jahre der kindlichen Unwissenheit für einen Verlust halten. Kindheit und Hinfälligkeit ziehen also von der Zeitspanne des großen Menschen etwas ab, anders viel besser zu verwendende Zeiten.

Und was schlimmer ist: die Kindheit ist nicht nur einfach Verlust, weil die intelligente Arbeit fehlt. Sie füllt auch noch in jeder Generation die Welt mit falschen Ansichten, Missverständnissen, kindlichen Ängsten und Märchen an und verhindert so den Fortschritt. Kaum haben die Erwachsenen ihre Lektion gelernt, taucht die Jugend mit allen Spuren des Primitivismus wieder in die alten Irrtümer ein.

IV

1

Das ist keine Übertreibung. Und es gibt in der Geschichte des menschlichen Verstandes eine großartige Episode, die die Abneigung gegen die Kindheit und das unbewusste oder vorbewusste Leben für immer pointiert hat.

Ich kann nicht ohne Lächeln die aufrichtige Klage des großen Philosophen René Descartes lesen, des Franzosen, von dem La Fontaine sagte, die Alten hätten ihn als Gott angesehen. Er setzte Dasein und Denken gleich durch sein berühmtes „Cogito ergo sum“, „Ich denke, darum bin ich“.

2

Kein Wunder, dass dieser Mann im zweiten Teil seiner Lehrrede über die Methode hinzufügte: „Da wir alle Kinder waren, ehe wir Männer wurden, ist es fast unmöglich, dass unsere Urteile so rein und verlässlich sein können, wie sie es wären, wenn wir unsern Verstand vom Augenblick der Geburt an hätten.“

Sicher hatte Descartes den zu seinen Überzeugungen gehörigen Mut. In seiner Person setzte er den Denker Cartesius an erste Stelle. Und trennte sich als Philosoph von dem Menschen René Descartes, der von 1598 bis 1650 lebte.

Diese zwei sind nicht identisch. Cartesius cogitator und René Descartes sind für ihn zwei unterschiedliche Einheiten. Die Latinisierung seines Namens, damals innerhalb der internationalen Republik der Gelehrten üblich, drückt das gut aus.

3

Der Denker Cartesius ist aber keinesfalls der ganze Mensch.

Ziehe von dem natürlichen Menschen Kindheit, Schlafenszeit, Gefühle, Vorurteile, Ängste und Leidenschaften oder Versuchungen ab. Was übrigbleibt, ist der Eigentümer von Gedanken, der Denker, der Mensch, der sein Dasein auf Denken gründen kann.

Daraus folgt, dass wir den Geist, das Subjekt des Philosophierens in uns, nicht für die empirische Einheit nehmen können, die die Geburtsstunde mit der Stunde des letzten Sterbekampfes verbindet.

4

Verschiedene Namen dienten dazu, um zwischen dem wirklichen Menschen und seinem Funktionieren als Diener des „Gehirns", des Geistvollen oder der „Vernunft" zu unterscheiden, der wir zu sein bekennen, wenn wir bekennen, im naturwissenschaftlichen Sinne zu denken.

Für das selbstbewusste Wesen im Menschen wird oft „Ego" gebraucht.

Ohne hier ins Detail zu gehen, können wir sagen, dass der Name des Verehrers, Dieners oder Repräsentanten der Gottheit Vernunft in uns selber keine große Rolle spielt. Mag diese Gottheit Vernunft heißen und unsere Priesterschaft „Geist" oder „Ego", noetisches Subjekt, Bewusstsein – dieses partielle Funktionieren im Dienste der Vernunft ist nirgends auf allen vieren mit der Einheit, die unsere Nachbarn uns zuweisen und die wir uns instinktiv selber erteilen.

ZWEITES KAPITEL: DES MENSCHEN ACKER IST DIE ZEIT

I

1

Diese Einheit – das ist das erste, das wir bestimmt darüber wissen – muss eine biographische Einheit sein und sich, trotz unserer völligen Unwissenheit von unserem Anfang, von unserem Tode rückwärts bis zum Geburtstag erstrecken. Sie muss die vernunft- und geistlosen, muss die unvernünftigen Phasen mit umfassen.

2

Wir reden uns ja niemals heftiger mit Eigennamen an, als wenn wir einen Fehler begangen haben. Nach einer Tat der Unklugheit, Übereiltheit, Leidenschaft sprechen wir zu uns selber: „Jakob, Jakob, wie konntest Du so etwas Schreckliches tun?" – als ob das törichte und unverantwortliche Wesen in uns unter unserer besonderen Obhut wäre und nun wieder in den Normalrahmen eingepasst werden müsste.

3

Daraus folgt, dass man sicher sagen kann, diese biographische Einheit werde nicht durch Denken konstituiert, weil sie doch oft so gedankenlos ist, nicht bei Trost, weil sie so oft erinnerndes Ermahnen braucht, und nicht durch das Ego, da es so oft ein ES ist. Der Verstand ist nicht das Prinzip unserer Individuation.

Es kann ja sein, dass wir nicht wirklich existieren, weil wir nicht wirklich denken. Descartes war der Meinung, dass wir am Dasein nur durch Denken Anteil nähmen. Mag sein, dass wir nur Albträume und Schatten sind, insofern wir nicht denken.

4

Aber dann können wir wenigsten ausmachen, was das Denken verglichen mit der Person denn ist.

Der „Geist“ hat so viel und so wenig mit mir selber zu tun, wie „die Arbeit“ oder „das Proletariat“ mit dem einzelnen Arbeiter oder „die Jugend“ mit einem Studenten von zwanzig. „Geist“ ist eben der Typus des abstrakten Begriffs, wie wir ihn analysiert haben, als wir die Arbeit, die Jugend, die Schönheit, die Vernunft als intensivierende Kollektivformen für eine spezifische Qualität des Menschen betrachtet haben.

Die Vernunft ist ein Tendenz-Wort, das den Menschen auf die Seite „Nur Geist“ treibt, indem der gereinigte Geist von allen anderen „unreinen“ Zugehörigkeiten in ihm losgeschnitten worden ist.

II

1

Das Eintreten für die Vernunft heißt also so viel, als das konkrete Individuum mit seiner massiven und schwerblütigen Trägheit, mit Machtdurst, Neid und Glauben zurückzustoßen. Das transzendentale „Ego“ des vernünftigen Menschen übersteigt, wie auch die Arbeit, die Bürgerschaft, wie alle anderen Ideen oder Kollektive, jeden einzelnen sterblichen Repräsentanten inmitten der Menschheit. Es ordnet den Menschen in einen besonderen Stamm der Anbeter des Denkens und der Vernunft ein.

2

Niemand kommt an Arbeit vorbei, niemand kommt daran vorbei, eine Jugend durchzumachen; und so muss auch jeder der Vernunft seinen Tribut zahlen.

Das Zeitalter der Vernunft verlieh dieser dem erwachsenen Menschen eigentümlichen Treuepflicht zu seiner Göttin das Übergewicht. Heute wird sie von einem Jahrhundert ebensolcher Einseitigkeit verdrängt, in welcher dem Gott der Jugend oder der Arbeiterschaft oder dem Dienst das Übergewicht zukommt.

So ist der Denker heute gezwungen, die eigene Stammeszugehörigkeit einzubekennen, wenn die neuen Stämme nicht versäumen sollen, ihn überhaupt zu ertragen. Der Stamm der Denker und des Vernunftgebrauchs müssen heute auf die anderen, des Menschen Interesse und Treue in Besitz nehmen wollenden Mächte zugehen.

3

Der Geist ist ein helles Licht am Himmel der Menschheit, aber es ist nur eines unter den mächtigen und einflussreichen Sternen, deren Weisung unsere Schwäche ersehnt.

Indem wir nun die Vernunft an ihren gehörigen Platz verwiesen haben: sie ist einer der Planeten, die auf die menschliche Biographie einwirken, haben wir den Weg für den direkten Zugang zu der biographischen Einheit Mensch gepflastert.

Wer überlebt all die Phasen von der Wiege bis zum Grab, wer durchschreitet die verschiedenen Möglichkeiten, ein Kollektiv, ein Molekül, ein bipolares Leben zu leben?

4

Verschiedene Phasen, verschiedene Aggregatzustände, verschiedene Mischungen, Kindheit, Arbeit, Spiel, Politik, momentane Sensationen und langandauernde Leiden zu überleben und zu durchschreiten – das ist die wesentliche Qualität der menschlichen Seele.

Ja, die Seele ist die Kraft des Menschen, seinen Weg durch verschiedene Lebenslagen, verschiedene Daseinsformen, verschiedene Überzeugungen und soziale Beziehungen hindurchzukämpfen. Niemand kann umhin, durch viele Erscheinungen und Erscheinungsbilder hindurchzugehen. Schwer genug, sich nicht in dieser oder jener zu verheddern.

Es sind die Augenblicke höchster Gefahr, wenn ein Mensch mit nichts als einem in den vielen verwechselt wird, dass seine Seele sich rührt und ihn überzeugt, er sei nicht mitsamt seiner Umwelt verdammt. Wenn im sozialen Aufbau alles errechenbar scheint, bleibt diese eine Seele doch unberechenbar.

III

1

Die erste Anwendung unserer Wiedergewinnung des Daseins der menschlichen Seele ist, wie jetzt leicht zu sehen ist, dass sie nichts mit dem Geist zu tun hat. Freilich sind in den letzten dreihundert Jahren Geist und Seele immerfort vermischt worden. Viele Bücher wurden geschrieben, studiert und zitiert, in denen die Lieblingsphrasen „Geist und Seele“ und „Seele und Leib“ abwechselten.

Viele Leute können einfach Geist und Seele nicht auseinanderhalten.

2

Die zweite Anwendung ist – und das sollte uns nützen – ein Rückblick auf die Jugend des Descartes selbst. Wir können feststellen, dass es gerade seine Seele war, die die Kraft aufbrachte, seine Jugend ohne Denken mit dem reifen Alter zu verknüpfen. Es war nicht die eine oder das andere, es war der Rhythmus, der beide durchzog.

3

Am Ende unseres Überblicks ist nun der Singular also doch wieder dienstbar.

Die Seele überdauert den dauernden Wechsel von Plural zu Dual zu Kollektiv, diese sorgenerregenden Formwechsel des Daseins und Bewusstseinsinhalts. Zwar hat der Mensch viele Formen, in dieser Welt in Erscheinung zu treten, aber nur diese eine Seele.

4

Die Seele ist selber keine äußerlich zu fassende Form, sie ist die Kraft, Tod und Wechsel zu überwinden und aus Katastrophen und Verwüstung neue Münze zu schlagen.

Was ist die Bedeutung einer Sonate? Sie liegt doch nicht in den vielen Klängen, in einer der Melodien oder in einer besonderen harmonischen

Wendung. Aber sie hat sie, die Bedeutung, wer wollte es bezweifeln? Sie ist diese eine völlig eigene und einzigartige.

IV

1

Die Biographie eines wirklichen Menschen schließt ein tieferes Geheimnis ein als die Erfüllung eines einzigen Ideals oder eines einzigen philosophischen Systems. Auf Reife, sonst nichts, kommt es an.

Jeden Schritt im Leben zur rechten Zeit zu tun, das ist die große persönliche Sendung, die Sendung nämlich, die Werk und Leidenschaften, natürliche Bedürfnisse und geschichtliche Aufgabe miteinander verknüpft.

2

Des Menschen Acker sind die Zeiten, durch die er hindurchschreitet.

Die ersten zwanzig Jahre, wie wir sie beschrieben haben, sind nur das Präludium zum biographischen Reichtum, der sich in den verschiedenen Zeiten und Schritten der verbleibenden fünfzig Jahre seines Lebens verbirgt.

Unsere Lebensläufe vergegenwärtigen große urgewaltige Kräfte.

Der Mensch hat Jahreszeiten, Frühling und Herbst wie seine Mutter Erde. Er hat Ebbe und Flut wie der Ozean. Feuer und Luft sind dem Menschen vertraut; Revolutionsterror und zarte Poesie.

3

Der Mensch ist ein Mikrokosmos. Nichts Irdisches, nichts Himmlisches kann ihm fremd bleiben.

Aber der Mikrokosmos ist mit einem dem Makrokosmos wohl eher unbekannten Sinn versehen. Er ist der Stifter der Zeit, er ist es, der über Ende und Anfang bestimmt.

4

Das macht den Menschen zum Pflüger seines Lebens. „Mein Acker ist die Zeit!“, ruft Goethe.

Auch die Industrie, obwohl sie die Landwirtschaft mechanisiert, muss uns einladen, den einzigartigen Acker des Menschenlebens selbst zu bebauen. Er muss in der industrialisierten Welt leben, er kann nur überleben, wenn er als eine besondere Art dieses Ackers behandelt wird.

DRITTES KAPITEL: WANDLUNGSPHASEN

I

1

Dies ist die Versöhnung zwischen landwirtschaftlicher Lebensweise und Industrie, bei der nun Mensch und Natur die Rollen tauschen.

Die Natur ist chemisch, elektrisch, unorganisch geworden. Das menschliche Leben ist, als der siebzig Jahre währende Organismus mit Wachstum und Wechsel, organischer Stoff.

2

Die Menschlichkeit hat ihr Zentrum nicht in einer abstrakten Überzeugung oder einem stählernen Willen. Der Kern unserer Menschlichkeit ist der tiefe uns inmitten des uns umzingelnden Düsters von Phase zu Phase und von Lebensalter zu Lebensalter leitende Glaube, mit dem wir – mit wachsender Ehrfurcht – die urgewaltigen Wandlungen in unserer Natur entdecken.

3

Wenn wir den Menschen in seiner Wirklichkeit organisieren wollen, wenn wir, statt eine Handarbeit pro Stunde zu dingen, dazu übergehen, die Lebenszeit eines Arbeiters in der Industrie zu organisieren, müssen wir den organischen Wechsel in eines Menschen Überzeugungen, Ideen und ökonomischen Geschmacksrichtungen und Werten in Betracht ziehen.

4

Das angemessene Ideal ist nicht, jemanden für die ganze Zeit an einer Stelle festzusetzen. Schule, Lager, Fabrik, dezentralisierte Gruppe auf dem Lande müssen einander in vernünftigen Abständen folgen. Kinder sollten auf dem Lande aufwachsen.

Versetze ein junges Paar unter die strenge Disziplin eines Großunternehmens mit Höchstgeschwindigkeit, und sie werden froh sein, wenn sie sich aus diesem Getümmel wieder zurückziehen können.

II

1

Die Lösung muss so geplant werden, dass so viele Leute wie möglich drei oder vier Umwelten völlig verschiedenen, ja, antagonistischen ökonomischen Charakters durchschreiten können. Aber jede Phase soll intensivstes Durchleben fordern. Anhänglichste Hingabe an die Pflichten je einer Periode leitete natürlich zu der nächsten hin. Es gäbe keinen Widerspruch zwischen abstrakten Programmen und Ideen; stattdessen vollendete der menschliche Organismus, den die Industrie beackert, mit hoher Entschlossenheit seinen Lauf.

2

Sinnvolle Bestimmung wäre dann nicht bloßes Abenteuer im Raum, sondern auch – und das ist mehr – Abenteuer in der Zeit.

Die mutig genug waren, den Atlantik zu überqueren, waren kühn genug, zwei Leben zu führen, das eine vor, das andere nach ihrer Landung, zwei Leben mit völlig verschiedenen Werten.

Söhne und Enkel müssen lernen, so viel Risiko einzugehen wie ihre Vorfahren, weil das Überqueren des Ozeans einmal im Leben die Grundlage war, auf der dieses Land aufgebaut wurde. Es waren nicht einfach Europäer, die in die Neue Welt kamen, sondern Europäer, die entschlossen waren, ein neues Leben anzufangen.

3

Und so vertiefte gerade die Radikalität der Wechsel während ihrer Lebenszeit die Einheit ihrer Biographie. Sie wurden nicht in Bruchstücke zersplittert; sie wurden Persönlichkeiten, die mit sich im Frieden waren.

4

Wie aber wird eines Menschen Zerrissenheit in Arbeitsgruppen, wachsenden Bewegungen, Liebe und Freundschaft jemals vereinigt?

Solange ein Mensch fähig bleibt, seinen Namensruf mit der vollen Lebenskraft des ersten Tages zu hören, ist er noch nicht in ein Bündel von Widersprüchen zerlöst. Denn wenn der Name um einer rechten Sache willen im richtigen Augenblick gerufen wird, leuchtet sein Geist auf, regen sich seine Beine, schlägt sein Herz, wird sein ganzes Wesen von neuem Leben in alle Richtungen durchschossen.

III

1

Da wird klar, dass wir nicht aus Teilen, aus getrennten Blöcken zusammengesetzt sind. Das Gegenteil stimmt: jetzt vergewissert sich eine verborgene Einheit auf jenen verschiedenen Wegen, wie Hand, Geist, unser Herz, Geschlechtsorgane sie weisen. Eines Menschen Name hat elektrische Wirkung auf all seine Glieder, weil er doch als dieser Mensch und kein anderer gerufen wird.

So kommt der Mensch in sein Eigen, weil das Abwechseln seiner Wege sein wahrster Ausdruck ist, seine Biographie.

2

Und im Wiederaufleben-Lassen aller vitalen Kräfte seines Wesens in jeder Phase des Lebens, bestätigt er erfolgreich die Wahrheit unseres vierten ökodynamischen Gesetzes.

Bei der Arbeitsorganisation des Menschen heißt es: 3=1!

In den Ehen des Geschlechts: 2=1.

Bei dem Streben nach gemeinsamen Idealen wie Brüderschaft des Menschen, der Solidarität bei der Arbeit und Naturwissenschaft, Jugend oder Schönheit: ∞=1.

Aber all dies muss der Majestät der Seele weichen. Das Erfahrungsleben der Menschheit ist auf die Freiheit des Menschen gegründet, auszurufen: 1=1.

3

Amerika war für Jahrhunderte die Grenze der abendländischen Zivilisation. Als Europas Neue Welt konnte es sich auf das Elixier für den Singular des Menschen verlassen, der in den Wanderjahren, in der Wanderung enthalten ist.

Europäische Dichter machten uns dieses Elixiers des menschlichen Herzens erst jetzt bewusst.

Jean Giraudoux beschrieb in seinem Theaterstück „Siegfried“ (1928, Paris) einen Weltkriegssoldaten, der wegen eines Schützengrabenschocks seine französischen Vorfahren vergessen hatte und politischer Führer in Nachkriegsdeutschland wurde. Als seine Doppelbindung herauskam, forderte man ihn auf, eine klare Entscheidung zugunsten eines der beiden, Frankreichs oder Deutschlands, zu treffen.

Als erforschte er einen neuen Kontinent für die menschliche Seele, gab Siegfried die unvermutete Antwort: „Ich werde versuchen, beide Namen und beide mir mit Ehren durch Unfall auferlegten Schicksale zu tragen. Ein Menschenleben ist kein Wurm. Es reicht nicht hin, ihn in zwei Hälften zu teilen, dass jeder ein völliges Ganzes wird. Es gibt keine Leiden, die so widersprüchlich, keine Erfahrungen, die so feindlich wären, dass sie nicht eines Tages in einem einzigen Leben zusammenströmen könnten; denn des Menschen Herz vollbringt noch immer die mächtigsten Kreuzungen. Ich weigere mich, Schützengräben über mein inneres Selbst hinweg zu bauen. Ich kehre nicht wie die letzten Kriegsgefangenen, die die deutschen Gefangenenlanger verlassen, nach Frankreich zurück. Ich kehre zurück als der erste Nutznießer entweder einer neuen Wissenschaft oder eines neuen Herzens!“

4

„… Eine neue Wissenschaft und ein neues Herz“ – sollten diese nicht die Früchte der dreißig Jahre weltweiter Krämpfe sein?

IV

1

Die alte Wissenschaft beging den fatalen Irrtum, den Menschen entweder als unveränderlich oder als völlig unbestimmbar zu behandeln. Der Mensch ist aber niemals nur eines. Er ist und bleibt eines plus etwas anderem.

2

Wir fanden, dass er in fortwährendem Versteckspiel zwischen verschiedenen Unveränderlichen begriffen ist.

Während er um sein Leben kämpft, hat er Anteil an einer oder der anderen dieser Unveränderlichen. Die Gesetze der Ökodynamik definierten diese Unveränderlichen als Plural und Kollektiv, Dual und Singular.

3

Eine neue Wissenschaft dieser Unveränderlichen ist zu errichten, ohne die Freiheit des menschlichen Herzens zu verletzen. Zwischen der Diktatur über Fabrikmassen und Anarchie unartikulierter Individuen nimmt die neue Wissenschaft ihren Lauf.

Ihr Kompass ist die Einheit des menschlichen Herzens, aber ihr Stoff, den sie behandelt, ist der

MENSCH IN DER VIELFALT.

Ende der Übersetzung des Buches Multiformity of man. Es folgt die Ergänzung Rosenstock-Huessys in der Ausgabe des Unbezahlbaren Menschen von 1954[21]:

Erst den vielen Gestalten entsteigt die volle menschliche Gestalt im Laufe der Zeit, aus den siegreich bestandenen Zeiten seines Lebenslaufs.

---

21 Wilkens schreibt in seinem Nachwort, dass er an drei Stellen Ergänzungen Rosenstock-Huessys in der deutschen Übersetzung eingefügt hat. ... Wilkens : „Es mögen noch mehr sein, die ich beizeiten einfügen werde." Dieser Schluß des 1.Teils in der 1954er Ausgabe ist die letzte Ergänzung Rosenstock-Huessys. S.S.205

Wenn wir von den vielen Zeiten der Produktion, der Politik, der Leidenschaften, der Biographie ausgehen, enthüllen sich die Bruchteile des sogenannten Menschen in ihrem Wechsel. Die Fülle der Gestalten, unter denen wir einander vorkommen und erscheinen, wird durchschaubar.

Der alte Proteus, die ewige Verwandlungskunst des Menschen, das „Kleider machen Leute" brauchen uns nicht zu verwirren. Denn wir erkennen nunmehr in der Vielgestalt der Formen eine grammatische Ordnung. Daß es Mehrzahl und Einzahl in der Grammatik der Schule gibt, hat uns ja auch nie verwundert. Mit dem Komparativ und Superlativ, der Konjugation und Deklination haben wir immer gerechnet.

Die Bruchrechnung, die wir hier aufgemacht haben, hat nur einen Schritt über die übliche Grammatik hinausgetan: sie hat sie vom Zufall gereinigt. Wir haben erkennen müssen, daß es nicht nur den Plural oder den Singular gibt. Der Kollektivus („Die" Jugend und „Die" Arbeit und „Die" Frau) ist uns als ebenso unabdingbare grammatische Grundfigur entgegengetreten. Weil die Schulgrammatiken sie nicht in voller Gleichberechtigung behandeln, haben wir sie neu entdecken müssen. Aber das heißt nicht, daß es sie nicht immer gibt und gegeben hat und geben muß.

Mit dem Kollektivus ersetzen wir das Kollektivum. Denn der Kollektivus ist eine vorübergehende grammatische Figur. Das Kollektivum ist eine Beleidigung des einzigartigen Menschen. Die Grammatik ist also menschlicher als die Dogmatik. Aus dem Kollektiv komme ich nirgends heraus. Der Kollektivus ist eine vernünftige Notwendigkeit meines Verhaltens.
Neben dem Kollektivus muß sich der Dual wieder durchsetzen. Er ist auch in unseren Schulbüchern verkümmert: „Zwei" und „Beide" werden wohl als Sonderformen erwähnt. Aber wir haben den Dual als ein ganzes Weltbild ermittelt, genau wie Singular und Kollektivus und Plural. Von allen diesen Figuren her läßt sich die Welt ansehen und ordnen, freilich jedesmal für eine andere Aufgabe. Im Plural kann man arbeiten, aber keine Kinder erzeugen. Im Kollektiv kann man Politik treiben, aber nicht produzieren. Im Dual kann man die Welt erneuern, aber nicht berühmt werden.
So ist also die Nebenfrucht dieses ersten Teils ein besseres Verständnis für die Sozialgrammatik. Diese ist tiefsinniger als die Grammatik der Schulen. Denn sie verteidigt den freien Wandel der Menschen gegen die Dog-

men der Philosophie oder der Theologen. Jede Gestalt des Menschen, so zeigt sie, ist nur ein Bruchteil seiner Größe im Ganzen der Gesellschaft. Und mindestens vier Bruchteile kennen wir nun: Plural, Kollektivus, Dual und Singular.

ZWEITER TEIL:

DIE WIRTSCHAFT IM GROSSEN UND GANZEN

EINLEITUNG: PARTNER – BRUDER – STERN

I

1

Jüngst erschien im Feuilleton einer Zeitung ein glänzender Essay, betitelt: „Deutsch-französische Partnerschaft des Geistes".

Wenn man eine alte Wahrheit lebendig machen soll, dann muss man sie mit neuen Worten ausdrücken. So scheint es mir mit dem heute so beliebten Worte Partner zu stehen.

Partner und Partnerschaft sind von Ernst Michel für das Verhältnis Gottes und der einzelnen Seele machtvoll angerufen worden. Zu Partnern hat Oettinger[22] die bisherigen Objekte der Erziehung befreien wollen, und so hat sein Buch „Wendepunkt der politischen Erziehung" den Untertitel „Partnerschaft als pädagogische Aufgabe".

Auch im Betrieb unserer Fabriken und Büros meldet sich der Anspruch auf Partnerschaft. Und wieviel ist da noch zu tun.

2

So könnte man sich dieser Heraufbeschwörung uralter Beziehungen nur freuen.

Und doch muss ich an den Augenblick denken, in dem vor vielen Jahren mir eine Ehefrau von der Ehe als Partnerschaft sprach. Da kriegte ich einen heillosen Schrecken. Es schien mir, als ob die Umbenennung von Ehemann und Ehefrau, von Bräutigam und Braut in die zwei Partner absichtlich den tiefsinnigen Unterschied der Geschlechter verwischen solle.

Das Herrliche an der Ehe ist doch der Friede der unsäglich entzweiten Geschlechter. Die Vergewaltigung des Weibes und die Entmachtung Simsons durch Dalilah, das sind doch die Vernichtungskämpfe der Männer und der

22 Theodor Wilhelm 1906-2005, Pädagoge publizierte unter dem Pseudonym: Friedrich Oetinger ua.: Partnerschaft Die Aufgabe der politischen Erziehung, Stuttgart 1953 uö.

Weiber, angesichts derer der Klassenkampf oder der Krieg zu bescheidenen Streitigkeiten herabsinken.

3

Es liegt also wohl so, wie auch in anderen Fällen, wo der neue Name versteinerte Wahrheit flüssigmachen soll: als Anfang ist das neue Wort nützlich. Ich bejahe den Ausdruck Partnerschaft, aber er darf nur ein Anfang sein.

Die Ehegatten sind Partner und mehr als Partner.

4

Diese Doppeldeutigkeit drängt hervor, sobald man mit dem Gebrauch des Wortes Partnerschaft ernst macht.

Der Mensch ist der Partner Gottes, aber das ganze Menschenvolk ist auch die Braut Gottes und Gott der Bräutigam.

Das Kind ist ein Partner des Lehrers, aber der Lehrer ist auch der Erbe der Vergangenheit und der Schüler der Ahnherr der Zukunft.

II

1

Für den Bereich des Betriebes möchte ich das noch etwas näher ausführen, denn sonst bleibt hier das Stichwort der Partnerschaft unter Umständen eine Ausflucht, um die Schritte zur Verwirklichung nicht bis zum Ende zu gehen.

Im Betriebe gibt es den Arbeiter nicht, sowenig wie es Gott gegenüber den einzelnen Menschen gibt. Gott hat den Menschen geschaffen, in dem wir alle nur eingegliedert selig werden können: wir werden durch einander zu Menschen, indem wir miteinander sprechen und wirken.

„Der Mensch" im Singular ist eine Fiktion des Humanismus.

2

Im Betrieb ist es noch deutlicher, dass dem Unternehmer nicht der Arbeiter gegenübersteht und ebenso wenig die Gewerkschaft, sondern die Betriebsgruppe, die im Werkstattraum und im Schichtwechsel solidarisch für einen Arbeitsgang aufkommt.

Der Partner ist also hier eine Mehrzahl von Menschenkindern.

Erst dank ihrer Eingliederung in einen Arbeitsgang werden sie fähig, sich zum Partner des Unternehmers zu verbrüdern.

3

Unter dem Oberflächenwort „Partner“ liegt also der buntfarbige Reichtum einer aus Not entsprossenen Bruderschaft verborgen.

Dieser verborgene Reichtum war einst selbstverständlich. Heute ist er verblichen.

ERSTER ABSCHNITT: EVA ODER DIE FOLGEN DER ARBEITSTEILUNG

ERSTES KAPITEL: ALLE KLASSENGEGENSÄTZE SIND ABSCHWÄCHUNGEN, SCHATTIERUNGEN DES GESCHLECHTERGEGENSATZES

I

1

Offenbar ist Partnerschaft entweder eine uralte Sache oder ein auferlegter Schwindel. Denn unmöglich kann eine menschliche Grundeigenschaft zum ersten Male entdeckt werden.

Wenn aber das uralt ist, wessen heute mit einem Male der Mund übergeht, dann muss von uns zweierlei erklärt oder herausgefunden werden:

erstens: in welcher Weise haben die Alten hiervon gewusst und gesprochen?

Zweitens: wie konnte dieses Wissen eine Zeitlang vergessen werden?

2

Wir wollen den zweiten Punkt zuerst aufblenden und beantworten.

Es ist allerdings etwas geschehen. Durch einige Jahrhunderte hindurch bestand eine Verblendung. Die Aufklärung aller Philosophieprofessoren hatte ein Interesse, den Menschen ohne die Folgen der Arbeitsteilung als den Normalmenschen auszugeben. Aus ihren Schulen kamen *Freidenker, Individuen, Studenten, Gebildete.* Und ihnen allen war es eingetrichtert worden, dass der Kopf des Menschen durch seine soziale Tracht oder Klasse nicht abgewandelt werde.

3

Erst seit Karl Marx wird die Arbeitsteilung wieder ernst genommen.

Aber Marx hat das Wort Partner nicht anerkannt. Und so klafft sogar bei ihm noch eine weite Lücke gegen die allgemeinste Tradition des Menschengeschlechts in Sachen Partnerschaft.

4

Wir also wollen uns einen Augenblick von den Schulbänken der Hörsäle erheben und wollen uns fragen, ob seit zehntausend Jahren niemand das Pro und Contra der Partnerschaft seinem Denken zugrunde gelegt hat.

Wenn dem so wäre, dann wäre die heutige Partnerschaft, wie gesagt, ein ebensolcher Rummel wie die Gruppenmechanik und ähnliche Laboratoriums Experimente. Der wirkliche Mensch kann sich mit seinem wirklichen Leben auf kein Experiment einlassen.

II

1

Nun, die Bibel nennt die Partnerschaft oder die durch sie uns befallende Milieutheorie die Ursünde. Durch die Arbeitsteilung, so zeigt sie, werden wir jeden Tag neu in die gesellschaftlichen Irrtümer verflochten.

Denn da wir nicht als einzelne, sondern als Männer und Weiber existieren, so müssen wir uns zu immer neuen Gruppen vereinigen, um auch nur das kleinste Ding zu meistern. Diese Vereins- oder Assoziationsbildung verkrüpple unsere innere Freiheit und Verantwortlichkeit und wir heulten mit den Wölfen.

2

Die „Assoziation“, jede Arbeitsverbindung – und wir kommen um sie nie herum – ist einerseits unentbehrlich, andererseits uns abträglich.

Nie dürfen wir unsere Kraft zur Dissoziation einbüßen. Denn dann würden wir Gott weniger gehorchen als den Menschen.

Das lehren übereinstimmend die Bibel und Karl Marx. Beide sehen, wie leicht wir die Assoziation, das heißt die Arbeitsteilung, Herr über uns werden lassen.

3

Diese biblische Lehre von der Ursünde wird von den Philosophen und von der Aufklärung seit langem lächerlich gemacht. Auf ihren Schulbänken sitzen allerdings bloß Köpfe, und der Kopf schwebt außerhalb der Arbeitsverbindungen und Betriebe; im Hörsaal kann man die Geschichte ohne die Arbeitsteilung als Sieg der Vernunft oder als Wille zur Macht oder als Untergang des Abendlandes ausdeuten. Denn es kommt ja nur auf die Königsherrschaft der Philosophie, des Liberalismus hinaus.

Der freie Unternehmer wurde der Abgesandte aus dem Hörsaal in die Gesellschaft. Er wurde als *Freier, Liberaler, Robinson Crusoe, Émile, Cartesischer Denker* der Normalmensch.

4

Da weder den Philosophen noch den freien Unternehmer die Arbeitsteilung einzuschlucken schien, so musste die biblische Quelle für die Milieutheorie und für den Fluch der Arbeitsteilung umgedeutet werden.

Die Quelle ist das Kapitel in Genesis über den Fall. Die liberale Kritik der Bibel macht sich über diesen Bericht lustig. Sie las aus ihm eine dunkle Anspielung auf den Geschlechtsverkehr zwischen Adam und Eva heraus. Und lachte daraufhin umso lauter.

III

1

Zweihundert Jahre dieses liberalen Hohns verhindern sicher manchen Leser meiner Schrift, in der Bibel das zu lesen, was darinsteht.

Ich fühle ihnen das nach. Denn die vereidigten Sachverständigen, *Wellhausen, Gunkel, Noth* usw., sind ja die hohnvollsten Leser jenes Bibeltextes. Diese liberalen Kritiker trugen selber das Ideal des arbeitsfreien, ungeteilten Individuums, des Akademikers, in ihren Herzen.

Deshalb waren sie wohl durchaus gutgläubig, wenn sie über die Sätze der Genesis hinweglasen und nirgends merkten, dass jeder vom Weibe Geborene sich in der gleichen Lage wie Adam und Eva vorfindet.

2

Trotzdem steht das mit dürren Worten in der Bibel.

Aber ich bilde mir nicht ein, die liberalen Leser im ersten Anprall von ihrem Urteil über die Erbsünde abzubringen.

3

Wenn ich trotzdem die Urtradition wiederherstelle, so bin ich dazu auch ohne Rücksicht auf den Erfolg bei diesen Lesern gezwungen. Denn ich muss auch mir selber eine Erklärung liefern, weshalb unsere Frage der Arbeitsteilung erst von Marx entdeckt worden sein soll.

Nur wenn ich mir sagen darf: „Er hat sie wiederentdeckt“, darf ich ihm glauben.

4

Deshalb also mache ich auch das heutige Partnergeschwätz erst ganz glaubwürdig, wenn ich sage, die Alten haben die Arbeitsteilung nie übersehen. Nein, sie haben sie in das Herz ihres Glaubens gesetzt.

IV

1

Also was steht geschrieben?

Die Bibel legt uns auf unsere Bestimmung von vornherein fest. Daher gibt sie die *condition humaine* gleich zu erkennen, sobald sie eben überhaupt von der Existenz der ersten Menschen auf Erden handelt. In diesem ersten Augenblick hat der Mensch eine Werksgenossin, eine Gehilfin. Diesen Ehrentitel gibt ihr die Schrift.

Das Sexuelle interessiert den Schreiber gar nicht, sondern Eva, die Gehilfin, steht für alle Arbeitsteilung und jede Gesellschaftsordnung.

2

Wie anders sollte die Arbeitsteilung und Partnerschaft denn als Grundgesetz verankert werden? Die Feigheit des Milieuprodukts Mensch ist eben mit jedem Milieu gegeben.

Ob ich mich hinter die öffentliche Meinung verschanze, „Jeder sagt so", oder hinter meine Frau und diese wieder hinter ihre Hausschlange, kommt auf eines hinaus.

Jedes Milieu befreit seine Insassen von der persönlichen Verantwortung. Adam entweicht aus dem Plural in das Kollektiv.

3

So wichtig aber ist der Bibel eben diese tagtägliche Wirkung der Arbeitsteilung, dass sie von ihr im ersten Atemzug schreibt.

Wenn aber im ersten Atemzug von dieser Schwäche durch Assoziation die Rede sein sollte, dann musste sie sich an dem baren Minimum von Assoziation in der Urmenschheit bereits nachweisen lassen.

4

Es ist die Großtat der Bibel, dass ihr diese Vereinfachung gelungen ist. Denn, so sagt sie mit Recht, schon die Hälftelung in die zwei Geschlechter birgt das Geheimnis von Herrschaft und Dienst, Leitung und Angestelltem, Kapital und Arbeit.

Alle Klassengegensätze sind Abschwächungen, Schattierungen des Geschlechtergegensatzes. Denn schon durch ihn sind wir aufeinander für den kleinsten Werkerfolg angewiesen.

Wo aber Mehrzahl von uns erheischt wird, da trachten wir, in die Kollektive zu flüchten.

Wo wir das erfahren, da verfallen wir dem Milieu und verschanzen uns hinter seine Sitten.

ZWEITES KAPITEL: DIE EWIGEN GEBOTE DER ARBEITSTEILUNG UND DER GRUPPENABSCHÜTTLUNG

I

1

Also nicht der Sexus, sondern die Arbeitsteilung bringt den Herrn Adam zu Fall, der sich hinter seine Angestellte verschanzt, wie die deutschen Tabakfabrikanten ihre Arbeiter vor den Reichstag zu schicken pflegten, um sie für höhere Zölle demonstrieren zu lassen.

2

Wegen dieser Drückebergerei jedes hinter jedem schämen sich die Beteiligten und stecken sich in die schützenden Kleider des Milicus.

Der Missbrauch der Arbeitsteilung durch die Gruppenglieder Adam und Eva führt also zu ihrer Einbettung in ihr Milieu und damit zu der Vergesellschaftung der Arbeit in dem Gebot: „Im Schweiße eures Angesichts. …"

3

Die drei Tatbestände:

Eva heißt die Gehilfin Adams.
„Keiner will es gewesen sein." Wie der Finger Gottes sie einzeln herausfindet, schämen sie sich,
und der Abschluss: die Arbeit wird nun euer Gliederungsprinzip bleiben,

beweisen, dass die Bibel in Adam und Eva nicht Freud'sche Lust, sondern volles Menschentum hineinliest, die ewigen Gebote der Arbeitsteilung und der Gruppenabschüttlung.

4

Es ist aber gerade der beste und tugendhafteste Mensch, dem sich die Solidarität zur Schanze aufwirft. Hinter ihr verschanzt sich Adam, hinter ihr verschanzt sich Eva. Gott findet niemanden, der sagt: Ich allein bin dafür verantwortlich.

Gott findet also die Kraft zur Gruppenabschüttlung erloschen.

II

1

Gruppenabschüttlung, das ist die Freiheit, neue Arbeitsteilungen, andere Verbände hervorzurufen.

Bei Marx ist das die revolutionäre Kraft des Proletariats; denn es gibt keine eingefleischten Interessen angesichts der nächsten Aufgabe, es soll keine geben. Der Konflikt des eingefleischten Interesses – der „*Vested Interests*", der bekleideten Interessen, wie sie biblisch und englisch heute noch heißen – mit dem Ruf nach persönlicher Entscheidung ist das einzige würdige Thema unseres Geschlechts.

2

Wer trotz seiner Verbildung noch imstande ist, diese Erfahrung an sich selber tagtäglich zu machen, der weiß, dass die Bibel und Marx hier am selben Strang ziehen: beide fordern, dass sich in jeder Seele die Kraft zur Arbeitseingliederung und zur Gruppenabschüttlung die Waage halten müssen.

Die Liberalen sind an beiden Kräften gleich uninteressiert, denn sie sprechen beiden jede Kraftleistung ab. Für sie ist die Freiheit immer da.

Wir aber arbeiten bekleidet in unserem Milieu und stehen nackt vor Gott.

3

Um uns jede Illusion zu nehmen, als könne uns die Spaltung erspart werden, setzt die Bibel sie sogar in unseren Leib hinein.

Deshalb also steht Eva für alle Gehilfen, alle Mitarbeiter und die ganze Belegschaft des modernen Betriebes.

Die Partnerschaft ist gut, wenn sie vorübergeht. Sie ist schlecht, wenn wir sie nirgends überragen.

4

Die Arbeitsteilung verwendet die unmündigen Menschen; die Gruppenabschüttlung wird von mündigen Menschen angewendet.

Jeder von uns ist beides. Niemand ist nur mündig oder nur unmündig. Wieder stehen darin Marx und Bibel gegen den Liberalen, der sich einredet, der Mensch sei in jeder Hinsicht frei, in der Arbeit so gut wie in Gedanken.

Wegen der Betonung der Gruppenabschüttlung ist die Partnerschaft zu kurz gekommen.

III

1

Für den unverbildeten Menschen ist es, denke ich, ganz selbstverständlich, dass wir uns erst dank Arbeitseingliederung finden und erst in dieser Erfahrung der Mitgliedschaft in der Gesellschaft mündig werden.

Wie beneiden doch viele Stadtleute die Jungen, die auf dem Lande in einer Bauernwirtschaft aufwachsen konnten, aus eben diesem Grunde. Erst wenn wir einen Arbeitsauftrag bewältigen können, darf das vielgebrauchte Wort Ver-antwortung auf uns angewendet werden. Denn erst dann können wir Rede und Antwort stehen und wissen, was wir tun.

Wer es nicht schon getan hat, weiß nicht, was er tut.

2

Also niemand lernt Verantwortung durch Denken. Sondern er lernt sie, indem er zunächst die bisherigen Antworten weitergibt.

Er nimmt an einem Betrieb oder Kreis von Arbeiten mit teil, ob nun in der Familie oder im Betrieb oder in der Schule oder im Heere.

3

Heute leiden wir unter einem überreichen und unverdauten Gebrauch des Wortes Verantwortung, so als ob der einzelne überhaupt fähig wäre, für das ganze Leben der Welt Verantwortung zu übernehmen. Das ist Größenwahn.

In der Fabrik ist es auch Größenwahn, den einzelnen Lohnempfänger für die Produktivität des Betriebes verantwortlich zu machen.

4

Gewiss hält die handwerkliche Ehre viele dazu an, eine vollkommene Leistung zu erstreben. Aber auf dies Wunder der Seele, die spricht: „Pfuschen kann ich nicht", kann der Betriebsleiter nicht rechnen. Er muss die Lage seiner Belegschaft zu Ende denken, und da muss er zugeben: der Einzelne schämt sich vor seinen Kollegen jedes Übereifers: der Einzelne will möglichst hohe Bezahlung für möglichst geringe Mühe.

IV

1

Deshalb also ist der Eingestellte als solcher nicht der Partner im Betriebe.

Darauf hat Franz Schürholz in seinem „*Arbeitspartner*" (Düsseldorf 1950) schon so beredt hingewiesen, dass bei ihm der Partner den Eingestellten nicht bloß als neue Vokabel ersetzt; bei Schürholz tragen gestufte Ordnungen die Partnerschaft als Krone.

Der Partner im Betrieb ist die von der unerbittlichen Ordnung der Produktion nach dem jeweiligen Stande der Technik geforderte Gruppe.

2

Auch auf der anderen Seite dieses Ehebundes, auf der Seite des Unternehmers, kann ein Direktorium statt einer Einzelperson stehen. Trotzdem wird in den meisten Fällen der männliche Partner des Betriebsbundes eine Einzelperson sein und bleiben müssen.

3

So also sehen in unserer Erfahrung die Partner aus.

Aber die mit sich selbst zerfallenen Liberalen sehen noch immer nur einzelne, Atome von Arbeitern, wohl, weil sie selber gar entwurzelte Intellektuelle sind und die Brüderlichkeit der Gruppen in der Arbeitsteilung nicht am eigenen Leibe erfahren. So romantisieren sie das Atom „Arbeiter“ zum Partner hinauf, obgleich diese Atome nur in den Molekülen der Betriebsgruppen zu finden sind.

4

In der Jagd nach dem „Partner“ spielen sie also mit diesem Namen. Die Scheidung der Geister führt daher zwischen dem spielerischen und dem ernsten Gebrauch des Namens „Partner“ mitten hindurch.

DRITTES KAPITEL: PARTNERSCHAFT IST UNS LÄNGST IM GRÖSSTEN WIE IM KLEINSTEN PASSIERT

I

1

Wenn wir es auf die leichte Achsel nehmen, so handelt es sich um eine Art Katzbalgerei;

in der Völkerfamilie,
in den Volksschichten,
in dem Verhältnis von Dorf und Stadt
und vor allem im Betrieb

balgt sich heute alles um den Namen „Partner".

Die Ernsten wollen eine neue Erfahrung damit „fest-stellen". Die Politiker aber wollen daraus Vorteil ziehen.

2

Es ist eine seltsame Tatsache, dass jede neue Erfahrung sofort karikiert wird. „Als noch den Boden Palästinas das Blut der ersten Zeugen rötete", schreibt ein Kirchenvater entrüstet, trat schon die erste Karikatur des Heiligsten auf: Simon Magus gab eine Dirne für die wahre Himmelsbraut aus. Und mit ihr erregte dieser Gnostiker mehr Aufsehen als die kreuzestragenden Apostel mit ihrer Keuschheit.

3

Der Name „Partner" droht heute karikiert zu werden.

Wir können aber die Scheidelinie ein jeder in sich selber ziehen. Wenn immer wir die Partnerschaft machen und ausdenken wollen, und solange wir sie predigen und von ihr reden, ist es uns nicht ernst. Sobald wir aber anerkennen, dass wir uns bereits in ihr vorfinden, werden wir aufhören von ihr zu reden und stattdessen unsere Partner auf die Existenz dieser Partnerschaft ansprechen.

4

Als ich die Partnerschaft im Betrieb 1922 in meiner „Werkstattaussiedlung" der Betriebsgruppe zusprach, da hatte ich das Los einer solchen Gruppe durch zwei Jahre geteilt.[23] Aber 1952 begegnet mir ein Faschist, der die Partnerschaft des einzelnen Arbeiters beschreit, aber keines einzigen einzelnen Arbeiters Freund ist.

II

1

Partnerschaft ist uns längst im Größten wie im Kleinsten passiert.

Die europäischen Nationen zum Beispiel, ob „Sieger", ob „Besiegte", haben nur Zukunft, wenn sie von der Partnerschaft in ihrer entsetzlichen Lage ausgehen.

Denn Partnerschaft heißt ja Gegenseitigkeit. Diese Gegenseitigkeiten aber erkennen die Völker dadurch an, dass sie aufhören, von *dem* Russen, *dem* Amerikaner, *dem* Deutschen zu reden. Denn wechselseitig müssen sie sich werden, weil sie längst Partner sind.

2

Was geschieht dann?

Nun, in der Wechselseitigkeit werden die Rollen unausgesetzt vertauschbar.

Wenn das Scherzwort von dem Ringkampf sagt: „Bald lag ich unten, bald lag ich oben", so bleibt auch der Scherz noch an die Wahrheit gekettet,

---

23 Werkstattaussiedlung. Untersuchungen über den Lebensraum des Industriearbeiters, Berlin 1922, S. 15f. – „wissenschaftliche Pflicht, von den Menschen so zu reden, als seien sie anwesend. – Das Volk ist weder Material noch eine schweigende Bücherreihe. Die Volkswissenschaft zwingt sich, von dieser geistigen Anwesenheit ihres Objektes oder, wie wir jetzt richtiger sagen, ihres Partners (1922 in Sperrdruck), Notiz zu nehmen."

dass die Vorgänge hin und her wogend wechseln müssen, wenn Partnerschaft obwaltet.

Auch in der Ehe müssen die „Partner“ umschichtig zu Worte kommen.

3

Partnerschaft wird also nie ausgedacht. Sie ist vielmehr daran zu erkennen, wo sie zu finden ist.
Ich würde gerne eine Rhapsodie auf die Partnerschaft zwischen Russland und USA anstimmen. Es würde ein großes Lied werden, so groß wie die Eumeniden von Aischylos, und wenn mir die Völker lauschten, so würde diese Rhapsodie auf Orestes und Iphigenie den Dritten Weltkrieg verhindern.

4

Denn jede Entdeckung einer Partnerschaft bringt den Frieden: der Partner ist nämlich die uns im Laufe der Technik, der Kriege, der Leidenschaften, der Geschichte auferlegte Konstellation. Sie kann weder gemacht noch willkürlich erfunden werden durch fromme Wünsche.

Aber eines Tages kann es uns wie Schuppen von den Augen fallen: Herrgott, wir sind ja Partner.

III

1

Ich glaube fest, dass die beiden Weltkriege eben diesen Sinn haben: Völker, die sich vorher für Individuen hielten, wurden einander als Partner enthüllt. Das Ganze der Welt enthält sie nun bereits kraft gegenseitiger Leistung.

Nur die gegenseitige Ansprache muss noch hinzutreten, um diese Partnerschaft auch anzuerkennen.

2

Die Betriebe ihrerseits entsprechen auf der Stufe der Arbeit den Völkern. Jeder Betrieb ist eine bereits bestehende, nun aber anzuerkennende Partnerschaft.

Diese hat nichts mit dem Willen des Intellekts zu tun; dieser denkt von Individuen aus und konstruiert die Welt aus Individuen. Die notwendigen langsamen Schritte der Produktionsordnung – Fortschritte nennen wir sie etwas kühn – gliedern unsere Arbeitskraft unaufhörlich neu zu Angehörigen einer fortlaufend produzierenden, einer in Technik umgewandelten Natur.

Darauf sollen wir hören lernen, damit der Gegenseitigkeit unserer Hände die Zugehörigkeit der Köpfe entspreche.

3

Nicht predigen lässt sich die Partnerschaft, wie das die heutigen Gnostiker, die Faschisten, tun. Vielmehr müssen wir sie anerkennen, auf uns nehmen und ihren unerschöpflichen Reichtum ausmünzen.

Wer zum Beispiel im Betrieb die Partnerschaft wahrnimmt, der wird sogleich auf die Solidarität in der Betriebsgruppe stoßen, auf diese wundersame Brüderlichkeit, an der

das Taylorsystem,
die Zeitstudie,
die Leistungsprämie,
die Kleinaktie
und alle atomistischen Heilspläne

scheitern.

Er wird mithin den Partner im Betrieb, in der Gruppe am Werk sehen.

4

Aber ihm wird nun diese Brüderlichkeit nicht genügen. Denn über der bloßen Brüderlichkeit der Arbeiter unter sich erhebt sich die Geschwisterlichkeit.

Diese beruht auf einer Beseelung, die erst dank freier Anerkennung vollziehbar wird. Die Brüderlichkeit ist naturhaft. Aber die Geschwisterlichkeit ist eine Leistung, die aus der anerkennenden Nennkraft, dem Logos, fließt. Denn sie erhebt sich ob der Anerkennung des feindlichen Geschlechts, in Weib und Mann, in Unternehmer und Arbeiter.

So hatte ich zu viel Angst, als ich erschrak, dass Braut und Bräutigam Partner seien. Denn allerdings muss es auch zwischen ihnen dazu kommen können, dass er ihr zuruft:

„Ach, du warst in abgelebten Zeiten
meine Schwester oder meine Frau."

IV

1

Das Portal „Partnerschaft" öffnet sich eben nicht in eine einzige Ruhestellung. Es lädt uns zu einer Fülle von Gängen ein und erschafft eine höhere Gliederung oberhalb derer, die sich auf den ersten Blick ergibt.

Wo immer Partnerschaft anerkannt wird, ist damit ein Prozess in Lauf gesetzt. „Partner" ist eben kein Begriff.

2

Denn das Wort wird nicht vom Partner abgewendet (abstrakt) begriffen, sondern es wird unter Zuwendung zum Partner aufgegriffen. Es spiegelt ein gläubiges Ergriffenwerden von dem Prozess, in dem wir uns gegenseitig immer vollständiger erkennen. Es entspringt aus der Zeugungskraft allen Lebens, der Nennkraft des Logos, in dessen Namen wir einander verstehen.

3

So führt die Reise von der allgemeinen Anfangsstation „Partner" jedes Mal tiefer in uns selber und gleichzeitig immer weiter in die Welt hinein. Denn als Anwälte und Sachwalte der zu Produktivität umgewandelten

Welt entdecken wir in uns gegenseitig immer neue, wenn auch wandelbare Aufträge und Rollen. Diese sprechen wir einander ausdrücklich zu. /

4

Worauf es ankommt, ist die Erkenntnis, dass so, wie es Sternennebel gibt, die zusammen einen Stern bilden und als solcher Stern mit anderen Sternen eine Konstellation bilden, dass in eben solcher Weise Unternehmer und Betriebsgruppe „konstellieren".

Unsere Phantasie wird sich dahin ausbilden müssen, Mehrheiten in beide Brennpunkte der Ellipse „Mensch" hineinzusehen.

VIERTES KAPITEL: DER PARTNER ALS ERSTER SCHRITT

1

Es ist heute viel von dem Menschenbild die Rede, und dahinter steht immer noch die Fiktion des Humanismus, dass der Mensch mit seinem Palmenzweige an Gottes Stelle treten solle.

Da es aber, wie gesagt, den Menschen nie gibt, so sind wir Menschen alle Teile von Konstellationen.

2

Diese rätselhafte Fülle der Sternbilder am Himmel hat für mich persönlich genauso wie für die frühe Kirche den tröstlichen Sinn, dass auch wir Menschen eine solche Fülle von Sternen sind.

3

Der Partner ist also nur ein erster Schritt, damit wir die Lust zu immer neuen Konstellationen aufbringen und das Verständnis für die Sternbilder entwickeln, in die uns die Arbeit an der Schöpfung täglich neu hineinstellt.

4

O wenn wir alle, wir Angestellte und Gestellte, unser Hineingestelltsein in den Reigen eines Firmaments uns zuerkennten.

ZWEITER ABSCHNITT: GESTIRNE UND COMBINES

ERSTES KAPITEL: RITUAL GEGEN GRUPPENDYNAMIK

I

1

„Es muss spät sein", sagte ein junger Schweizer im Hochgebirge zu mir, als wir zur Weihnachtsmesse durch den Schnee stapften, „denn der Orion steht so hoch."

In unseren Fabrikstädten sind die Sterne ausgelöscht, und von Sternbildern weiß fast nur noch der Mythologe. Wer aber am Himmel die Sterne zu Sternbildern nicht mehr gruppiert, der wird erst recht nicht darauf kommen, dass wir auf Erden uns zu Sternbildern, zu Konstellationen gruppieren sollen.

2

Weshalb ist es also trotzdem kein müßiger Luxus, uns Menschen in unseren Arbeitsgängen als Konstellationen anzusehen?

Vom Standpunkt derer, die ein totes Weltall durch ihre Fernrohre anstarren, wird nichts Menschliches am Himmel sichtbar. Kant hat zwar die Erhabenheit des gestirnten Himmels über sich anerkannt, aber doch wohl nur als das *totaliter aliter*, das auf andere Maße und andere Regeln zugeschnittene, fremdartige Gesetzeswerk.

3

Ich bleibe aber bei dem Schluss des ersten Teils beharrlich stehen: die jetzt ja schon europäische Epidemie, alles und jedes Sozialrätsel mit der Vokabel „Partner" zu lösen, wird mit Unfruchtbarkeit geschlagen bleiben, wenn wir die Partner doch wieder in die bloß vereinzelten Atomindividuen des 19. Jahrhunderts zurücklügen.

Wenn 2400 Millionen Partner die Erde bevölkerten oder 350 Millionen Partner Europa, dann wären wir so klug und so töricht wie zuvor.

4

Zwischen der Gesamtzahl bloßer Massen und dem entwurzelten Einzelnen gibt es kein Leben. Der jeweilige Partner aber am Sternenhimmel der Menschheit ist gerade kein Individuum, so sagten wir: er ist eine durch Hand-in-Hand-Arbeiten konstituierte Gesamtfigur, eine „Interindividuale" der Hände dank ihrer technischen Konstruktur ihres Gefüges.

II

1

Arete ist ja die griechische Vorstellung des Verfugtseins, des In-den-Kosmos-eingepasst-Seins. Das ist mehr und echter als die heute beliebte Prahlerei, sich gut anzupassen. *Aristos, ritus, arete* sind Gefüge-Vorstellungen: in der *Arete* bin ich nicht angepasst, weil ich in ein Gefüge eingefugt bin, als dieses Gefüges Glied und Komponente.

Gerade unangepasst an Fremdartiges bin ich alsdann. Denn die anderen Komponenten fügen sich ja mir ebenso wie ich ihnen.

2

Die Ansprache eines Menschen, auf seine Fähigkeit zu konstellieren, rettet gegenüber der uns mechanisch missverstehenden Anpassung unsere eigene Mitteilung an das Ganze; unsere eigene Ansprache an die anderen ist ebenso wirksam wie die ihre an uns, wo *arete*, Verfugung, gelingt, auf Erden wie im Himmel.

Im Ritual – dieselbe Wortwurzel wie *arete* – fühlen wir uns wohl.

3

Ein Zwischenglied mag den nächsten Schritt erleichtern.

Als ich den 1952 im New Yorker Exil verstorbenen Biochemiker Eduard

Strauß einmal im Georg-Speyer-Haus in Frankfurt besuchte – es wird 25 Jahre her sein –, sagte er zu mir: „Eben mache ich für den ‚Abderhalden' einen Beitrag fertig, in dem ich mit dem Begriff des Moleküls nicht durchkomme. Ich habe die Vorstellung einführen müssen, dass die Atomgruppen eine ‚Konstellation' eingehen. Denn in die Konstellation geht die Qualität des Zeitpunktes mit ein; nur in einem bestimmten Zeitpunkt können die Elemente gerade so aneinandergeraten."

Also im Lebendigen kommt es gerade auf den Zeitpunkt an.

4

Wenn das schon dem Biochemiker aufging, dann sollten das auch die Gruppensoziologen endlich beherzigen. Sie ignorieren es leider.

Lebendige Gruppe aber wird nicht durch Gruppendynamik gemeistert, auch wenn der verstorbene Kurt Lewin die experimenthungrigen Soziologen Amerikas und der westlichen Welt auf diese Straße vorwärtsgestoßen hat.

III

1

In einer echten Gruppe gibt es kein Experiment, weil sie unwiederbringlich ist. Experimentieren wir getrost mit allem Wiederholbaren: da ergeben dieselben Bedingungen die gleichen Resultate.

2

Es gehört zum aufklärerischen, offenbarungslosen Charakter aller Experimente, dass sie wiederholbar sind und damit den einzigartigen Charakter des 1. Januar 1953 oder der Frühstunde um 6 Uhr am 24. Juni verleugnen.

Die lebendige Gruppe ist, wie alles Lebendige, ein Geheimnis, das zu seiner Zeit offenbar wird und nur im günstigen Zeitpunkt konstelliert. Die Blüte bricht aus der Knospe zu ihrer Zeit.

3

Je höher hinauf wir im Leben kommen, desto unwiderruflicher wird der Moment, desto unwiederbringlicher wird die Stunde, desto lebendiger wird das Ereignis.

Die Grade der Lebendigkeit, die wir auch im Sozialleben zu unterscheiden haben, sind Grade der Unwiederbringlichkeit. Gott ist unerschöpflich, weil er sich nie wiederholt. Wir wiederholen uns desto mehr, je töter wir geworden sind.

In meiner „Heilkraft und Wahrheit" sind diese Stufen des Töteren und Lebendigeren dargestellt.

4

Aber im Sozialbereich wird diese Abstufung geleugnet. Gruppe gilt da als Gruppe; zwischen der Fröhlichkeit markierenden „*Kraft-durch-Freude*"-Gruppe und Schillers „*An die Freude*" werden die grundlegenden Unterscheidungen von den Lewinisten und Mechanisten nicht gesehen.

Wo immer es für „Forschung" Geld gibt, grassiert heute ein Gruppendynamik-Fieber, wo keck die beliebig wiederholbare Gruppe der unwiederbringlichen Gruppe gleichgesetzt oder untergeschoben wird.

IV

1

Da reitet derselbe Teufel in Sachen „Gruppe", der die Herren La Mettrie und Robespierre in Sachen „Individuum" einst gegen die Verteidiger der Einzelseele ritt. Damals ersetzte der Wille und die Vernunft des Einzelnen den Aufklärern die geheime Offenbarung und das offenbare Geheimnis der Seele. Damals wurden Urwähler und der Staatsbürger als wiederholbare Größen erfunden.

Heute und morgen wird der Teufel des zwanzigsten Jahrhunderts die Gruppen, Kollektive, Brigaden und Teams erfinden und von uns verlangen, wir sollten diese mechanischen Gebilde für die „Zellen" des gesellschaftlichen

Lebens nehmen. Der Kommunist und der Psychotechniker, Moskau und Chicago, organisieren so „die anderen". (Sie selber freilich immer wohlweislich ausgenommen.)

2

Demgegenüber diene dem nicht der Aufklärung verfallenen Leser die Konstellation am Himmelszelt als Stab und Stütze. Wir wollen es nicht vergessen, dass wir die Geheimnisse unseres Schöpfers an den Tag leben. Wir sind sein heiliges, weil unwiederholbares Experiment. Wir treten unbekannt und als Geheimnis in die Sprache unserer Umwelt ein und wir sollen in dieser Sprache am Ende anerkannt und bekannt werden.

Dies geschieht mit der Zeit.

3

Es gilt also, die lebendige, geschöpfliche Gruppe von der mit Rockefeller-Geld erforschbaren Gruppe abzuheben; dazu müssen wir uns dorthin wenden, wo uns Sterblichen die Zeit sich als heiliges, lebenspendendes Maß aufdrängt.

Das aber ist der Himmel.

Den Kalender eröffnet uns der Sternenlauf des Firmaments. Dort haben zuerst Menschen gelesen, *dass nicht aufhören sollen Frost und Hitze, Winter und Sommer, Tag und Nacht*, ein jegliches zu seiner Zeit.

4

Nicht das tote Weltall der Quantenmechanik, aber die Sprache der Konstellationen kann vielleicht unser Menschlichstes vor dem Rasen der Psychotechniker, Technokratiker, Sozialökonomen usw. retten, nämlich unsere Unwiederbringlichkeit.

ZWEITES KAPITEL: MASSA UND MASSA PERDITIONIS

I

1

Dies ist die eine Stütze für meine Behauptung, ohne die Sterne seien wir Menschen auf Erden verloren im Missverständnis unserer selbst als Moleküle in mechanisch organisierbaren Gruppen.

Diese Stütze wehrt also dem Weggeschwemmtwerden durch eine rasend gewordene Soziologie.

2

Die andere Stütze ist gleichfalls nicht sehr entlegen: ***die Menschen verkleiden sich in der Gesellschaft.*** Denn wir tragen Kleider. Diese Kleider verhüllen unsere Scham. Sie gewinnen uns Zeit. Sie erlauben uns, die leiblichen Wandlungen unseres Daseins ungesehen zu überleben.

Kleider geben uns Stand und Amt und Rang und Charakter, unabhängig von unserer eigenen Schwäche und unserem Versagen. Die Kleider geben uns Macht oder Charakter; als *Uniformen, Amtstrachten, Festgewänder* und *Kostüme* ersparen sie uns lange Einleitungen und Vorbereitungen.

Wenn wir auftreten, weiß jeder, wozu wir da sind, dank unseres Kleides.

3

Dieser Machtzuwachs durch das Amts-„Kleid“ muss aber erkauft werden. Er kostet den Preis der Lebendigkeit. Müde und alt, senil oder krank, leichtfertig oder feige mag die Person sein, die da mit Krone, Talar, Generalstock vor uns tritt.

Das Kleid wird zur Tünche.

Das ist der Preis der Einkleidung.

4

Wenn wir also die Arbeitsgruppen oder die Offiziersstäbe bloß auf ihre Kostüme hin anerkennen, so könnten wir uns so täuschen wie die Franzosen 1940 über ihre Armee.
Nicht jeder ist ein König auch in Unterhosen.

II

1

Das, was in den Menschen kraftvoll konstelliert, sind nicht die Betragenstechniken, sondern ihre Herzen.

Aber das Herz ist unsichtbar; auch muss es unsichtbar bleiben. Denn es stirbt an Schamlosigkeit.

2

Das scheinbare und in der Tat oberflächlich immer siegreiche Argument der Mechanisten der Gruppe nutzt die schweigsame Scham der Herzen aus:

„Spricht die Seele ‚ach', spricht schon die Seele nicht mehr."

So können die Gruppenmechanisten heute solchen Lärm machen, weil die Herzhaften-Gruppen anstandshalber still bleiben. Die mechanisch organisierte Gruppe der Hände, Köpfe, Typen kann viel von sich reden machen.

„*Ophelia liebt und schweigt*".

3

So würde immer die tote Natur siegen, könnten die Herzen nicht doch am Ende zu Worte kommen, trotz ihres zeitpünktlichen Reifens, ihres Harrens auf die gottgegebene Stunde.

Die in uns hineinragenden und in uns den Rhythmus des Kosmos hineinschlagenden Herzen sind ohne Uniform auf der Erde. Sie stürben an der Uniform. Sie sterben auch im Experiment der Soziologen.

Aber dazu hat unser Schöpfer uns den Himmel gewölbt, damit auch unsere schamhafteste Unwiederbringlichkeit sich verteidigen könne, in entsprechenden Abbildern am Himmel.

4

Der Mensch ist das Ebenbild des unsichtbaren Gottes; da er aber sich als Kapital oder Arbeit, als Deutscher oder als Russe einkleidet, so braucht er Entsprechungen seiner echten Gemeinschaften, dank deren sprechender Ähnlichkeit er aus allen Uniformen zurückfindet.

III

1

Unseren echten Kombinationen entsprechen die Sterne am Himmelszelt.

Leichter wird die menschliche Gruppe Gottes entsprechen, die in den Sternbildern ihr eigenes Abbild erkennt als eine, die sich in den Massen des Kollektivs oder den Zähnen eines Zahnrades oder den Wassertropfen des Meeres zu spiegeln trachtet.

Die fehlerhaften Korrespondenzen lähmen.

2

Dies also ist die zweite Stütze für eine Behauptung, der Name Konstellation sei keine Spielerei und kein Luxus für unser Leben bei der Arbeit. Im Abbild des gestirnten Himmels können wir die Charaktere vereinigen, die heute als unvereinbar gelten:

den Charakter unwiederholbarer Ebenbilder Gottes
und den der Zugehörigkeit zu vorübergehenden Teams bei unserer Massenarbeit an der Welt.

Bei der Arbeit entsprechen wir Konstellationen deshalb, weil diese aufgehen und untergehen.

3

Die meisten Leser des Buches sind ja noch in der Spannung *Christentum – Individualismus* aufgewachsen. Von 1789 bis 1933 haben sie mit dem *Leben Jesu* die Lehre vom unwiederholbaren „Individuum" verteidigt.

Diese Leser seien darauf aufmerksam gemacht, dass uns seit 1917 oder spätestens 1933 ein ganz neuer Feind abtötet: dieser Feind ist der *soziologische Kollektivismus*. Er beschreibt tote organisierte Gruppen und lügt sie zum Volk, Kollektiv, zum Träger des Lebens um.

4

Nur wer diesen irdischen und unterirdischen Feind in Politik und Gelehrsamkeit überall erkennt, wird begreifen, welche Dringlichkeit dem Aufblick zu den Sternen zukommt. Denn nur in den Sternen dürfen sich unsere Herzensbünde spiegeln.

Als Ebenbild Gottes muss „Der Mensch" unsichtbar und inkognito bleiben. Das heutige Spiel mit dem Menschenbild ist unbiblisch. Aber Sternbilder bilden sich allerdings auf unseren Lebenswegen vorübergehend, und sie dürfen wir im Glauben erfassen, das heißt, wir dürfen sie ganz ernst nehmen, obwohl sie letzten Endes vorübergehen.

IV

1

Darauf wollen wir nun gleich die Anwendung machen, als Probe aufs Exempel.

Wir alle sind Nutznießer der Technik. Das soll heißen, uns steht es nicht frei wie den „Intellektuellen" oder Nihilisten, die großartige Elastizität der globalen Produzentenballungen zu verketzern.

2

Eine junge Freundin aus der Schweiz kam in die Vereinigten Staaten und ersparte sich vom Mai bis September 450 Dollars. Wie tat sie das? Sie schloss sich einem der „Combines“ an, die von Texas im Süden bis Saskatchewan im Norden über 2000 Kilometer weit hinaufziehen und die Ernte mit ihrem kombinierten, Millionenwerte darstellenden Maschinenpark einbringen. Unverletzt an Leib und Seele und mit 2000 Schweizer Fränkli in der Tasche, hat sie die Heimreise angetreten.

Was wäre daran zu tadeln? Sollten wir nicht lieber staunen? Aber unsere Wörterbücher und Konversationslexika kennen nicht einmal den Begriff dieser „Combines“.

Fletcher Pratts „History of the Civil War“ ist ein amerikanisches Preislied auf den Geist der „Combination“.

3

Hier ist angeblich unpersönlicher Kollektivismus, Masse. Aber wer näher hinsieht, ohne Ideologie oder Ressentiment, der lernt von dieser massiven Arbeitsvereinigung zur Bewältigung eines Erdteils, worauf es ankommt, um kranke und heile Masse zu unterscheiden.

Die Kirchenväter haben das getan; weil sie nie auf Schlagworte hereinfielen, haben sie sehr scharf zwischen *massa* und *massa perditionis* unterschieden. Die Masse ist bloß Teig. Die *massa perditionis* ist keiner Gestalt mehr fähig.

4

Soweit der Wirtschaftsprozess knetbare, plastische Mitarbeiter braucht, ist ihm, seit Adam grub und Eva spann, das Recht zugekommen uns einzugliedern.

„Individuen“, „Menschen mit dem Palmenzweig“, Bürger von 1789, Intellektuelle, die sind allerdings zu frei, um Wachs oder Teig bei der Handhabung der Arbeitskräfte oder der Kriegsheere abzugeben. Wir anderen sterblichen Menschen aber sind alle noch kindlich genug, um uns Arbeitsprozessen unserer Gemeinschaft freudig hinzugeben.

DRITTES KAPITEL: VORÜBERGEHENDE ARBEIT

I

1

Gewiss sind dieser Hingabe Grenzen gesetzt. An dem Beispiel der jungen Schweizerin werden die Grenzen deutlich.

Die Kombination muss vorübergehender Art sein. Gerade die ständige Umformung zu wechselnden Arbeitsaufgaben in wechselnden Arbeitsgruppen erhält die Ehre der *massa* – die Weltarbeit leistenden Menschenwesen.

2

Das widerspricht und damit widerspreche ich also der Betriebsromantik, die einen lebenslänglichen Platz im Stall ein und desselben Betriebes der Freiheit des Arbeiters, sein Team zu wechseln, voranstellt. Diese Romantik sieht nur die „sinnlose" Massenarbeit, aber sie übersieht zweierlei: das, was vorübergeht, die Arbeit, wird überhöht von der Seelenkraft, die heute diese, morgen jene Arbeitsgruppe aufzusuchen erlaubt.

3

Diese Seelenkraft zum Arbeitswechsel (und übrigens auch zum Streik) wird in der verzweifelten Restaurationspanik Westdeutschlands zu leichtherzig abgeschrieben. Sie aber entspricht bei den Arbeitern dem echten Unternehmertum, nicht aber die Sekurität eines königlich-bayrischen oder königlich-hannöverschen pensionsfähigen Betriebsbeamten.

4

Den „Combines" gehört die Zukunft.

DRITTER ABSCHNITT: DER STAMM IN DER FABRIK

ERSTES KAPITEL: EINMAL, MEHRMALS, IMMER

I

1

Zum Glück haben zu viele Männer und Frauen von 1914 bis 1952 diese Seelenkraft wohl oder übel in sich ausbilden müssen.

Nichts hat mich mehr entbürgerlicht, als dass ich dreimal lange Zeit arbeitslos gewesen bin und der sicheren Professur und dem Amt immer wieder diese Gefahrenzone vorgezogen habe, um ein Mann bleiben zu können.

Und diese Schritte, durch die ich der Arbeiter Schicksalszwang selber in mich aufgenommen habe, die sollte ich heute missachten und vergessen?

2

Ich flüchte nicht in eine Betriebsromantik.

Ihr nachhängen kann nur der, welcher zehn Kilometer von den Sowjets entfernt das gesamte letzte Industriejahrhundert vergessen will. Wer die Wiedervereinigung mit dem Osten ernsthaft glaubt, der wird nicht im Westen bürgerliche Individual-Ideale aufpflanzen.

3

Wir müssen zwischen Masse und *massa perditionis* scheiden; indem wir jene in uns anerkennen, mit ihrem kindlichen Mute zum Arbeitswechsel, und den Dank an die Masse für die Leistung der Industrie abstatten, können wir genau sehen, wo erst der Marxismus zum Wahn wird.

Der Marxismus hat die Masse mit Recht den blinden Liberalen vorgehalten. Aber aus Stolz auf diese wirkliche Entdeckung hat er den vorübergehenden Charakter jeder „Massierung“ geleugnet.

4

Indessen nur darum ist die Schweizerin heil aus Kanada heimgekehrt, weil ihr Herz und Kopf nicht dem Kombinat der Hände geopfert zu werden brauchten. Ihre seelische Heimat blieb also unangetastet: dazu aber musste sie eine Heimat haben.

II

1

Dies also ist das genaue Korrelat zur Flüchtigkeit und zur Manipulierbarkeit der Masse: weil flüchtig, weil manipulierbar, ist sie unfähig zur Heimatschaffung.

Kirchen in der Fabrik und „Manager" als Seelenführer sind Verirrungen. Der Manager hat kein Recht auf meine Seele, die Seele keine Hingabepflicht an den vorübergehenden Arbeitsplatz.

2

Goethe hat gesagt, dass nichts, was kürzer wirke als ein Jahr, seelisch ernst genommen werden könne.

Der Mensch kann fast alles einmal,
manches mehrmals,
weniges immer tun.

Nur in das aber, was in uns zum Immer heraufwächst, darf unsere Seele eingehen. Zeitlebens müssen wir fähig bleiben, den Kram hinzuwerfen, wenn's zu dumm oder zu ungerecht wird: alle Hingabe, alle Seelenkraft gehört an diese Stelle im Lebensganzen, wo wir uns neu befreien.

3

Aber dies ist nur eine Abtragung vom Schutt vorindustrieller Ideale. Wir wollen ja auf die Konstellation im Betriebe hinaus.

Diese Konstellation nun ist durchaus Bindung und Verbindung, seelische

Einlassung. Aber sie ist nicht sakraler oder politischer Natur. Sie stammt nämlich aus der Technik selber und dem jeweiligen Stande der Technik, der Produktion.

4

Wir wollen jetzt allerdings von *Treue, Hingabe, Korpsgeist, Teamwork* handeln. Aber wir müssen diese Bindemittel dem Gesetz aller Technik unterstellen. Wir haben nur so sehr gegen eine unbedingte Sekurität eifern müssen, weil Fabriken nicht ewig sind wie die Kirche und auch nicht einmal lebenslänglich wie das Staatsbürgertum.

Unsere Akademiker aber haben so viel Tönnies, Thomas von Aquino und Plato gelesen, dass sie zwischen Ewigem, Lebenslänglichem und Vorübergehendem niemals scheiden wollen.

III

1

Die Technik schafft aber nun einmal nur vorübergehende Formen.

Fünf oder fünfzehn Jahre sind gewiss kein Pappenstiel für eine Arbeitsgemeinschaft. Aber es verfälscht alle Wertmaßstäbe, wenn man ihre Lebensgesetze und ihre Lebensdauer sentimental an Kirche oder Staat misst. Immer noch wird da ein falsches Ressentiment spürbar, als sei das Ewige „besser“ als das Flüchtige.

2

Es ist nichts daran zu bedauern, dass Gruppen nicht ewig dauern.

Auch Familien verstoßen gegen ihren Sinn, wenn sie für die Ewigkeit dauern wollen. Der Herr über Leben und Tod hat ihnen ihr Maß gesetzt. Deshalb heiraten gerade die Verwitweten wieder, die glücklich verheiratet gewesen sind. Das ist recht.

Auch Maria hat trotz der Hoheit ihres Sohnes dessen Freund adoptiert. Wie konnte eine solche Mutter ohne Sohn bleiben?

Aber alle altjüngferliche Sentimentalität will es umgekehrt.

3

Für die Industrie ist ein solcher falscher Maßstab schon bisher verderblich gewesen. Denn weil man aus Werkstätten doch keine ewigen Altäre oder juristischen Personen machen konnte, blieb man zu faul, zwischen stündlichen und mehrjährigen Gruppen zu scheiden.

Es lohnte ja den deutschen Akademikern nicht, so „geringfügige" Unterschiede zu studieren. Bei einem Nationalideal des „Lebenslänglichen" wurden die wirklich menschlichen Zeitmaße des Fabriklebens und seine unmenschlichen Zeithetzereien unvermischt in einen Topf geworfen. Diese geistige Faulheit muss von uns weichen.

4

Hier sei dazu aufgefordert, die echten Maße der Industriemassierungen und die Zufallsstunden und -sekunden wild gewordener Produktionshetzer so scharf zu scheiden, dass sie als das heraustreten, was sie sind: absolute Gegensätze. Tag und Nacht, Ordnung und Chaos der Betriebe stehen sich gegenüber, wenn der Blick vom Zeitnehmer zum Direktionsbüro hinüberwechselt.

IV

1

Ich behaupte, dass sich eine lebendige Ordnung und eine tote Materialbetrachtung der Produktionsordnung sich entgegenstehen.

2

Ich behaupte, dass unsere an Kirche und Staat gebildeten Gedanken in Sachen Industrie rein materialistisch – materialistischer als die Marxisten – denken.

Die lebendige Ordnung, die da ist, wird gerade von den nichttechnischen Volksteilen, also den Staatsbeamten, den Theologen, den Ärzten, den Nationalökonomen, so geflissentlich übersehen, dass sie unter dieser Missachtung welkt.

3

Ich behaupte, dass Organe des Volkes, denen die Anerkennung versagt ist, dadurch impotent werden.

Diese Behauptung wird die lächerlich dünken, die bei den leiblichen Geschlechtsteilen von Männern und Weibern Gottes Schöpfung enden lassen. Aber Kirche und Staat sind höhere Potenzen von Seele und Geist; Seele und Geist sind Verallgemeinerungen von Weib und Mann.

4

Wie unsinnig ist es, die Erhöhung des Lebens durch die Geschlechterspaltung bei Adam und Eva enden zu lassen. Wer diesen Unsinn begreift, dem wird allerdings das Geschlechtliche umfassender sich darstellen als bloß im körperlichen Befund.

Er wird sich fragen, wie sich denn das Weibliche und das Männliche auf den heilsgeschichtlichen Stufen immer neu durchsetzen. Und er wird dazu die innere Beziehung der weiblichen und männlichen Leistung verstehen müssen.

ZWEITES KAPITEL: TOTES UND LEBENDIGES

I

1

Ohne hier diese gewaltige und wahrhaftig das Heil in unserer Menschengeschichte enthüllende Spannung ganz auszudeuten, sei doch eines hier festgelegt, damit der Leser begreift, dass es keine neutrale Wissenschaft vom Gesellschaftsleben geben darf.

Neutrale Wissenschaft nimmt den behandelnden Institutionen ihre Zeugungsfähigkeit. Christus als „charismatischer Typ" und unsere Kultur als eine unter vielen werden beide zum Tode ohne Auferstehung verurteilt.

Liebende Anerkennung ist eine Bedingung der Zeugungsfähigkeit aller höheren Lebensorgane. Sie können ohne diese Anerkennung existieren, aber nicht wirken.

Damit vergleicht sich aber die liebende Anerkennung der teilnehmenden Öffentlichkeit dem Männlichwerden des Lebendigen, so dass es zeugen kann.

2

Am Ausgang der Antike hat Galenus weiblich und männlich nicht länger logisch oder dialektisch bestimmt, sondern als einen Vorgang des Nach-außen-Tretens. Weibliches Leben ist voll lebendig. Es ruht in sich selber und es hält alle Brücken der Entwicklung zur Vergangenheit offen. Das Weibliche ist lebendige Tradition und tradiertes Leben. Ihm gegenüber könne auf den ersten Blick das Männliche sogar unvollkommener erscheinen. Denn es bricht weg von der Tradition und bewahrt die Kontinuität der Vergangenheit nicht.

Aber, sagt Galen, das Männliche setzt den erneuernden Anfang. Es dringt nach außen in seinen Geschlechtsteilen.

Indem Galen diese Wendung der Organe nach außen hervorhob, erkannte er im Manne den Träger der Offenbarung des sonst geheimen in sich verschlossenen Lebens. Der Mann bewegt sich und schafft Bewegung. Er macht sich auf, den lebendigen Schoß zu suchen, und ihm verdankt also das Leben die Bildung künftiger Tradition, die Hinwendung zu einer umgestaltenden Zukunft.

3

Wir werden zeigen, dass die Industrie ein inneres Leben hat, dass aber diesem Leben die Wendung nach außen zur Weiterzeugung heute versagt wird. Denn die Welt der Industrie wird uns mitgeteilt und vorgestellt, als ob es sich dabei um ein Stück beobachtete Natur handle. Die Methoden der Beschreibung einer Industrie vernachlässigen den Unterschied zwischen den toten und den lebendigen Teilen des Beschriebenen.

4

Das entspricht den zwei bisherigen Grundsätzen der Wissenschaft:

gleichmütig zu bleiben
und das höhere Leben aus dem niederen zu erklären.

Beide Grundsätze kann man als das Todesprinzip der Wissenschaften zusammenfassen.

Der Gleichmut verlangt, dass sich der Beobachter totstelle; die Froschperspektive bewirkt, dass die Lebenden aus dem Toten erklärt oder abgeleitet werden. Ein Abtöten in ein bloßes Subjekt und in ein bloßes Objekt wird verlangt, trotzdem zwei Partner miteinander leben.

II

1

Wenn also dies Todesprinzip die Max Weber'schen oder Sombart'schen oder Keynes'schen Analysen leitet – und ihre kleinen Abschreiber übertreiben diese Doppelfälschung noch – dann leben statt Eltern und Kindern vier Personen in einer Wohnung. Dann geht die Beschreibung der Fabrik von einem Quadratfuß in Glas oder Eisen zur Gesamtfläche fort, die bebaut ist. Sie geht von der einzelnen Arbeitskraft zu 200, 1500, 5000

Köpfen der Belegschaft fort, von der Zigarre zu einer Million Zigarren am Tage, die fabriziert werden.

Die Warenmassen,
die Kilowattstunden,
die bedachte Fläche Produktionsraum,
die Rippen aus Stahl,
die Wände aus Beton,

die malen sich im Kopf des Laien als „die Industrie“.

2

Diese Anhäufung von toten Dingen und Belegschaftsziffern macht es geradezu unmöglich, irgendwo inmitten dieses Bildes den Trennungsstrich zwischen den toten und den lebendigen Elementen zu ziehen. Darauf aber käme es an, damit wir einem „Bild“ Glauben schenken könnten.

Denn Leben kann nie gemalt werden. Das muss man hören und wittern.

3

Wie wenige Christen sind sich klar, dass die Froschperspektive nur komisch ist. Sie ist ihnen zu lange vorgedacht worden. Nun halten sie dieses Auf-den-Kopf-Stellen für natürlich. Immer ist ja „Natur“ das von der gefallenen Menschheit für normal angesehene Totenreich.

Die meisten „Christen“ machen ahnungslos diese Methode mit, das Höhere aus dem Niederen, das Lebende aus Totem abzuleiten oder sich entwickeln zu lassen.

4

Noch vor hundert Jahren erregte dieses Froschgequake als *generatio aequivoca*, als Zeugung von unten, Spott; so offenbar war der gedankliche Schwachsinn dieser Vorstellung, etwa die Sprache Pindars oder der Psalmen habe sich aus dem Geschwätz von Kindern „entwickelt“.

Heute lacht niemand über diese unvorstellbare Vorstellung. Sie gilt für wissenschaftlich.

III

1

Auf die Industrie angewandt, führte aber die Verblödung des Denkens zum Götzendienst. Denn hier greift das Tote um sich, wenn das Lebende nicht anerkannt wird. Die falsche Methode verleiht dem Toten Macht.

Darum verehren unsere Gebildeten zwar nicht das goldene, aber das stählerne Kalb. Sie glauben z. B. tatsächlich, ungestraft auf Fabriken die toten Quanten: 1000, 4000, 10000 Arbeiter anwenden zu dürfen.

2

Hierin liegt das Heidnische im Sehen unserer Gebildeten und unserer Christen. Sie haben Augen zu sehen und sehen nicht. Denn das heidnische Auge kann in dem, was es sieht, keinen Trennungsstrich zwischen tot und lebendig legen.

Die Nennkraft: „Dies ist tot; dies ist lebendig“ fehlt.

3

So blieb der „Partner“ in der Industrie 150 Jahre lang unentdeckt.

Diese Tatsache sollte zeigen, dass die Wissenschaftler jedes Recht verwirkt haben, in Sachen Industrie Glauben zu fordern. Dass liebende Anerkennung dem Lebendigen, auf das unser Blick fällt, sein Leben gläubig schenken muss, blieb dem doppelten Todesprinzip des Objekt- und Subjekt-Denkens ja verborgen.

4

Wie schon erwähnt, wurde 1922 in meiner „Werkstattaussiedlung“ der Arbeiter zum Partner des Sozialwissens ausgerufen.

Da aber Rechthaberei im Leben mit Grund verhasst ist, so darf ich heute diesen Weg nicht noch einmal gehen. Jene Schrift darf nur als Zeugnis aus der Vorzeit hereinragen, dass auch ohne Zwang oder Furcht in voller Freiheit die Wahrheit längst ausgesprochen worden ist.

IV

1

Hingegen muss heute andersherum gedacht werden. Nicht als Ausnahme – wie damals – soll das Lebendige in die Industrie hineingerufen werden. Nein, heute geht es um den Erweis, dass Leben schon immer Leben, Totes immer nur Totes bewirkt hat.

2

Die Industrie hat immer aus zwei Welten bestanden. Da waren die bloßen Massen der Belegschaft, der Produktionsziffern, der Maschinenhallen, der Kunden. Weil sie tot waren, wurden sie organisiert. Das Kennzeichen des Toten ist seine Organisierbarkeit, Photographie und Statistik veranschaulichen es.

Im Gegensatz zu dieser durch Masse imponierenden Organisiertheit bestand immer die andere organische Welt der Fruchtbarkeit. Volles Leben ist nur das fruchtbare Leben. Das Wachstum, das unwahrscheinliche Wachstum der Industrie in zweihundert Jahren deutet schon darauf hin, dass hier echtes Leben, Organismus statt Organisation, gewuchert haben wird.

3

Allerdings ist es unter „Organisation“ verschüttet und mit abgebucht worden. Daher wurde es vielfach statt Wachstum bloße Wucherung.

Wenn ich z. B. lese, es sei die Zahl der in der Industrie Beschäftigten um soundso viel hundert Prozent gestiegen, dann begreife ich, weshalb unser Zeitalter das der Krebskrankheit geworden ist. Denn in einer gesunden Gesellschaft stände die fruchtbare, die zeugungsfähige Lebensform im Denken zuoberst, dann käme darunter das bloß arbeitsame Leben und wieder eine Stufe tiefer die anorganische Masse des Toten, welches nur mechanisch organisierbar ist, z. B. alphabetisch in Katalogen und Telefonbüchern, quantitativ in Statistiken, enzyklopädisch in Leitfäden, steuerlich in Einkommensstufen usw.

An Venus, Jupiter, Merkur haben die Alten diese drei Sphären verteilt. Wir müssen dasselbe tun.[24]

4

Bei unserer Industrie aber wird das Höchste, die Zeugungsfähigkeit, also die Gründung einer Fabrik, nicht als geistige Liebestat oben hingesetzt und die Belegschaftsziffern unten. Daher erscheint das Steigen der Zahl der Beschäftigten als eine bloße Überschwemmung, ein „Ansteigen", statt eines Zeugens.

Wo die Fruchtbarkeit so missdeutet wird, erscheint sie als Wucherung. Krebs ist Wuchern statt Zeugen.

Die Individuen sterben also heute teilweise an den Wirkungen des Wahns, mit dem ihre Gesellschaft sich selber missversteht. Denn keine Krankheit befällt Einzelne. Die Seuchen befallen uns aus dem Ganzen heraus. Erst sind die Nationen geisteskrank; dann kriegen ihre Glieder ihren privaten Krebs. Dies sei uns zur Abwehr gesagt, weil die meisten Leser um diese Einbettung unserer Einzelleben in das Ganze nichts wissen wollen. So laufen sie zum Mediziner, obgleich ihre Gesellschaft krank ist. Alles aber kommt darauf an, den Sitz unserer Krankheit und unserer Heilung gerade in der Wahnstruktur des Ganzen wahrzunehmen.

24 Im Einzelnen dargetan in „Heilkraft und Wahrheit, Konkordanz der kosmischen und der politischen Zeit", Stuttgart 1952.

DRITTES KAPITEL: MITARBEITER

I

1

Wo ist nun die Industrie zeugungsfähig? Wo ist sie rein lebendig ohne Beimischung von Totem?

2

Ich gebe Beispiele.

In einem der armen Hochmoorgebiete Oberbayerns ist eine Flüchtlingsindustrie entstanden. Ich lebte eine Woche in dieser auf Giftgranatenbunkern erstandenen Gemeinde. Das Siemenswerk dort beschäftigt nunmehr nach drei Jahren Anlaufzeit 1000 Arbeiter und will auf 1500 anwachsen./

Der Direktor sagte mir: „Wenn ich mich frage: Was war das Wichtigste? Anders ausgedrückt: wenn ich zu wählen hätte zwischen

dem Fabrikat,
den Firmennamen,
den Kapitalien,
den Arbeitskräften,
dem billigen Grund und Boden,
den Hallen,

so würde ich in keinem dieser Umstände die entscheidende Grundlage unseres Erfolges suchen. Sie liegt in dem Stamm von etwa dreißig Ingenieuren, Vorarbeitern und Meistern.

Dieser Stamm kam vom Hauptwerk in Berlin erst nach dem Elsass, dann nach Hof. Zweimal also waren sie gezwungen, Werke aufzubauen fern der Mutterfirma; nun haben sie hier das dritte Mal zugegriffen.

Einer dieser Meister hatte in Berlin mit einer Ausschussziffer von 7 Prozent in seiner Werkstatt gerechnet. Und da es sich um eine höchst empfindliche Operation handelte, wurden diese 7 Prozent allgemein zugestanden.

In unserem Neubetriebe aber hat er durch das Anlernen von einem neuen Stamm noch unverbildeter Kräfte den Ausschuss auf die unerhört niedrige Ziffer von 4 Prozent gesenkt.“

3

Ein anderes Beispiel: Mein alter Freund B. V. kommt aus der Ostzone. Sein Vater ist mitsamt dem demontierten Familienwerk 1945 nach Moskau verschleppt worden. Er selber hat dank der unverbrüchlichen Solidarität der gesamten Belegschaft das Werk an Ort und Stelle wiederaufgebaut. Es gehört ihm heute noch. Aber der Wahnsinn des „Plans“ hat ihn nach über fünfjährigem Kampf fortgetrieben. Nun muss er von vorn anfangen.

Die Konkurrenz hat sich inzwischen seiner Märkte bemächtigt. Sein Heldentum – im Osten berühmt – scheint versunken und vertan. Amerikanische Kredite kann er erhalten, aber nicht die dafür vorausgesetzten deutschen. Er will nämlich in West-Berlin wieder anfangen. Das scheint manchem westdeutschen Restaurator zu riskant. Ist alles verloren?

Dreizehn Stammarbeiter hat er kleckerweise mit herüberholen können. Die sind die lebendige Fabrik. In denen steckt sein Kapital. Und sie haben zu produzieren begonnen.

Als ich ihn im Dezember 1952 sah, neigte sich zum ersten Male die Waage zu seinen Gunsten. Die dreizehn Stammarbeiter werden ihn durchretten. Sie imponieren sogar den Geldgebern.

4

Das dritte Beispiel kennt jedermann: es sind die nach Heidenheim von den Amerikanern „mitgenommenen“ Zeissarbeiter aus Jena. Ein gebürtiger Heidenheimer ist seltsamerweise beim Jenaer Zeiss hängengeblieben, und eine dritte Gruppe hat sechs Jahre in Moskau gearbeitet. So sind aus dem einen Zeisswerk drei entstanden.

II

1

Diese Fälle, die jeder aus seiner Kenntnis des letzten Jahrhunderts vermehren kann, sind die wirklichen Quellen der Industriebiologie. Dazu braucht es des amerikanisierenden Geschwätzes von *Team, Manager* und *Group Dynamics* durchaus nicht.

Die Leute, die ein Unternehmer als seine Mitarbeiter anerkennen muss, sind Teile seiner selber. Ihnen stehen die Arbeiter und Angestellten gegenüber. Die Mitarbeiter sind durchaus nicht dasselbe wie die Gruppe der leitenden Angestellten. Ein Vorarbeiter kann Mitarbeiter sein, ein Vizepräsident aber ein Parasit.

2

Mitarbeiter sind dem Betrieb, was dem lebendigen Kanton der Schweiz die Landsgenossen.

Beide lassen sich haargenau definieren.

Ein Bürger ist ein Gemeindegenosse, der beim Untergang der Stadt sie aus sich heraus neu zu erzeugen vermag.

Ein Mitarbeiter ist ein Betriebsangehöriger, der beim Untergang des Betriebes ihn neu aufbauen kann.

3

Hier kommt uns die frühere Entdeckung der Dreistufigkeit zustatten:

1. zeugungsfähiges Leben,
2. organisches Leben,
3. organisierte Masse.

Da unsere Volkswirtschaft die Niveaus 1 und 2 aus 3 ableiten wollte, konnte sie Arbeiter von Mitarbeiter nicht scheiden; noch weniger aber konnte sie die Frage der Fortpflanzungsfähigkeit stellen oder beantworten.

Und doch ist sie für die Betriebe der Industrie die Frage aller Fragen.

4

Die „liberale“ Wirtschaftsdoktrin hat ihr Ethos gar nicht aus der „Freiheit“ der bestehenden Betriebe geschöpft. Ihr Ethos quillt aus der Freiheit der ungeborenen Unternehmen, ins Leben zu treten. Dazu traten seit 150 Jahren unausgesetzt Mitarbeiter aus bestehenden Betrieben in neu entstehende hinüber.

Die Zeugungskraft ihrer Lenden ist das Geheimnis des Wachstums der Industrie.

III

1

Wir sagten: echte Bürger vermögen die untergegangene Stadt neu ins Leben zu rufen; daran erkennt man sie. Echte Mitarbeiter können das Werk irgendwo und irgendwann neu „in Betrieb setzen“.

Daraus folgt, dass die Bürger, die das können, und die Mitarbeiter, die sich das zutrauen, von den Wald-und-Wiesen-Bürgern und den Allerweltsarbeitern gründlich verschieden sind.

2

Die echten Bürger und Mitarbeiter besitzen jene heroische Qualität der ersten Generation, in der der lebende Mensch und sein Amt so in eins fallen wie in Julius Cäsar.

Die Welt hat von Cäsar den Kaisernamen erhalten. In seinem Leben war er noch Gaius Julius Cäsar und schon Kaiser. Die zwei Stufen in einem – das eben macht das Heroische aus.

3

Es ist unentbehrlich.

Nur die Lebensformen sind standfest, in denen notfalls die beiden Stufen je und je wieder von ein und denselben Menschen gleichzeitig verkörpert werden.

Die deutsche Industrie hat sich von 1945 bis 1952 auf den Frühindustrialismus neu aufgestockt, weil sie diesem doppelten Rückgriff auf das Leben als Amt und auf das Amt als Leben ihre Rettung verdankt. Die Doppelung aber kennzeichnete das heroische Zeitalter der Stiftung.

4

Also nicht die *Willkür* eines Einzelnen ist hier neu in ihre Rechte eingesetzt worden, sondern der zeugungsfähigen Mitarbeiterstämme senatorischer Vorrang über der bloß angestellten Plebs ist sichtbar geworden.

IV

1

Angestellte und Arbeiter im weiteren Sinne gibt es nur, soweit ein Mitglied des Stammes sie anstellt oder ihnen Arbeit gibt.

So erklärt sich das geheimnisvolle Zeitwort vom „Arbeitgeber". „Gibt nicht der sogenannte Arbeitnehmer dem Werk seine Arbeit?", ist oft gefragt worden.

2

Dieser intellektuelle Witz geht an dem Schnittpunkt der Kraftlinien im Werk vorbei. Der Unternehmer entsendet Mitarbeit in die Werkstätten. Auf sie kann er bauen wie auf sich selber, und in vielen Fällen – was nie zugegeben wird – kann er auf sie sogar besser bauen als auf sich selber.

Nur wenn und solange ihm solche Arbeiter zur Hand sind, kann er den Betrieb organisieren.

3

Sie selber also, die Mitarbeiter, sind nicht organisiert, denn sie besorgen ja vielmehr das Organisieren. Sie sind es selber; wie eine Frau die Schlüsselgewalt in Abwesenheit ihres Mannes ausübt, so übt der Mitarbeiter dieselbe Gewalt in der Werkstatt aus, die der Unternehmer im Ganzen üben darf.

Wo das nicht verstanden wird, verschlackt der Betrieb bürokratisch.

4

Der eine Meister, der in Oberbayern jene Rekordsenkung der „Ausschussware“ erzielte, organisierte seine Werkstatt aus Neulingen. Er erzog sie von vornherein zur fehlerfreien Leistung. Weil er einstellte und erzog, erwies er seinen senatorischen Mitarbeiterrang.

Genauso viele „Arbeitskräfte“, wie er zu erziehen und einzustellen vermag, lassen sich in seiner Werkstatt organisieren. Überschreitet er diese Grenze, so verfällt die Werkstatt.

Also ist es falsch zu sagen, dieses Meisters Werkstatt könne bei Ausweitung des Betriebes eine Ziffer X an Arbeitern stellen. Der Traum von „mehr gleich besser“ ist ausgeträumt, sobald der Mitarbeiter als der Schnittpunkt der Kräfte des Lebendigen und des Toten erfasst wird.

10000 Arbeiter zu beschäftigen heißt nunmehr gar nichts Sinnvolles mehr. Die Verhältniszahl zwischen Mitarbeitern und Arbeitern entscheidet vielmehr über die Chancen des Betriebes.

„Zehntausend“ kann sein Todesurteil aussprechen oder aber das höchste Lob für die lebendige Mitarbeiterschaft darstellen.

VIERTES KAPITEL: DAS OPTIMUM DER BETRIEBSGRÖSSE

I

1

Werkstätten lassen sich also nur organisieren, wenn mindestens ein Mitarbeiter in sie entsendet werden kann. Das Hinundherwechseln vom Stamm zur Werkstatt und umgekehrt gehört zum Betriebe ähnlich wie der Wechsel zwischen Generalstäben und Frontoffizieren im Heere.

2

Den Stamm bilden die Mitarbeiter,

die Werkstätten,
Büros,
Filialen

organisieren können. Ihnen muss das Geheimnis eignen, dass, was einer von ihnen weiß oder erfährt, dem Gesamtbetriebe zugutekommt.

3

Dabei ist dieser Stamm ein Lebensprozess, der aller bloßen Rechtsformen spottet.

Am Stamm lässt sich wieder das lernen, was unsere Politiker vergessen haben: dass Monarchie, Aristokratie, Demokratie und Diktatur bloß Formen zweiten Ranges für die ewige Not zu regieren sind. Ein Mitarbeiterstamm kann nämlich in allen diesen vier Formen sich ausprägen, ohne dass seine Lebensleistung, die Zeugungskraft, dadurch verändert würde.

Hier mag ein Werk einen fähigen Diktator haben mit treuen Gefolgsleuten. Dort mag ein Ausschuss eines vornehmen Klubs sich gegenseitig tragen. Oder, wiederum anders, eine Art Gleichheitsdemokratie mag den Mitarbeitern in verschiedenen Perioden verschiedene Aufgaben abwechselnd zuweisen. Väter und Söhne, drei gründende Väter, vier erbende Söhne stehen als monarchische Form mir in einem Riesenwerk lebhaft vor Augen.

4

Der „Stamm“ wird also nicht erfasst, wenn das heutige politische Gerede von

Betriebsdemokratie,
Mitbestimmungsrecht,
Herr-im-Hause-Standpunkt,
Unternehmer-Initiative

auf uns niederprasselt. Das sind alles formale juristische Kategorien.

Wer in einer Ehe regiert, ist völlig nebensächlich gegenüber dem Dasein wirklicher Ehe.

Der zeugungsfähige Stamm kann freilich juristisch gefördert oder vergewaltigt werden. Aber er ist eine prälegale Tatsache, ohne die es Industrie nicht gibt.

II

1

Denn im Stamm ersetzt der sterbliche Mensch ja nur erst seine eigene Sterblichkeit. Gott ist überall und immer; wir sind nur hier und heut.

Betriebe beruhen daher auf dem halbgöttlichen Geheimnis, dass unser heutiges und hiesiges Leben durch Zeugung sich auf morgen und durch Ausgliederung auf dort erstrecken lässt.

Mitarbeit macht aus heut

heut und morgen,

aus hier

hier und dort.

Bloße Arbeit tut nichts dergleichen.

2

Mitarbeit zaubert; wir erwerben ein Stückchen Ubiquität und eine Strecke Ewigkeit. Arbeit aber kann nur hier und heut Haufen bilden; sie bleibt entzaubert; den Räumen und den Zeiten gebietet jeder Mitarbeiter; die Masse aber verfällt ihnen so, wie der Mitarbeiter sie um sie herumstellt, oder umgekehrt ausgedrückt:
die Masse wird in den Fabrikraum und die Fabrikzeit so eingestellt, wie der Mitarbeiter es anordnet.

Deshalb also ist er der Arbeitgeber, weil er die Gelegenheit in Räumen und Zeiten gibt, weil er die Stunde und den Ort bestimmt.

3

Wer den Schnitt zwischen Mitarbeiterstamm und organisierter Masse legt, der wird gezwungen, neue Fragen zu stellen:

1. Zuerst ist ihm, statt des Maximums der Betriebsgröße, nur noch die Frage nach dem ***Optimum*** wichtig. Der Stamm diktiert etwas Bestes, nicht etwas Größtes. Jeder Betrieb erwirbt also eine maßvolle Gestalt, die aus dem Leben des Stammes, nicht aus dem Rechenschieber des Kostenbüros ihm zu stammt. Die Betriebe werden dadurch profiliert.

Es wird sinnlos, mit Belegschaftsziffern zu prunken, wo doch der Krebs den Riesenbetrieb aufzehrt, den die Mitarbeiter nicht lebendig durchdringen.

2. Das Leben des Betriebes versackt gegen die Peripherie hin. Das *heiße Bemühen,* beim letzten Hofarbeiter das Geheimnis des Wirkungsgrades zu enträtseln, ist zum Scheitern verurteilt. Das Leben pulsiert am stärksten da, wo ***Delegation von der Zentrale zur Werkstatt und zurück*** möglich ist. Da geht der entscheidende Stoffwechsel vor sich, der dem Betriebskörper seine Einzigartigkeit erwirbt.

3. ***Mitarbeiter und Unternehmer stehen sich nie „gegenüber“,*** so wenig sich Vater und Tochter oder Mann und Frau je „gegenüberstehen“. Es kann da kein Vertragsverhältnis geben.

Partner mögen auch Verträge schließen, so wie Eheleute auch Eheverträge schließen. Aber die Ehe hat den Ehevertrag nur als Anhang oder Kodizill. Sobald Eheleute sich nur auf den Ehevertrag berufen, ist die Ehe selber tot.

4

Für die Soziologen, die von der Fruchtbarkeit als Zeichen des erhöhten Lebens nichts wissen, ist dieser Punkt 3 unverständlich. Sie denken, das seien sentimentale Rodomontaden über *Liebe, Glaube, Hoffnung*. Aber Liebe, Glaube, Hoffnung sind binomische, Zeiten und Räume stiftende Ordnungen.

Und dieser Punkt 3, weil er der unbekannteste Punkt ist, ist eben deshalb auch der Wendepunkt in der Betriebsverfassung.

III

1

Denn wer diese Tatsache ausschöpfen will, dass Mitarbeiter sich vervielfältigen und deshalb sich nie „gegenüberstehen", der lernt eine umwälzende Norm.

2

Welche wäre das?

Nun, im Stamm werden Erfahrungen gemacht, die zwingend sind. Jede Meisterung des Hier und Dort, des Heute und Morgen hebt nämlich uns Menschen in den Rang des Menschlichen, allwo der Geist die Tierleiber adelt. Und auf dieser Rangstufe schweigt der Neid und die engherzige Missgunst.

Amtsträger müssen dem Amtsbruder das gönnen, was sie selber zur Erfüllung ihres Amtes sich wünschen.

Der Hauptstamm eines Betriebes, der sich seine Mitarbeiter eingestände, würde dadurch gezwungen, allen Unterstämmen alle die Vorrechte anzuwünschen, die er selber genießt.

3

Was bedeutet das praktisch?

Nun, das höhere Leben ist keine Wohltätigkeitsanstalt. Den Arbeitern „Gutes“ zu tun, durch

höhere Löhne,
Pensionen,
Kleinaktien,
Werkswohnungen,

das mag die ängstlichen Gewissen entlasten. Mit dem höheren Leben hat die Gutherzigkeit nichts zu schaffen.

Denn diese Sozialpolitik will ja nur das Los der anderen, der ewig anderen lindern oder verbessern. Sozialpolitik steht mithin „gegenüber“.

4

Wir protestieren und haben seit 30 Jahren protestiert, diese wohlgemeinten Heftpflasterverbände für eine Gesundung der Industrie auszugeben. Leben ist erst heil, wenn es in rücksichtsloser Unschuld gelebt werden kann, ohne gesetzliches Skrupulantentum.

IV

1

In der Bibel steht das Nötige darüber bei Lukas 5.

In der Industrie heißt das: Sie ist da gesund, wo der Hauptstamm gerade den lebendigsten Kern seiner selber allen Unterstämmen mitzuteilen wünscht, wo der Hauptstamm den Unterstämmen das gönnt, was er selber fordert: die Verfügung über Arbeitsplatz und Arbeitszeit.

Die schrittweise Ausgliederung der Betriebe ist kein Akt der Wohltätigkeit, sondern die unmittelbare Folge der Anerkennung des Lebensprozesses im Betriebe. Das heile Leben ist also das Leben, das unbefangen seiner Art sich freut, weil es sie in der Gattung weiter zeugen lässt.

2

Die industrielle kriegsheergleiche Schlagkraft hat Massen aufgeboten, und über den Massen, die sie aufbot, die Schlagkraft, kraft derer sie gebot, übersehen.

Die letzten vier Jahrzehnte der Weltumwälzung werden dann zu unserer Gnadenzeit, wenn sie dem marxistischen Massenaufgebot die wirkliche Erfahrung der Schlagkraft neu entgegengesetzt haben werden. Denn hier hat sich Industrie noch einmal wie in ihrer Frühzeit erfahren. Und daher können sich Hauptstamm und Töchterstämme neidlos wiedererkennen und daraufhin sich gegenseitig die gleiche Meisterschaft über Räume und Zeiten zusprechen.

Einstimmig, statt mitbestimmend, werden sich die Betriebe gliedern.

3

Damit wird das bisherige Prinzip der Sozialdebatte umgekehrt. Bisher verstand sich der Unternehmer dazu, die entgegengesetzte Funktion des 1/10000 seiner Belegschaft zu entschädigen. Das führte zu dem Unsinn, „andere“ glücklich zu machen oder Kapital der Arbeit gegenüberzustellen.

Wir sind vom Partner ausgegangen. Der aber ist wie ich. Dem Partner billige ich von vornherein denselben „Sinn“ zu wie mir selber.

4

Was also dem Haupt-Stamm recht ist, ist den von ihm abstammenden Betrieben billig. Der Herr Direktor und seine Mitarbeiter müssen mal zu Hause bleiben oder verreisen oder die Arbeit an einem anderen Platz tun, damit sich der Betrieb erneuere.

Friede statt Krieg wird in die Industrie einziehen, wenn möglichst viele Mitarbeiterstämme sich genauso zur täglichen Erneuerung des Betriebes aufgerufen wissen. Wie der Vater seine Tochter aussteuert, so kommanditiere das Betriebshauptquartier seine Tochterbetriebe.

Nicht von unten nach oben, nein, von oben nach unten geht der Weg der Fortbildung und Fortpflanzung.

VIERTER ABSCHNITT: DER PRÄZEDENZFALL

I

1

Das künftige industrielle Abstammungswesen wird den Frieden zwischen Partnern bringen, oder es wird an seiner Organisation von bloßen Massen versacken und versanden.

2

Aber die Zeiten stehen günstig.

Die gefährlichste Ecke ist passiert, Marxismus und Gruppenmechanik haben wohl ihren Rang als Heilswahn eingebüßt. Das Ausgliedern der Betriebe in Optima statt Maxima harrt seiner technischen Durchdringung.

3

Die furchterregende deutsche Agrarkrise wird sogar die wildeste Restauration dazu zwingen, aufs flache Land mit so viel Betriebsorganen wie möglich zu streben, wie das meine und andere Schriften oft dargetan haben.[25]

4

So will ich nur mit einem Präzedenzfall schließen. Es ist nämlich alles dies schon einmal geschehen. Nur will es heute niemand wissen.

---

25 Werkstattaussiedlung, 1922; Lebensarbeit in der Industrie, 1926; Vom Industrierecht, 1926; Die Schranke des Sozialpolitikers, 1929; Arbeitsdienst – Heeresdienst, 1932; The Multiformity of Man, 1946; Königshaus und Stämme in Deutschland von 911 bis 1250, Leipzig 1914; The Driving Power of Western Civilization, Boston 1952.

II

1

Von 1000 bis 1250 sind in Deutschland einige 5000 Städte und einige 20000 Burgen errichtet worden. Die neue Erfindung des Pferdegeschirrs ermöglichte diese Steinbauten. Diese Zusammenhänge illustrieren meine „Europäischen Revolutionen und der Charakter der Nationen" (Stuttgart 1951).

Das neue Lehnsrecht schuf damals den unteren Heerschilden eigene Burgen und Lehen. Die Dienstmannen wurden abgeschichtet. Statt der riesigen Pfalzen mit Kasernenklischees, Kasernenställen, Kasernenschlafstellen sprangen die Kastelle auf, in denen Kompanien oder Korporalschaften frei leben durften.

Da wurde aus der Willkür des Lehnswesens das Lehnrecht freier Ritter.

2

Die Romantik hat uns den Blick für diese großartige Befreiung des Mittelalters getrübt. Sie verklärte einfach alles, das Gute und das Schlechte, den Anfang und das Ende, und den Rechtskampf der Burgmannen hat sie in seiner großartigen sittlichen Wirkung nicht von der bloßen Knechtsgesinnung geschieden.

3

„Das Neue Abendland" blickt zu tief in den höllischen Abgrund des Geschehens, um sich an romantischem Zierrat zu gefallen. Soll es ein Neues Abendland werden, dann muss unser Krieg so großherzig zu Ende geführt werden wie der des Mittelalters.

Sein heutiges Schlachtfeld ist die Technik. Der heutige Wahn kommt aus der Technik.

Damals lieferten die Kreuzzüge das Schlachtfeld; das Fehderecht war der Wahn der Ritterheere. Als aber Barbarossa seinem Sohne den Ritterschlag des Dienstmannes erteilte, da bejahte er die Revolution der Manager seiner Zeit. Denn da wurde aus dem Erben der Krone ein Partner, ein Ritter unter allen. Und Zehntausende gewannen damals freien Wirkungskreis und sinnvolles Leben. Die Treue wurde in jedem Akt zeugungsfähig. Die Kompaniechefs mit ihren Kumpanen wurden selbständig auf ihren Burgen.

4

Wenn der Stamm, der das Leben der Arbeit trägt, weil er die Zusammenarbeit hütet, zeugungsfähig wird, dann ist der Friedensschluss in der Welt der Arbeit in Sicht.

Denn dann durchdringt organisches Leben die organisierten Massen, und statt des Kultes des eisernen Kalbes herrscht wieder die fruchtbare Wahrheit, die bestimmt, dass wir mitten im gebrechlichsten und vergänglichsten Leben der Gottheit unsterbliches Kleid wirken dürfen.

DRITTER TEIL: WEM GEHÖRT DER BETRIEB?

ERSTER ABSCHNITT: DER FALSCHE ARISTOTELES

I

1

Kapital und Arbeit sind nur dann wirtschaftlich verfugt, wenn Mitarbeiter entstehen. Denn nur der Mitarbeiter bringt den Gewinn, dass

Filialbildung,
Neugründung,
Nachfolge

möglich werden. Ohne diese drei Früchte lohnt sich der Betrieb wirtschaftlich nicht.

2

Die Nationalökonomen haben diese drei Bedingungen des Gewinnstrebens zu lange stillschweigend vorausgesetzt. Am Werke sind sie immer gewesen.

Sie gehen der Dividende und dem Lohn voraus. Sie machen beide erst lohnend.

Sie gehen den Waren voraus. Denn nur dank der Mitarbeiter lässt sich die Warenproduktion steigern.

3

Bis in die letzten Winkel unserer Schulstuben und die kleinsten Anmerkungen unserer Lehrbücher bringt unsere Einsicht eine Umwälzung.

Seit einem Jahrhundert wird dieser Umwälzung ausgewichen. Und daher lernen Millionen nach wie vor zwei große Unwahrheiten:

Die erste Unwahrheit lautet:

Auf den einzelnen Menschen folgen

Haus,
Gemeinde,
Staat

als die nächsthöheren Gruppen. So steht's auf der ersten Seite von Aristoteles´ Politik, und so wird´s pausenlos weiter eingetrichtert.

Die zweite Unwahrheit wird nicht einmal laut, aber stillschweigend steckt sie in der Frage aller Fragen: *Wem gehört der Betrieb?*

Privateigentum und Kollektiveigentum an den Produktionsmitteln werden seit Proudhons „Eigentum ist Diebstahl" vor Gericht gestellt.

4

Schon 1850 rief Giuseppe Ferrari (1811–1876) aus: „Unser Jahrhundert stellt die Frage nach dem Eigentum."

Die kommunistische Dämonie, es dürfe niemandem etwas gehören,

das Wegsteuern des Eigentums in den Erbschaftssteuern aller westlichen Länder bis zur praktischen Konfiskation,

der erfolgreiche deutsche Wiederaufbau von 1945 bis 1952,

die Mitbestimmung –

sie alle setzen ungeheure Fragezeichen hinter das Wort Eigentum.

II

1

Die kleinste Fabrik darf heute nicht schließen ohne Zetermordiogeschrei. Die Betriebe sind der privaten Willkür weitgehend entzogen.

Wem gehören sie?

2

Die Erschütterung des Rechtsgefühls äußerst sich auf allen Seiten;

bei den Juristen darin, dass sie nur noch als Handlanger der Wirtschaftsgruppen sich fühlen und von Gerechtigkeit nicht zu wissen vorgeben,

bei jungen Unternehmern, die sich einbilden, nur in ihre Hände sei der Menschheit Würde gelegt,

bei jungen Gewerkschaftlern, die beinahe einen politischen Generalstreik mitgemacht hätten und dann doch nur die Trübung ihres Rechtsgefühls bei sich vorfanden, aber keine Klarheit.

3

Die Frage „Wem gehört der Betrieb?" und die Frage „Aus welchen Einheiten baut sich das Gesellschaftsleben auf?" hängen zusammen.

Wir wollen die antike Hypothek auf unserem Denken erst einmal abtragen. Hernach wird nämlich die Frage: „Wem gehört der Betrieb?" einen anderen Sinn annehmen.

4

Also, mit unsterblicher Treue wird gelehrt, in allen Formen traditioneller Schulung, es baue das soziale Leben sich auf aus

Menschen,
Häusern,
Gemeinden,
Staaten.

Es ist das ähnlich wahr oder unwahr, wie wenn ich sagte, es baue sich das Heerwesen auf aus

Rekruten,
Korporalschaften,
Kompanien,
Regimentern.

Beide Thesen sind nichtssagend.

III

1

Die Aussage wird aber erst heute unerträglich und schädlich, weil über diesen beliebten Gemeinplätzen das Hineinragen der Betriebe in Staaten und Städte und Familien vergessen wird.

Ein Haus ist kein Betrieb, ein Betrieb kein Haus. Aus Betrieben bestehen unsere Städte nicht, sondern der Betrieb ragt aus der Gesamtwirtschaft über Wirtschaftszweig und Unternehmen in den Ort und die Familie hinein.

2

Dank der technischen und wissenschaftlichen Grundlage unserer Produktion erhebt sich ihr Ganzes über seine Teile. Jedes Betriebes Lebensdauer wird vom Ganzen her bestimmt; sie wird ihm zugemessen, je nachdem seine Rohstoffe, seine Verfahren, sein Standort dem Stand der Technik entsprechen.

Die Wirtschaft ist größer als alle ihre Teile zusammengenommen. Nicht die Arbeitsteilung der Betriebe führt zur Weltwirtschaft. Vielmehr erzwingt die Welttechnik die Arbeitsteilung in Produktionszweige und Betriebe. Denn die Welttechnik ist das Kind einer weltweiten Wissenschaft. Und für diese gilt die Natur als ein einziger Raum.

3

Ein alter *oikos,* ein Haushalt, produzierte erst einmal und vorab so viel als möglich alle Dinge des täglichen Bedarfs selber. Nur mit wenigstem machte er sich abhängig vom Markt.

Ein Betrieb verlässt sich auf alle anderen Betriebe; deshalb spezialisiert er sich auf so wenige Produkte wie möglich; die anderen Betriebe werden ihm überlegen, soweit sie sich noch kühner spezialisieren als er.

4

Der Betrieb reicht also aus dem Ganzen in die kleinsten Räume und Gruppen hinunter. Der volle Gegensatz zwischen heidnischer Staatslehre und heutiger Ökonomie zeigt sich in der graphischen Gegenüberstellung[26]:

5. Staatenbünde
4. Staaten
3. Gemeinden
2. Oikos
1. Individuen

---

a) Wirtschaftsökonomie
b) Wirtschaftszweig
c) Unternehmen
d) Betriebe
e) Betriebsgruppen

IV

1

Nirgends besteht die heutige Ökonomie aus Häusern oder aus Ländern oder aus Gemeinden, sondern die alten griechischen Silben *oikos* in *Oikonomia,* Ökonomie, beziehen sich heute auf das Ganze der Nation, der Gesellschaft, des Planeten.

Bei Xenophon war der ein Ökonom, der haushielt mit Weib, Knecht und Magd. In der heutigen Ökonomie hält die ganze Welt haus.

2

Die Menschheit hält haus;

die Menschheit vergeudet;

---

26 Siehe dazu auch mein „Industrierecht“, Berlin 1926.

diese beiden Sätze sind sogar heute bereits sinnvoller als die Analyse eines einzelnen Individuums, das spart oder Schulden macht.

Denn wer in der Inflation Schulden macht, ist weise.

3

Keinem Einzelnen also werden seine Handlungen mehr angerechnet werden dürfen, um ihren Sinn zu finden. Sie wechseln ihren Sinn je nach dem Rahmen der Gesamtwirtschaft.

4

Die Liebesgruppe von Eltern und Kindern,

die Hausgemeinschaft von Knecht und Magd, Ochs und Esel

werden beide in der heutigen Ökonomie aufgelöst, während sie bei Xenophon die Brunnenstuben des Wirtschaftens waren.

ZWEITER ABSCHNITT: KIRCHE UND WIRTSCHAFT

I

1

Ich will aber dem Leser den Gang der Ereignisse in seiner vollen Wucht vorführen, damit er nicht einen vorübergehenden Zustand oder eine Laune der Geschichte hier annimmt.

Bitte keine Romantik.

Seit eintausend Jahren ist eben darum gekämpft worden, es solle sich der *oikos* „entorten“. Aufhören sollte der Zwergbauer, und hereinbrechen sollte eine im Kampf mit der Natur geeinte Menschheit.

2

Die Staatshistoriker haben diesen Kampf nur deshalb übersehen können, weil er sowohl die Kirche wie die Häuser betraf. Die Staatshistoriker starrten auf die Staaten. Von der Kirche abstrahierten sie.

Die Haushalte hielten sie für unveränderlich.

3

In meiner Schrift „*The Driving Power of Western Civilization*“ steht ein Diagramm, das unsere Zeit gegen die Zeit Kaiser Heinrichs des Heiligen stellt; da sieht man das Unentrinnbare dieses Marsches.

Dem Kaiser Heinrich II. war die Kirche eine, die Wirtschaften aber auf jeden Ort abgestellt; in jeder Kaiserpfalz sozusagen wurde alles vorrätig gehalten und alles produziert; doch es gab nur das eine Ewige Rom für den Geist.

Nennen wir einmal Kirche kurz die ewige und Wirtschaft die alltägliche Ordnung eines Volkes, so war ums Jahr 1000 der Alltag lokal, die Ewigkeit universal. Heute wird der wirtschaftliche Alltag universal, aber die ewigen Dinge werden in der Kleinstgruppe geordnet: etwa eine interkonfessionelle Ehe ist eine der erhabensten Erlebnisaufgaben.

Nach kanonischem Recht vollgültig verdichtet solcher Bund die weiten Himmelspole in die kleinste Hütte. Und es müssen wirkliche Ehegatten eines Glaubens werden.

4

Und zwar ist das von 1000 bis heute so zugegangen, dass in jedem Jahrhundert die Wirtschaft umfangreicher, die Seelengeheimnisse intimer geordnet werden müssen.
Das Zurückgleiten der bekennenden Kirchen in große Landeskirchen ist nicht in der Wegrichtung des Heiligen Geistes.

I. 1000 Der heilige Kaiser
Zahllose Pfalzen   Eine Kirche

II. 1550 Martin Luther
Viele Landeswirtschaften Wenige Landeskirchen

III. 1750 John Wesley
Wenige Kolonialwirtschaften Viele Sekten

IV. 1850 Kierkegaard
Eine Weltwirtschaft   Jeder seine eigene Kirche

Fazit: Um 1000 ist die Kirche universal, das Wirtschaften ist individuell. Heute ist die Wirtschaft universal; Kirchen sind individuell.

Uns ist die Wirtschaft weltweit und die Religion das Sakrament von zwei und drei in Gottes dreieinigem Namen geworden.

II

1

Heute ist vielleicht nicht nur mir klar, was für eine Explosion es geben muss, wenn wir alle technisch zusammenhängen, aber nicht zwei dasselbe glauben.

Deshalb wird 1950 neu gefragt: Was ist denn wirklich auch für die Wirtschaft noch ein Gegenpol gegen Stalin, was ist noch personal?

Heute suchen wir also den Gegenpol gegen die eine Weltwirtschaft.

2

Das Individuum, der Philosoph, der einzelne Arbeiter – die können der Gegenspieler nicht werden. Denn Kirche und Ökonomie haben ja aneinander vorbeigetauscht.

Die Kirche hat aber nie aus Einzelnen bestanden. Die Kirche ist immer Liebesleib und Seelenbund.

3

Die Stelle der universalen Kirche von 1000 und die Stelle der universalen Wirtschaft von heute erklären sich aber zum Glück gegenseitig. Da, wo damals die einzelne Pfalz zum Bierbrauen für die Kavallerie und zum Kammerbedarf nötig war, da ist heute die kleinste Glaubensgruppe, der Mitarbeiterstamm einzusetzen.

Dies ist der nicht mehr selber aus dem Betrieb herleitbare Mitarbeiterstamm; ohne ihn wäre die Ökonomie mit ihrem Latein am Ende. Denn er stiftet Betriebe unaufhörlich.

Er ist die Erneuerung in Permanenz.

4

Sieht man einmal diesen Rollentausch, so zeigt sich, dass im Grunde unser Inventar dasselbe ist, heute wie gestern: beides muss balancieren: Kirche und Wirtschaft. Denn diese ist die organisierte Gruppe der Arbeit, und die Kirche umfasst die organischen Gruppen des Vertrauens. Nur solange es die zweiten gibt, lassen sich die ersteren organisieren.

III

1

Es zeigt sich ferner, dass, wer heute fragt: „Wem gehört der Betrieb?", dieselbe Frage stellt, die sich nach dem Jahre 1000 erhob.

Nur lautete die Frage damals: „Wem gehört die Kirche?" Damals gab es scheinbar Privateigentümer der Kirchen, so wie es heute scheinbar Privateigentümer der Betriebe gibt. Und der unabsehbare Investiturstreit damals wurde gelöst, als man einsah, die Frage sei falsch gestellt.

Auf die Frage „Wem gehört die Kirche?" gab es vor tausend Jahren keine Antwort. „Wem gehört der Betrieb?" heißt es heute, und wieder gibt es keine Antwort.

2

Aber wem gehört denn die Familie? Wem gehört der Staat? Wem gehört die Gemeinde?

Diese Fragen kann nur der Narr stellen, der nicht mehr darauf hört, was in „gehören" aufklingt.

3

„Gehören" deutet immer auf den, dessen Zubehör oder Angehörige wir deshalb sind, weil er etwas zu sagen hat. Die Frage nach dem Gehören ist immer erst sinnvoll, wenn wir wissen, wer dem Zugehörigen etwas zu sagen hat.

Die Familie gehört niemandem; der Staat gehört niemandem. Aber im Staat und in der Familie hören die Glieder aufeinander, denn sie haben alle etwas zu sagen.

4

Also gehört der Betrieb niemandem?

Gemach, das wissen wir noch nicht. Aber einen Schritt können wir tun, um uns die innere Freiheit und das Recht zu dieser Frage zu erwerben.

DRITTER ABSCHNITT: DIE ZEUGUNGSKRAFT DER INDUSTRIE

ERSTES KAPITEL: WER ETWAS ZU SAGEN HAT

I

1

Die Urgruppen gehören niemandem. Denn sie sind umgekehrt die Gruppen, die etwas zu sagen haben. Darin spricht sich ihre Zeugungskraft aus.

Man kann nicht hinter jedes Staatsglied einen Polizisten stellen, nicht hinter jedes Familienglied eine Gouvernante. Sie sind vielmehr ihre souveränen Glieder, die im Namen des Staates oder der Familie etwas zu sagen haben, auf das die anderen hören.

2

Und dahinter steckt mehr, als der Leser vermuten wird.

3

Ein Beispiel aus dem Staat soll ihm zeigen, dass dieser entscheidende Hintergrund fast immer verfehlt wird.

In Amerika erhob sich 1939 eine Diskussion über die staatsbürgerliche Erziehung arbeitsloser Jugend. Auf einer Tagung wurde da als Evangelium verkündet: „*A citizen is a man who is profitably employed*" (Bürger ist, wer gewinnbringende Arbeit leistet).

Die ganze Verzweiflung über das Jahrzehnt der Wirtschaftskrise 1929–1939 spricht aus diesem Satz. Denn mit der Linsensuppe der Betriebseinstellung schien das Bürgerrecht abgegolten. Ein Bürger sei schon, wer für seine Arbeit bezahlt werde.

4

Schämte sich niemand, das für staatsbürgerlich auszugeben?

Doch es gab Widerspruch. Und ich drang durch.

Und ich legte die höchste statt der niedrigsten Funktion des Bürgers zugrunde, um ihn zu definieren.

II

1

Die Überraschung war groß, als sich nun zwingend ergab:

Der sei Vollbürger, der beim Untergang seiner Stadt imstande sei, sie neu ins Leben zu rufen.

A Minimum:	B Maximum:
Ein Bürger ist der gegen Lohn arbeitende Mensch.	*Ein Bürger ist, wer eine Stadt neu gründen kann.*

2

Die elende Definition A hatte die Vergänglichkeit der Stadt nicht bedacht. Wäre der Staat unsterblich, dann freilich wären seine Bewohner nur Funktionäre.

Nun sind aber *Familien, Kirchen, Gemeinden, Staaten* alle todesbedroht. Alle Gruppen muss das heroische Mitglied erneuern. Im Stiftungsakt ist die Gemeinde auf das Lebensopfer des Mitglieds angewiesen.

Also der Staat zwar keinem Bürger. Aber dieser kann ihn neu ins Leben rufen. Insofern sind alle Gemeinschaften auf ihre Glieder angewiesen. Alle die zusammen also, denen dies Vermögen innewohnt, die Gruppe zu erneuern, die zusammen sind diese Gruppe. Die freien Bürger, nicht Mauern, verteidigen die Stadt.

Der Staat gehört niemandem. Aber seine Mitglieder erhören seinen Ruf.

3

Damit erhellt sich unsere Rechtsunsicherheit hinsichtlich der Betriebe. Sie wurden gedacht, als bestünden sie aus 1.000 Arbeitern und 100 Drehbänken usw. Aber der Betrieb besteht aus denen, die ihn bei der Zerstörung wieder in Gang setzen können. Alle anderen sind an diese angelehnt.

Gerade diese Erfahrung ist ja die Erfahrung des letzten Jahrzehnts mit seinem stupenden Wiederingangsetzen der Betriebe. Wer den Betrieb wieder in Gang gesetzt hat, dem gehört zwar der Betrieb nicht, aber dieser ist der Betrieb.

Meiner Schwester gehört unsere Familie nicht. Aber weiß Gott, ohne sie gäbe es die Familie schon lange nicht mehr.

4

Indem wir also hinter das alltägliche Dasein der Betriebe auf ihre Erzeugung blicken, entdecken wir die künftige Quelle des Rechts in der Industrie und in der Wirtschaft; denn wir erkennen, was gerecht ist.

Wem das Leben verdankt wird, dem muss die Gemeinschaft Rechte zusprechen. Denn er tut mehr als seine Pflicht.

III

1

Dass Pflichten Rechte geben, wird zum Überdruss uns mitgeteilt. Aber die Pionierleistung dessen, der den Pflichtenkreis neu erzeugt, ist die erste Rechtsquelle.

Der Arbeiter, der in einem organisierten Pflichtenkreis tagein, tagaus arbeitet, hat weniger Rechte als der Mitarbeiter, der erstmalig einer Werkstatt ihre Pflichten zuweist. Sein Recht quillt aus höherem Bezirk.

2

Die Rechte im Betriebe gehören dem, dem das Wiederaufleben des Betriebes verdankt wird. Nicht der Alltag der Arbeitsteilung ist jemals die Grundlage der Gerechtigkeit, sondern der Nottag der Erneuerung.

3

Der Vulgärliberalismus und der Vulgärmarxismus übersehen das. Und deshalb erholt sich die Weltwirtschaft nur so lange, wie sie die intimen Liebesgruppen, die Mitarbeiterstämme, täglich neu ins Leben ruft.

Ihnen gehört nicht der Betrieb, o nein. Denn sie *sind* der Betrieb, längst, bevor er in Stahl und Ziegeln mit Händen zu greifen ist.

4

Damit gliedert sich das mystische „Kapital" des neunzehnten Jahrhunderts in etwas Vielstufiges, Lebendiges, das keinen Eigentümer hat (wie das Geld oder die Ware), sondern jene seltsame mediale Stellung, weder Objekt noch Subjekt, aber stattdessen lebendig zu sein.

Ich habe sie *Trajekt* und *Präjekt* getauft, diese Träger über den Abgrund der Zeit.

IV

1

Arbeit und Kapital, extremes Minimum der Arbeitskraft hier, des Wirtschaftszweiges dort, mögen begrifflich so starr außerhalb einander bestehen, wie Ricardo[27] und Marx und das Recht sie sahen.

Noch 1935 hat ja der Höchste Gerichtshof der Vereinigten Staaten entschieden, dass die Arbeitskraft als Ware über den Ladentisch verkauft werde. Bis 1935 ist also die Beseelung der Betriebe vom Recht verhindert worden. Denn in der steigenden Liste der Produktionsmittel stand die Ware „Arbeitskraft" unter *Rohstoffen, Energiequellen, Geld, Boden, Kredit, Ideen, Kapital* vom Kapital am weitesten ab.

27 David Ricardo, Wirtschaftswissenschaftler 1772 - 1823

2

Die Welt des Betriebs hat für das Recht daher lange nicht existiert. Der Unternehmer schien eine Fabrik zu haben, in der er Arbeitskräfte anlegte. Die Belegschaft war das vorübergehende Element in seiner Kapitalzusammenballung.

Aber heute hat den Unternehmer selber sein Schicksal ereilt. Er selber wird getrieben und betrieben.

3

Den Betriebsleiter macht weder das Erbrecht noch der gute Wille. Das muss einer genauso können wie die Arbeit am Drehstuhl.

Der Betrieb verschlingt also nun den Unternehmer selber. Seine lebendige Kraft, die Überzeugungskraft, weitere Betriebe auszugliedern, die hat der Unternehmer gerade nicht an und für sich, sondern nur als Mitglied des Betriebes.

4

Das Kapital ist also bisher ebenso falsch definiert worden wie die Arbeitskraft. Die Ware Arbeitskraft war eine optische Täuschung, weil ich und meine Arbeitskraft sich nicht zerhacken lassen in ein Rechtssubjekt Ich und eine Rechtssache Mich.

Aber das Kapital, das *Mir* nach der Theorie der Ökonomie zur Verfügung steht, war auch eine optische Täuschung. Denn ein Teil dieses Kapitals war die Mitarbeiterqualität und Stammesfähigkeit des Kapitalisten.

„Die Unternehmerpersönlichkeit" hieß sie bei Say. Sogar er übersah, dass hier Leben unter Lebenden sich abspielte.

ZWEITES KAPITEL: DIE NACHFOLGE IN DIE MITARBEITERSCHAFT

I

1

Da hört der Mensch auf, frei zu verfügen. Vielmehr ist er eingefügt, und dieser Einfügung in eine Gruppe verdankt er seinerseits seine eigene Lebendigkeit.

So wenig, wie der Arbeiter über seine Arbeitskraft verfügt, – sie muss eingefügt werden; er wird angestellt und eingestellt – so wenig verfügt der Kapitalist über die Vorgänge, dank denen er selber ein Stück Kapital ist. Er muss ja zum Leben kommen dank Mitarbeitern, denen er vertrauen kann.

2

Beide Seiten des Klassenkampfes sind also zu abstrakten Gespenstern umgefälscht und als abstrakte Gespenster geordnet worden. Es gibt weder Kapital noch Arbeit außerhalb ihrer gegenseitigen Durchdringung, ebenso wenig wie es Eheleute gäbe, wäre das Weib nur Weib und der Mann nur Mann.

Die Frau hat die Schlüsselgewalt und der Mann muss im Notfall kochen, weil beide Menschen sind, Mann und Weib aber Spezialisierungen bleiben sollen.

3

„Arbeit“ und „Kapital“ sind also äußerste Grenzfälle unter Mitarbeitern, und je mehr bloßes Kapital und bloße Arbeit es gibt, desto brüchiger ist die Wirtschaft.

Die Betriebe selber sind die nach der Sintflut des neunzehnten Jahrhunderts sich langsam bildenden Erdreiche, in denen die Wahrheit wieder zutage treten kann. Und die Wahrheit ist, dass die Betriebe umso fruchtbarer gedeihen, je weniger Sinn es haben wird, Kapital und Arbeit in ihnen zu unterscheiden.

4

Der Kapitalist verfügt nicht über sich selber als Kapital; der Arbeiter verfügt nicht über sich selber als Arbeitskraft. Beide erhalten nämlich ihre Gelegenheit erst in der Konstellation des Betriebes.

II

1

Der Betrieb übt Einlassungszwang auf beide als Partner. Und erst aus der Partnerschaft erwerben beide die gemeinsame Eigenschaft, die weder das Kapital noch die Arbeitskraft an sich besitzen, den Bankzinsen und den Gewerkschaftsbeiträgen zum Trotz, die Eigenschaft nämlich, unausgesetzt neue Betriebe ins Leben zu rufen.

Ohne diese Zeugungskraft aber ist die Industrie tot und die Wirtschaft hilflos.

2

Dem Kapital, das Fabrik A mit 25 Mann aufgebaut hat, muss eben etwas widerfahren, ehe es weiterschreiten kann, um Fabrik B zu gründen. Mindestens eine Arbeitskraft in A muss dazwischen umgewandelt worden sein zu dem Mitarbeiter, der entweder A übernehmen oder nach B weitergeschickt werden kann. Dies ist bis heute bloß naiv immer wieder geschehen. Heute beginnt es daran zu fehlen.

Daher wird die Einsicht in diesen zeugerischen Zwischenvorgang nötig. Sie macht aus Kapital und Arbeit vorübergehende Zuspitzungen, die unaufhörlich in fruchtbarer Entladung sich auflösen müssen.

3

Es ist die Leidenschaft der Theorie, uns unter das Toteste, den Begriff, zu zwingen. Das schadet nichts, wenn dann jedes Mal doch das Unbegreifliche geschieht, das wir als das Lebendige in uns vorfinden.

Vor 200 und vor 100 Jahren war die Theorie wenig gefährlich, denn der

Siegeszug der Riesen und Zwerge, der Siegeszug der Industrie, begann erst. Jeden Tag wurden neue Betriebe gegründet.

Heute stockt diese Kraft.

4

Heute ist es mir in einer Debatte zwischen deutschen Ökonomen Ende 1952 in Hamburg begegnet, dass die künftige Neugründung von Betrieben aus einer wirtschaftspolitischen Debatte herausblieb. Das gäbe es nicht mehr.

Anscheinend haben wir so viele Fahrplanbetriebe, dass viele die gerade bestehenden Hallen der Produktion mit der Produktion gleichsetzen.

III

1

Da muss der lebendige Glaube sich neu der Begriffe bemächtigen, denn sonst schlagen sie uns tot. Der Gedanke aber weist den Begriffen ihre Plätze im Totenreich an.

Mit Kapital und Arbeit zerlegen wir in zwei Begriffe, was nie getrennt im Leben sich findet. Wir zerlegen dies X mit Recht, damit immer höhere Industrialisierung, immer radikalere Arbeitsteilung geschehen könne. Aber weiter geht dieser Prozess nur, solange Kapitel und Arbeit sich jedes Mal in einem bestimmten Betrieb lebensvoll durchdringen. Denn nur nachdem sie sich ineinander entladen haben, kann der nächste Betrieb aus dem vorhergehenden den Vertrauensmann gestellt bekommen, dem wir die Zeugungskraft der Industrie verdanken und künftig alle Erfolge überhaupt.

2

Denn heute entfällt die Trennung von Landwirtschaft und Industrie. Die Produktion der Milch ist genauso spezialisiert wie Adam Smiths Nähnadelfabrik. Heute widerfährt daher auch dem Bauernhof die Drohung des fehlenden Erben.

Die Nachfolge in die Mitarbeiterschaft ist heute über die gesamte Erde hin die Frage aller Fragen für jeden einzelnen Betrieb. Sie plagte Stalin und Malenkow genauso wie den Bauer auf der Schwäbischen Alb.[28]

3

Daher ist der hier aufgezeigte Rhythmus für diese Welt verbindlich. In Kapital und Arbeit zerfällt vor jeder neuen Arbeitsaufgabe die Gesellschaft. Aber nur deshalb zerfällt sie so in zwei Gegensätze mit aller Schärfe, damit sie sich in der Lösung jeder einzelnen Aufgabe neu verschmelze. Kapital und Arbeit müssen Mitarbeiterstämme erzeugen.

4

Denn sonst könnten die Mitarbeiterstämme nicht die nächste Spaltung und den nächsten Fortschritt neuer Begegnung zwischen Kapital und Arbeit möglich machen. Aber auf ihnen allein ruht unsere Zuversicht, dass der weiten Welttechnik die liebende Kraft der Gruppe gewachsen sei.

Je toller jeder neue Betrieb bloße Wanderarbeiter aufgreift, um sie aus weltweiten Kapitalmitteln anzusetzen, desto weiser muss jeder alte Betrieb bewährten Mitarbeitern die eingebauten Kapitalien anvertrauen, weil sie, die Kapitalien und die Arbeitskräfte, hier einander bereits ihrer gemeinsamen Bestimmung zugeführt worden sind.

IV

1

Was aber ist ihre gemeinsame Bestimmung?

Wenn sie aufgehört haben, jemandem zu gehören, je mehr sie aufhören, jemandem zu gehören, desto vollständiger haben sie ihren Sinn erfüllt. Dort ist der alte Betrieb fruchtbar und Nachkommenbetrieb, wo sich die Scheidung von Kapital und Arbeit rechnerisch nicht mehr durchführen lässt, weil alle Arbeitskräfte sich zu Mitarbeitern bei den Neugründungen

28 Nachgewiesen in meinen „Europäischen Revolutionen“, 2. Auflage 1951.

der Industrie eignen; denn damit sind sie zu dem Rang des kostbarsten Kapitals aufgestiegen.

Sie sind unbezahlbar geworden.

2

Kapital und Arbeit tauschen ihre Plätze, sooft die Frucht der Arbeit, die filialfähige Gruppe, als die höchste Dividende eines Betriebes fühlbar wird.

Die Geburt des nächsten Betriebes kann nie mit dem Handwerkszeug des liberalen oder sozialistischen Denkens erklärt werden. Denn beide, der vulgäre Liberalismus und der utopische Sozialismus, haben sich nur um den Alltag der Wirtschaft gekümmert.

3

Martin Bubers neue Schrift „*Pfade in Utopia*“ ist ein gutes Beispiel des liebenswertesten Denkens dieser Art. Es geht vom Bild der Produktion heute und hier aus. Weshalb sollte die nicht auf Freiwilligkeit, Höflichkeit und Freude beruhen wie in den Kibbuzim in Palästina?

Ja, allerdings, warum nicht?

4

Aber der Rang eines Lebewesens wird nicht von seinem Alltag her bestimmt. Unser Rang bestimmt sich nach dem höchsten Akt, dessen wir ausnahmsweise fähig sind.

Ein Bürger ist der, der den Untergang seiner Stadt durch ihre Neugründung wettmachen kann. Sehr selten wird das notwendig sein; aber nur wegen dieses Ausnahmefalls gewähren wir jedem mündigen Mitglied sein Stimmrecht zu den Ämtern in der Stadt. Wären wir alle bloß Esel, was wir ja oft genug sind, so würden wir allerdings nur essen und schlafen. Aber ausnahmsweise reproduzieren wir die Produktionsmittel selber.

I

1

An diesem Vorgang muss sich die Ordnung der Produktion orientieren.

2

William James, der größte amerikanische Philosoph und Psychologe, hat das so ausgedrückt: Weil ein menschlicher Zug nur einmal im Leben hervortritt, ist er nicht weniger maßgebend als die alltäglichen Züge. Vielmehr ist es gerade umgekehrt: Je seltener eine Leistung notwendig ist, desto besser eignet sie sich zur Bestimmung unserer vollen und wahren Natur.

3

In der Politik ist diese Regel für alle Volksgenossen stillschweigend anerkannt,

„dass dein ärmster Sohn auch dein getreuester war“.

Aber in der Ökonomie ist sie erst in den Notzeiten nach 1945 so maßgebend geworden, dass niemand sie bei Strafe des Selbstmordes aus seinem national-ökonomischen Denken herauslassen darf.

4

Dem Kaiser Nero rief sein Lehrer Seneca zu: „Uns alle kannst du umbringen, nur nicht deinen Nachfolger.“

Der weise Betriebsleiter hat es nun erfahren, dass die Industrie alle Rohstoffe der Erde ausbeuten darf, nur nicht die nachkommenden Arbeit gebenden Elemente, die den Produktionsprozess erweitern, umstellen und erneuern können. Diese sind kein Rohstoff, der sich kaufen oder ausbeuten ließe. Sie müssen da sein, ehe wir den Zugang zu irgendeinem Rohstoff finden können.

Denn wer einen Betrieb morgen mitorganisiert, der reißt das verrohte, formlose Material der Welt in den Lebensprozess der Menschheit zurück.

II

1

Am Ende unseres langen Weges durch die Bruchstücke des Menschen steht er mit einem Male geheilt vor uns.

In seiner Zusammenarbeit reißt er die Rohstoffe ins Leben zurück. Arbeit einverleibt gewesenes Leben dem lebendigen Leibe des Menschengeschlechts. Verbrauchen hängt mit brauchen zusammen. Und die Produktion einverleibt das, was wir zum Leben brauchen.

Wer irgendeinen Moment der Weiterbildung, Fortpflanzung und Umgestaltung der Produktion mitbestimmt, dem gehört eine Stimme in der Produktion.

2

Aus den „Combines" und den Stämmen fällt also auf das Wesen der Arbeit ein Licht, das denen nicht scheint, die auf die Produkte und die Zinsen und die Massen der Rohstoffe und Arbeitskräfte ihre Theorie aufbauen.

Denn wir haben nicht auf die Dinge, sondern auf die Lebenden geachtet, und nun erst blicken wir auf ihrer Hände Arbeit, und nun erst begreifen wird ganz ihre Stelle in der Erhaltung der Welt.

3

Wir leben ja in einem halbtoten Universum. Gewesenes Leben überhäuft uns:

Petroleum und Kohle, einst waren sie erkaltet.
Der Granit war in Glut wie der Basalt. Nun sind sie erkaltet.
Aller Sauerstoff in unserer Luft ist aus Lebewesen entwichen, als sie zu Leichen wurden.

So hat es schon vor mehr als hundert Jahren Félix Ravaisson-Mollien angesehen.

Die Leichen kommen unter den Lebewesen her. Unsere Physiker haben es also mit gewesenem Leben zu tun, mit Leichen, die ihr Leben ausgehaucht haben.

4

Arbeit bringt diese toten Massen an unseren Lebensprozess neu heran. Deshalb haben wir von Einverleiben reden müssen. Die Materie muss neu einverleibt werden.

Das heißt produzieren.

Wer diese Einverleibung in Gang setzen, in Betrieb halten und ausbreiten kann, der ist unbezahlbar.

Und ihm gehört die bezahlbare Welt.

NAMENSVERZEICHNIS

ERSTER TEIL
in der Reihenfolge im Text:

ZWEITER TEIL
in der Reihenfolge im Text:

DRITTER TEIL
in der Reihenfolge im Text:

NACHWORT

1955 – dann 1964 als Herder-Taschenbuch – erschien Eugen Rosenstock-Huessys Buch „Der unbezahlbare Mensch".

Es besteht aus fünf verschiedenen Textteilen:

1) der Widmung an die Schwägerin Hedi geb. Huessy in der Schweiz vom 9. November 1954 in Four Wells, Norwich, Vermont, USA,
2) einem Vorwort von Walter Dirks (1901–1991), damals am Frankfurter Institut für Sozialforschung (mit Theodor W. Adorno) tätig,
3) die von Gerti Siemsen übersetzten Kapitel des Buches „The Multiformity of Man" von 1949, basierend auf den Vorlesungen in Boston 1935,
4) die neu geschriebenen Teile zwei und drei,
5) acht Anmerkungen (im Taschenbuch ohne Rückverweis auf die Seiten), die – neben der Übersetzung des Mottos von Venantius Fortunatus – auf folgende Werke Rosenstock-Huessys verweisen:

Königshaus und Stämme in Deutschland von 911 bis 1250 1914, Werkstattaussiedlung 1922,
Lebensarbeit in der Industrie 1926,
Die Schranke des Sozialpolitikers 1929,
Arbeitsdienst – Heeresdienst? 1932,
The Multiformity of Man 1949,
The Driving Power of Western Civilization 1952
Heilkraft und Wahrheit – Konkordanz der Zeit 1952
Soziologie I: Die Übermacht der Räume 1956,
Soziologie II: Die Vollzahl der Zeiten 1958.

Das Taschenbuch enthält noch eine biographische Notiz, irrtümlich mit Eugen Rosenstock-Huessys Namen gezeichnet.

1

Zum überschwänglichen Ton der Widmung, die aber auch die bittere Not nicht verschweigt, mag das Gedicht gehören, das Eugen Rosenstock-Huessy einmal der Zusendung des Buches beifügte:

MIT DEM UNBEZAHLBAREN MENSCHEN

I

Lernst Du Russisch oder Baskisch,
Urdu, Plattdeutsch, Bergamaskisch,
glaube mir, die Stunde schlägt,
wenn die Wälle Gott zersägt

und die Sprache aller Zeiten
neu beginnt, sich auszubreiten.

II

Sie, der Menschheit einzige Art,
die seit Adam uns bewahrt,
Name-Er, Wort-Es, Sie-Sprache:
dennoch Eines Gottes Sache.

Er und Ich und Du vereint,
wie´s die Trinität ja meint.

III

Dieser Ursprach´, Endsprach´ Siegel,
alles Heidentrotzes Riegel,
lösen sich auf diesen Seiten,
sie zur Urgrammatik leiten.

2

Ebenso gehört dazu das längere folgende Gedicht:

MIT DER *MULTIFORMITY OF MAN (MENSCH IN DER VIELFALT)*

I

Weil unsere Lyrik ihre Kraft verlor,
das Herz der Techniker warm zu begeisten,
leg ich Dir heute Zahlenprosa vor,
damit Du siehst, was eigentlich zu leisten.

Wer heut naiv vom Mensch im Ganzen singt,
der Einzelgenien Widersinn nicht denkend,
nicht tief genug in die Zerklüftung dringt.

Erst in die Zahlenhölle sich versenkend
muss er der Ziffern Krähenfüße scharren.
Zu frühes Wort kann ihn nur schwächend narren.

Wo sie sich ducken vor den Nachtlemuren,
wo sie „Das Kapital“, „Die Technik“ schreien,
da lass Du von den Ziffern Dich umspeien.

Denn von der Masse Schrei kann sich nur lösen,
wer übertrumpft ihr eignes Bild des Bösen.

II

Erst aus *Polytheos* darf *Monos* werden,
Zerspalten müssen wähnen, eh sie einen.
Noch Marx verfrüht den Himmel hier auf Erden,
denn alle Menschen sieht er bloß als einen.

Er glaubt, er könne sie zu Einem machen,
der Wahn sei bloß ein Star zum Operieren.
Und könne man den Klassenkampf verkrachen,
dann webe Menschengeist in Arbeitstieren.

Viel reicher ist der Tiere Reich. Die Steinzeit,

die Guelfen, Puritaner, Griechen leben,
der Glaube im Ignatius war kein Meineid.
Drum wird es alle diese immer geben.
Nur aus *Polychronie* wird´s gegenwarten.
Das ist der Grund historischer Beschwerden.
Die Brünstigen nach Edens Unschuldsgarten
am Ganges und am Jordan: sie enterden
der Vorgeschichte geisterreichen Zug.

III

Doch auch Dein Ja zu ihr ist nicht genug;
denn jedes Genius Wahrheit ist auch Trug,

und jedes Mythos Trug war *auch* die Wahrheit,
weil er die Vielfalt Mensch genial enthielt
und in der Wolke Vielfalt doch mit Klarheit
jedweder Vielfalt Sonderart umspielt.

Nur *Einheit* fehlt dem Genius und den Göttern
der Alten; aber Vielfalt bloß verneinen,
zwingt mich auf eine Bank mit allen Spöttern;
ich lache, wenn die Liberalen greinen.

IV

Polychronist bin ich. *Monotheiste*
und Monohumanist scheint Euch das gleiche,

ein Mensch natürlich, bloß weil Ihr einst Christi.
Ihr stehlt, klaut, borgt das Eins dem Gottessohne;
was damals ward, als Himmel Erde küsste,
das setzt Ihr an den Anfang, Kreuzes-ohne.

V

Zurück zum wahren Anfang als wir viele,

unendlich viele, wahre Antipoden,
in abgesondert und verhülltem Spiele
zertrennter Zeiten auf entferntem Boden.

Ein Lebenstag schien Ewigkeit. Im Sehen
entstand, bestand, verstand der Einzelgruppe Welt
sich selber, konnte nur mit ihr vergehen,
wie jedes Kind am Augenblick sich hält.

Und dieser Kindersinne erstes Wissen
bleibt Zeugung, und wir können sie nicht missen.
So wie nach Klasse, nach Geschlecht wir scheinen,
sind wir geartet, dürfen´s nicht verneinen.

Wir wären alle Genien, wenn Geburt
allein genügte als des Morgens Rosa;
Geburt ist geniuszeugend; sie naturt
besonderen Geist; erst mit dem Tod kommt Prosa.

Nur weil wir sterben müssen, sind wir Einer.
Geboren sind wir eigenartig. Keiner,
den nicht sein Wahn bestimmt zum Einsverneiner.

VI

So wär´n wir alle Genien ohne Tod.
Doch durch den Tod sind Jud´ und Christen not.
Der erste Adam war ein wahrer *Deus*,
und nur aus einem Grund der Sünde „*reus*“:

er blieb nicht Gott, als er bloß weiterspielte
und seine Gottesstunde überzielte
und wiederholte ohne inneren Zwang
im bloßen Schlangenwiederholungsgang.

Die Wiederkehr des Gleichen war die Sünde;
die Schlange sagt man, beißt sich in den Schwanz.
Das Kindische statt Kindliche im Kinde
wählt den Rekordtanz statt den Freudentanz.

VII

Doch Tanz muss enden. Das verneint die Schlange.
Dem Kindischen, schlangverschlungen, wird nun bange,
indem er weitertanzt, seiner Willküren.

Leibeigner, schreckt ihn doch der Tanzesleiche
Verwesung. *Bängnis heißt ja Todverspüren.*
Wer nicht beerdigt, den wird Angst berühren.

Das Herz setzt aus; wenn noch die Beine tanzen,
zeugt seine Angst vom Lebenssinn des Ganzen.

VIII

Doch dieser Kreislauf, der nicht zeitig endet,
beraubt nicht Tanz noch Liebe des Genialen.
Und Gott wird stets zu Eigenart gebären.
Gestalten schafft er, Mythen, und nicht Zahlen.

Drum was Dein Herz aus Freudeneinsatz wagt,
sei Gott, *Drei, achtunddreißig Lukas* sagt,
Adam war Gottes und ihm eingeboren;
nur deshalb ging die Welt nie ganz verloren.

Erst wer genial Gesagtes wiederkäut
und ohne dass sein Herzschlag es erneut,
dieselbe Sinnestat unsinnig spiegelt,
erzwingt den Moses, der´s Gesetz versiegelt.

Der Zweite Adam kam, damit wir sehen,
wie Adam schon als Erster Christ geschehen.
Des Liebespaares zu gewohnte Bindung
wird zu gewöhnlich und statt neuer Findung

muss manches Geniuswort magisch erstarren.
Gefrorne Liebe macht die Heiden Narren.
Und an gefrorner Liebe teilzuhaben
ist leider eine der Dreiteufelsgaben,

mit denen Arbeitsteilung uns verstrickt.
Da ist auch keiner, den sie nicht so trickt,
dass er genießt, was schon erstarrte Fronden
und statt der Morgensonne bleiche Monden.

IX

Wir alle sind der Schlange Nutzgenossen,
weil wir nie zeitig enden, und verdrossen
muss einer Statt für unser „Kind´schen" halten;
der Kindische macht andere zu Alten.

Doch ist´s nicht so, dass diese Arbeitsteilung
uns nur verstrickt, damit auch aller Heilung
gemeinsam nur geschehen kann? Alle büßen,
damit einst alle sich im Himmel grüßen.

X

Drum hab ich von der Hölle hier berichtet,
sie als Viel-mehr-noch-Hölle ausgedichtet,
die Zahl bejaht, noch eh´ sie uns vernichtet,
uns alle in die Industrie geschichtet

als Geisterwache postenschiebend rastlos –

damit das Kapital, das Marx nur quälte,
sich mit der Technik Qualen so vermählte,
dass Manager und Hände beide frören
und voreinander ihre Scheu verlören

und sich dem Konsumenten und Erfinder
eröffneten als Eines Geistes Kinder:

Polychronisten freilich, aber hastlos.

Und jedes eigner Zeitton nur verschieden,
damit den Sphären Harmonie beschieden.

3

Hierher gehört auch das Gedicht, das Eugen Rosenstock-Huessy an Hanna und Hebe Kohlbrügge auf einer Ansichtskarte mit Rubljows Heiliger Dreifaltigkeit schickte:

Zahlen dürfen schmerzfrei spielen:
wenn sie auf das Wahre zielen,
bleibt es jedem unverweigert,
dass er Zahl zu Wahrheit steigert.

Lasst uns drum der Drei uns freuen.
Aber doch mit alten Treuen
Vater, Sohn und Geist bedenken,
dass sie uns das Leben schenken.

Weihnachten 1967

4

In den von Eugen Kogon unter Mitwirkung von Walter Dirks herausgegebenen Frankfurter Heften hat Eugen Rosenstock-Huessy sechs Aufsätze veröffentlicht:

Symblysma oder: Der Überschwang der Jesuiten, November 1948
Die jüdischen Antisemiten oder: Die akademische Form der Judenfrage, 1951
Der Dritte Weltkrieg, 1951
Die Bemannung der Hochschule, 1959
An die Russen: Naturforschung oder Gesellschaftslehre? 1959
Die Fortschritte der Gesellschaft und die Soziologie. Universität oder Schule? 1959

- also zweimal drei je Anfang und Ende der fünfziger Jahre.

Walter Dirks hat sich – wie man so sagt – für Rosenstock-Huessy eingesetzt. Aber er, der 13 Jahre Jüngere, sagt im Vorwort mit keiner Silbe, wie er denn selber zu dem Konflikt steht, der jäh in dem Satz aufflackert:

Die beiden Personenkreise in Deutschland, die Eugen Rosenstock-Huessy kennen, sind seine alten und seine neuen Freunde. Die neuen haben sich kaum konstituiert, aber ich kenne immerhin eine Reihe von Studenten und jungen Menschen, die diesen ungewöhnlichen Mann nach dem Krieg neu und für sich selbst entdeckt haben, ohne jede Kenntnis ***des vornationalsozialistischen Autors****, angerührt durch einen Vortrag, den sie hören, oder durch die Lektüre der Bücher, die neu erschienen sind: „Der Atem des Geistes", „Heilkraft und Wahrheit", der neuen Auflage der „Europäischen Revolutionen", der Rede über „Das Geheimnis der Universität".*

Es kommt so daher, dass Walter Dirks – als das Buch erschien, war er 54 Jahre alt – gar nicht merkt, welch Wortungeheuer da die ganze Misere bezeugt: in Deutschland konnte man anscheinend nicht anders, als alles nach den Nazis zu datieren!

Dabei ist das Buch die Behauptung, dass die Seele, die ein Leben zu einem macht, stärker ist, als die sie brechen wollenden geschichtlichen Ereignisse.

So geht es leicht hin, dass der erste Teil ja schon 1935 in Boston entstanden ist und zu dem Einwandern in Amerika gehört, die Frucht des Ringens nach dem Weltkrieg I übersetzend – und dass der zweite Teil beansprucht, mit der Direktheit die Leser in Deutschland anzusprechen, als hätten sie die Kraft zur

GRUPPENABSCHÜTTLUNG

bewahrt und bewährt! Mit diesem Wort nämlich reicht Eugen Rosenstock-Huessy die Hand auf dem Übererdteilsweg über den Atlantischen Ozean. Denn was er in Amerika sieht, kommt doch in der Kritik an Partner- und Gruppendynamik-Gerede zum Ausdruck.

Von dieser Gruppenabschüttlung also bei Walter Dirks kein Wort – wahrscheinlich, weil er sich auf sein Schicksal beruft, dass die Nazis ihm 1943 das Wort verboten haben und er beim Herder-Verlag arbeitete. Aber er sagt es nicht.

Wohl erzählt er:

„Aber ich erinnere mich noch, wie erhellend und befreiend sein Buch „Werkstattaussiedlung“ uns traf, die Idee einer Dezentralisierung und Personalisierung der Industrie. Das Ende der um das Dampfkraftwerk herum strukturierten Mammutfabrik mit ihren ungegliederten Arbeitermassen schien gekommen: der elektrische Strom schien die kleinere und gegliederte Arbeitsgruppe möglich zu machen, in der das Massenschicksal überwindbar sein musste.“

Aber dann steht da:

„Der Autor distanziert sich in diesem seinem neuesten Buch „Der unbezahlbare Mensch“ von der „Werkstattaussiedlung, er setzt nun tiefer an und argumentiert breiter, aber der damals – 1922 – begonnene Erkenntnisansatz bewährt seine Fruchtbarkeit noch heute.“

Was gar nicht stimmt! Denn dazu heißt es nur:

„Wie schon erwähnt, wurde 1922 in meiner „Werkstattaussiedlung“ der Arbeiter zum Partner des Sozialwissens ausgerufen.

Da aber Rechthaberei im Leben mit Grund verhasst ist, so darf ich heut diesen Weg nicht noch einmal gehen. Jene Schrift darf nur als Zeugnis aus der Vorzeit hereinragen, dass auch ohne Zwang oder Furcht in voller Freiheit die Wahrheit längst ausgesprochen worden ist.“

So tritt – sozusagen mit demselben Atemzug – Walter Dirks für Rosenstock-Huessy ein und zieht ihn gleich wieder zurück, indem er die Brücke leugnet, die mit den aus dem Englischen von Gerti Siemsen übersetzten Kapiteln geschlagen wird: etwas in deutscher Sprache aus der Nazizeit darf eben nicht zu Gehör kommen, auch wenn es eben den absoluten Datierungszwang der „Nazi-Zeit“ gerade bricht.

Walter Dirks‘ Bekenntnis zur Nation endlich am Schluss seines Vorworts:

„Die Geister scheinen etwas redlicher ins Gespräch zu kommen. Dies und die Beunruhigung, welche die Sicherheit der restaurativen Epoche wenn nicht erschüttert, so doch anstößt, mag eine Chance für Eugen Rosenstock-Huessy sein: er sollte in seinem Vaterland nicht mehr nur von den

Menschen gehört werden, deren Aufnahmeorgane auf seine spezifische Wellenlänge ansprechen, sondern endlich von der Nation."

Am 24. Januar 1956 schreibt Rosenstock-Huessy an Georg Müller:

„Vom Unbezahlbaren Menschen sind 400 Stück verkauft worden!!! Dazu brauche ich doch nicht zu drucken! Im Ganzen haben mich die sämtlichen deutschen Publikationen vielmehr Geld gekostet, als sie je eingebracht haben, viele, viele, viele tausend Mark seit 1910. Ist das denn nun nicht leicht wahnsinnig?"

5

„Die Grundlage für die folgenden Kapitel bildeten die Vorlesungen, die ich 1935 am Lowell Institute in Boston halten durfte. Die Vorlesungen versuchten, die neuen Rätsel zu formulieren, die dem Menschen von seiner eigenen Entwicklung aufgegeben werden. Es ist dem Menschen gelungen, seine Welt zu mechanisieren. Er hat die Natur organisiert. Da er dies mit so außerordentlichem Erfolg getan hat, wirft seine Tat die Frage nach der Stellung des Menschen innerhalb der Natur mit erneuter Dringlichkeit auf.

Der Mensch selber wird zu einem immer größeren Geheimnis. Daher erhebt sich ganz von neuem die Frage, wie weit der Mensch zur natürlichen Welt gehört und wie weit er deshalb in eine soziale Welt eingeordnet werden kann."

Mit diesen Sätzen hebt Gertie Siemsens Übersetzung an (Gertie Siemsen war die Mitarbeiterin Harald Poelchaus, des Gefängnispfarrers im Gefängnis Berlin Tegel und „Briefbote" zwischen Helmuth James und Freya von Moltke während dessen Haftzeit bis zu seinem Tode, sie hatte mit ihm eine Tochter, Übersetzungen auch von Büchern Paul Tillichs: Mut zum Sein 1953 und Liebe, Macht, Gerechtigkeit 1955).

Die Übersetzung – so möchte ich sagen – ist gelesene, nicht gesprochene Sprache. Ich setze zum Vergleich dieselbe Passage in meiner Übersetzung her:

Den Grundstock der folgenden Kapitel bildeten Vorlesungen, die ich am Lowell Institute in Boston 1935 halten durfte.

Vorlesungen und Bücher wollen das Rätsel aussprechen, das dem Menschen die eigenen Errungenschaften vorlegen.

Der Mensch hat erfolgreich die Welt mechanisiert. Er hat die Natur organisiert. Gerade wegen der Wirksamkeit wirft seine Tat mit neuer Schärfe die Frage auf, welche Stellung der Mensch in der Natur hat.

Der Mensch selbst wird ein größeres Geheimnis als je zuvor. Ganz frisch erhebt sich die Frage, wieweit der Mensch zur natürlichen Welt gehört und wieweit er deshalb in der sozialen Welt zu organisieren ist.

6

An drei Stellen habe ich Ergänzungen Rosenstock-Huessys in der deutschen Übersetzung eingefügt (den Bankier Fürstenberg aus Berlin, den Hinweis auf das Kapitel: Eva oder die Folgen der Arbeitsteilung – als Fußnote –, Goethes Satz: Mein Acker ist die Zeit). Es mögen noch mehr sein, die ich beizeiten einfügen werde.

7

Das ganze Buch ist neu gegliedert und – wo ein Abschnitt länger ist – in Kapitel eingeteilt.

Der Grund: in seinem Vorwort zur Soziologie (Band I 1956, S. 12f.) sagt Rosenstock-Huessy zum Stil seiner Bücher:

„Soziologie aber ist einer dritten Schreibart ergeben. Meine Schriften sind ihr ergeben. Sie als unsystematisch zu brandmarken, ist gemeine Praxis. Ich erhebe dagegen Einspruch.

Wer sich in guter Gesellschaft bewegt, der soll weder in bloßen Sentenzen noch in seinem eigenen System stecken bleiben. Der Essay ist vorwissenschaftlich. Er sprüht von Leben; er ist geistvoll. Er verharrt diesseits der Systematik. Umgekehrt die Handbücher verzichten auf das Sprühen um der Ordnung willen. Aber ich, der ich aus Unordnung Ordnung erstehen lassen soll, schreibe weder in dem flüchtigen Augenblick des witzigen Einfalls noch in der langen Zeit der Wissenschaften. Denn ich kehre jedes Mal, wenn mir etwas eingefallen ist oder wenn ich mich zum Fachmann meines Systems aufgeschwungen habe, als Freund unter Freunde zurück.

Der nach-aphoristische und der nach-systematische Stil ist eine dritte Stilart; ob ihn die Herren von der Stilkritik gelten lassen wollen, weiß ich nicht. Aber die vorliegenden Bände huldigen ihm. Der dritte Stil setzt das strengste, ja pedantischste System voraus. Mein Denken führt mein System zunächst durch. Aber eben nur zunächst. Dann macht es entschlossen vor der Vergötzung des eigenen Gedankenkindes kehrt.“

Die Gliederung folgt dem Tönewechsel (wie ihn Friedrich Hölderlin genannt hat). Das System, nach den vier Richtungen: präjektiv, subjektiv, trajektiv und objektiv hin zu sprechen, den Wechsel des Tons aber davon erzeugen zu lassen, dass der Autor sich selber sprechen hört, also rechtzeitig kehrtmacht und in eine andere Richtung lenkt, hat diesen Stil geprägt.

Wer aber – hier durch die graphische Anordnung und das Errichten der Argumentationsebenen – Kapitel, Abschnitte mit römischen Ziffern, Abschnitte mit arabischen Ziffern, Absätze, Sätze – den Wendungen, die eben nicht willkürlich sind, folgen kann, sich darauf einlässt, wird bald staunen, mit welcher Gedächtniskraft er es zu tun hat.

Zu der Mündlichkeit des Stils gehört auch, dass aus dem Gedächtnis zitiert wird, manchmal eben mit Änderungen, die das Gedächtnis mitspielt, so z B. bei dem Schiller-Vers: S p r i c h t die *Seele so spricht ach*! *Schon* die S e e l e *nicht mehr (Nicht wahr, das hätte ein Lektor des Käthe Vogt Verlages doch anmerken dürfen?). Daraus wird dann: „Spricht die Seele „ach“, spricht schon die Seele nicht mehr.“*

8

Die Anmerkungen sind als Fußnoten eingefügt.

9

Ich las das Buch (in der Herder-Taschenbuchausgabe) 1968, in dem Jahr, als ich die Berufsarbeit in der Volkshochschule Köln begann.

Beharrlich habe ich als Beruf stets angegeben: *Pädagogischer Mitarbeiter* – und meinte damit den hier gezeichneten Mitarbeiter. Und die Sieben-Jahres-Epochen 1968–1975, 1975–1982, 1982–1989, 1989–1996 habe ich deutlich unterschieden, indem ich jeweils ein Schriftstück dem Epochenwechsel abrang. So konnte ich lebendig bleiben.

So verdanke ich dem Buch existentielle Stärkung – und möchte sie, in dieser Form, anderen zuwünschen.

Köln, 2. Januar 2013
Eckart Wilkens

Nachwort

DES CHRISTEN ZUKUNFT – oder ein unerhörter Appell von Walter Dirks – Eugen Rosenstock-Huessy endlich wahrzunehmen!
Von Peter Galli (2021)

Die Corona-Pandemie, die Klimakatastrophe, die Schweinepest, der Rinderwahnsinn, 2021 erst das Eingeständnis der Deutschen Bundesregierung, einhundert Jahre danach, den ersten Völkermord im 20. Jahrhundert an den Hereros begangen zu haben. Zwei Weltkriege von deutschem Boden aus, die Shoa – all diese Katastrophen führen es auch unserer heutigen Gesellschaft kontinuierlich und drastisch vor Augen – die Welt ist durch den Menschen „aus den Fugen" geraten. Zuletzt war und ist es die Hochzeit des Covid 19-Virus, der weltweit für einen über zweijährigen Ausnahmezustand gesorgt hat und uns mit seinen Folgewirkungen noch lange beschäftigen wird.

Hinzu kommt, dass die katholische Kirche, sonst eher seelische Stütze in Krisenzeiten, selber mächtig ins Wanken gekommen ist. Reinhard Kardinal Marx bat den Papst um seinen Rücktritt, erläuterte, „die Kirche ist an einem toten Punkt" angekommen.[29] Aber auch die evangelische Kirche leidet unter einem enormen Mitgliederschwund und bleibt auch vom gnadenlosen Mißbrauchsskandal nicht verschont.

Da haben sich zum Ende des letzten und zu Beginn des dritten Jahrtausends gewaltige dunkle Wolken über der von der Wissenschaft dominierten Menschheit aufgebraut – kein Land, das nicht mitbetroffen ist, aber jedes Land anders. Zwischen den Industrienationen und den materiell und technologisch armen und abgehängten Nationen gähnt ein unseliger und dramatischer Abgrund.

Niemand ist weit und breit zu sehen, der diese so umfassende/n Krise(n) auch nur annähernd zu analysieren vermag – geschweige denn gangbare Wege aus der Krise aufzuzeigen. Dafür reden die Talkshows seit Jahren, oft mit denselben Gästen, und reden mehr oder weniger dasselbe, was kann eine Show denn mehr bieten? Und zu den besten Sendezeiten laufen in allen Sendern stundenlang Quizsendungen, einfache Fragen, vier Antwortmöglichkeiten – jeder kann miträtseln. Als ob dauerhafte Ablen-

29 Reinhard Kardinal Marx an Papst Franziskus, 21. Mai 2021, veröffentlicht auf: www.katholisch.de.

kung eine heilsame und dauerhafte „Medizin“ für eine überforderte und gestresste Gesellschaft sein kann!

Blicken wir von den Medien in die Wissenschaft, in die Universität oder in die Politik, von wo wir tatsächlich Hinweise, Analysen und konkrete Handlungsanweisungen erwarten können sollten, so erhalten wir von dieser Seite zwar unzählige Studien und Analysen zu fast jeder aktuellen Thematik (im letzten Jahr waren es vor allem die Pandemie und der Klimawandel). Aber erhalten wir darüber hinaus umfassende und grundlegende Orientierung und perspektivische Handlungsszenarien, die die kommenden Generationen miteinschließen? Auch da wird endlos produziert und gedacht, aber es will in den „Kommandozentralen“ der modernen Gesellschaft, in Politik, Wissenschaft und der Industrie keine Ruhe und vor allem keine Gewissheit mit Blick in die Zukunft einkehren. Ein erschreckendes Beispiel legte die Autoindustrie mit dem „Dieselskandal“ hin; Milliarden Euro Strafe werden inzwischen wegen Betrugs bezahlt, Vorstandschefs landen vor Gerichten und im Gefängnis. Allein mit diesem Geld könnten in ganz Afrika Brunnen und Solarkocher nahezu in jedem Dorf gebaut werden oder über Jahre hinweg gesundes Mittagessen für alle Schüler/-innen in allen Schulen Deutschlands eingerichtet werden. Dass die Autokonzerne darüber hinaus immer noch Milliarden Gewinne machen und Dividende ausschütten können, übersteigt jede Phantasie eines/r normalen Arbeitnehmers/in.

Wo aber Gefahr ist, Da wächst das Rettende auch

Wenn **Friedrich Hölderlin (1770–1843) 1808** den berühmten und seither vielzitierten Vers in der Hymne Patmos schrieb: „Wo aber Gefahr ist, da wächst das Rettende auch“, dann stellt sich die Frage, gilt er auch heute und wenn ja, worin liegt das „Rettende“?

Die gute Botschaft ist, wir haben tatsächlich Quellen und Ressourcen des Rettenden. Die schlechte Botschaft ist – wir haben diese Quellen des Rettenden bisher so gut wie nicht, weder in Deutschland und in Europa noch in den USA angezapft.

Ein bisher unerhörter Appell weist unmissverständlich auf das Rettende hin.

Er wurde 1955 ausgesprochen, von keinem Geringeren als **Walter Dirks (1901–1991)**, dem großen katholischen Publizisten und einem der prägendsten Intellektuellen der Bonner Republik. Dirks wäre in diesem Jahr 120 Jahre alt geworden – in diesem Jahr ist auch sein 30. Todestag. Grund genug, seinen unerhörten Appell erneut zu Gehör zu bringen. Das gesamte Vorwort des zuerst 1955 im Käthe-Vogt Verlag, dann 1964 im Herder-Verlag erschienenen Titels, „Der unbezahlbare Mensch", liegt abgedruckt vor[30], deshalb zitiere ich nur noch Kernsätze daraus.

Er hat bereits 1955, also nun auch schon wieder vor 66 Jahren geschrieben: „Es ist verwunderlich genug: man muss Eugen Rosenstock-Huessy in Deutschland vorstellen", und er führt weiter aus: „Das, was Rosenstock zu sagen hat, richtet sich an das öffentliche Bewusstsein ebenso sehr Deutschlands wie der Vereinigten Staaten, und zwar ebenso sehr an die Wissenschaft (der Soziologie, der Sozialpsychologie, der Pädagogik, der Ökonomie, der Politik) wie an die Theologie und an die Praxis, an mögliche Freunde und Bundesgenossen in fast allen Sparten des deutschen Lebens, und seine Einsichten sind nicht um ihrer selbst willen da: sie wollen Folgen haben; sie rufen danach, verwirklicht zu werden."

Er schließt das Vorwort mit einem harschen Resümee und einem klaren Appell:

„Wenn man versucht ist, ein Werk, das so großartig für sich selbst spricht, in Deutschland eigens anzuzeigen, so spricht sich darin das ganze Elend eines geistigen Betriebes aus, der zu sehr den Monolog statt den Dialog gewohnt ist ..., Eugen Rosenstock sollte in seinem Vaterland nicht mehr nur von den Menschen gehört werden, deren Aufnahmeorgane auf seine spezifische Wellenlänge ansprechen, sondern endlich von der Nation."

Man spürt sofort im ganzen Vorwort von Dirks, wie zentral und wichtig er Rosenstocks Denken und Wirken in den zwanziger Jahren und nach dem 2.Weltkrieg hält und schätzt und selber ratlos von der Wirkungslosigkeit Rosenstocks vor allem in Deutschland stand. Dirks weiß bereits in den 50er-Jahren um das Rettende, das der christliche Sprechdenker und Soziologe Rosenstock-Huessy für ein ganzheitliches Wirtschaften und Leben auf dem Planeten Erde in jahrzehntelanger Arbeit entworfen, geschrieben und vor allem selber bewährt hatte.

Eugen Rosenstocks Reaktion auf die Katastrophe des Ersten Weltkriegs und „die babylonische Gefangenschaft der Universität"

Lange hat Dirks selber den Weg des 13 Jahre älteren Rosenstock-Huessys (1888–1973) als jüngster Privatdozent Deutschlands in der Weimarer Zeit verfolgt und begleitet. Der Freund und Lehrer von Dirks aus jener Zeit, **Ernst Michel (1889–1964),** war ein enger Bekannter von Eugen

30 S.Anhang

Rosenstock. Die große Zäsur war der 1.Weltkrieg und beide wussten um eine zentrale innere Haltung: „Heute kann uns nur der Mut helfen, der in die ganze Tiefe des Unglücks hineinzublicken wagt.“ Beide wussten, nur, wenn radikale Konsequenzen aus der Katastrophe des 1.Weltkrieges gezogen werden, ist eine weitere Katastrophe zu verhindern.

Beide haben also in diese Erschütterung tief hineingehört und erkannt, dass sowohl der Staat und damit auch die idealistische Philosophie Hegels, als auch die Universität, aber auch die Kirche nichts dem Krieg weder praktisch noch moralisch entgegengesetzt hatten. Und was noch folgenreicher war, auch nach dem Krieg waren sie nicht gewillt, ernsthafte Konsequenzen aus der erschütternden Katastrophe zu ziehen. Für die beiden tiefgläubigen Christen war der einzige gangbare Weg, auf der Grundlage des jüdisch-christlichen Offenbarungsglaubens, im Kern aber auf Grundlage der Fleischwerdung des Wortes in Jesus Christus, neue Formen des menschlichen Miteinanders zu suchen.

Sie wussten, die Methode des abstrakten Denkens, des Idealismus, des Relativismus, in Hochform gelaufen im 19. Jahrhundert, kann nur wieder Orientierung finden, durch den Vorrang der Sprache beziehungsweise durch das rückhaltlose, offene Gespräch zwischen den Menschen und zwar mit Menschen aus allen Schichten und Bekenntnissen. Auf keinen Fall mehr im Entwerfen von abstrakten Denksystemen. In lebendigen kleinen Zellen und Arbeitsgemeinschaften sollte die neue Volks- und Erwachsenenbildung aufgebaut werden. Wie Ernst Michel es 1927 mit Blick auf die Kirche formulierte: „Politik aus dem Glauben aber ist nicht Herrschaft der Kirche über das Leben, sondern Leviten- und Samariterdienst der mündigen Kirche am Leben.“

Walter Dirks hat zu Ehren von Ernst Michel dem Band 6 seiner gesammelten Schriften denselben Titel gegeben, den Ernst Michel 1926 seinem Buch gegeben hatte: „Politik aus dem Glauben.“ Für Dirks ist Michel der Vorläufer der „politischen Theologie“. Michels Buch landete damals auf dem Index der verbotenen Bücher.

Bereits 1923 brachte Ernst Michel das katholische Zeitbuch „Kirche und Wirklichkeit“ heraus. Alle sechs Aufsätze von Michel, Wittig, Rosenstock und dem von Dirks verehrten Romano Guardini bringen äußerst vielfältig und prägnant zum Ausdruck, was Walter Dirks an diesen Denkern begeisterte. Sie wurden fortan seine ständigen Begleiter, Ratgeber und Kronzeugen gegen das „reine Denken“. Im Zentrum ging es allen um eine präzise Neubestimmung von Kirche und Gesellschaft nach der Katastrophe des I. Weltkrieges in der fundamentalen Umbruchzeit der Weimarer Republik.

Ein Neudruck der Aufsätze allein dieser sechs Autoren würde viel Überaschendes für die aktuelle Kirchendiskussion zutage bringen! (Vor allem über die Rolle der Laien für die Zukunft der Kirche und die Aufgaben der Kirche inmitten der modernen Arbeitswelt)

Dirks hatte den Zeitpunkt des totalen Zusammenbruchs Deutschlands nach dem Ersten Weltkrieg genau im Blick, als er 1955 sein Vorwort schrieb. Aber folgerichtig auch den Zeitpunkt nach der Katastrophe des Zweiten Weltkriegs. Denn es war offensichtlich, dass auch nach dem Zweiten Weltkrieg noch immer nicht die radikalen Konsequenzen im Nachkriegsdeutschland gezogen worden waren, die bereits nach dem Ersten Weltkrieg gezogen hätten werden müssen.

Von Hegels Dialektik zum „Kreuz der Wirklichkeit"

Dirks erkennt 1955, dass Rosenstock einer der wenigen war, der stets die ungeheure Erschütterung des Ersten Weltkrieges als Resonanzraum, als „meine Matrix" seiner neuen Lehre vom „Kreuz der Wirklichkeit" zugrunde legte. Diese zentral neue Bezeichnung für sein Sprechdenken formuliert Rosenstock 1924 in vielen Aufsätzen und auch in einem Brief an Josef Sindermann: „In meiner Soziologie ersetze ich die tote Zeit und den toten Raum der „Natur" und den ideellen Raum- und Zeitbegriff des „Geistes" durch die wirkliche Zeit und den wirklichen Raum... Die wirkliche Zeit hat immer polare Spannung zwischen Vergangenheit und Zukunft, der wirkliche Raum spannt sich immer in Außen- und Innenraum... erst der wirkliche Raum in seinem unauflöslichen Konflikt von Innen und Außen ergänzt die wirkliche Zeit zur vollen *Gegenwart*, zum Kreuz der Wirklichkeit."

70 Jahre arbeitete Rosenstock, wie er sich selber bezeichnete, als „paulinischer Ochse" an seinem Hauptwerk „Im Kreuz der Wirklichkeit", vom Kohlhammer-Verlag 1958 als „Soziologie" tituliert. Gleich im ersten Januar-Heft von 1959 druckte Dirks – als Mitherausgeber der Frankfurter Hefte – in der Aufsatzreihe „Erziehung und Bildung in der industriellen Gesellschaft", eines der wichtigsten Kapitel, fast ungekürzt ab. „Die Bemannung der Hochschule – Scholastik, Akademik, Argonautik."

(Dirks selber hat im Januar- und Februar-Heft 1959 zwei Artikel über die Zukunft des Glaubens und die Zukunft des Unglaubens und die Christen geschrieben, jeweils direkt vor den Artikel Rosenstocks. Der zweite Artikel Rosenstocks hat die Überschrift: „An die Russen-Naturforschung oder Gesellschaftslehre.")

Dirks hat somit Rosenstock gegenüber seine große Sympathie mehr als deutlich zum Ausdruck gebracht. Dirks wusste darum, dass Rosenstock nach dem Ersten Weltkrieg kein Gehör und keinen Eingang in das akademische Denken fand, weil Rosenstock ja dem rein akademischen Denken 1918 entschlossen den Rücken gekehrt hatte.

Rosenstock-Huessy wusste, wenn alle Institutionen, die den I. Weltkrieg mit zu verantworten hatten, nicht sofort und radikal die Konsequenzen daraus ziehen würden, dann wird ein weiterer Krieg konsequent folgen und diesem folgen wiederum weitere Katastrophen. Kriege auf der Welt sind seither wirklich dauerhaft präsent, jetzt geht es mit Blick auf die Umwelt nicht nur mehr militärisch, sondern auch ökologisch ans Eingemachte und das heißt: ums Überleben! Die Universität war bereits im 19. Jahrhundert in „babylonische Gefangenschaft“ geraten. So hatte es 1925 der Vetter von Franz Rosenzweig, der Theologe **Hans Ehrenberg (1883–1958),** eindrücklich und provozierend formuliert: „Die babylonische Gefangenschaft hat die Universität zum Buhlen mit allen Götzen des Zeitalters verführt: Relativismus! Es macht das geistige Huren viel Vergnügen. Die Universität ist die babylonische Hure der Gegenwart“.[31]

Es braucht eine kopernikanische Wende des Denkens! Vom Credo über das Cogito zum Respondeo!

Als Rosenstock, der 1933 nach Amerika emigrierte, nach dem Zweiten Weltkrieg in Deutschland Gastvorlesungen hielt, konnte es nicht ausbleiben, dass er wieder konsequent die Stellung der Universität nach dem Kriege ins Auge fasste. In seiner berühmten Göttinger Rede von 1955, „Das Geheimnis der Universität“, zeigt er das in der Historie der Universität liegende Gesetz auf: „Solange die Philosophie ihr Urerlebnis verdrängt, bedroht sie die Schulen, in denen ihr System weitergeschleppt wird, mit Veraltung. Jeder neue Krieg sollte dazu führen, dass die Philosophien der älteren Kriegsepochen ausdrücklich bestattet werden. Daran fehlt es im hochschulreichen und philosophieüberlasteten deutschen Schulraum. Es gibt heute noch Hegelianer, Cartesianer, Kantianer. Das ist ohne Sinn und Verstand in einer „Polemologie“ (Lehre vom Krieg). Das erste Gebot der neuen Wissenschaft lautet: Von jeder vorhergehenden Katastrophe muß auch ihr Denksystem begraben werden. Sonst können die Weltkriegsteilnehmer nicht zu ihren eigenen Worten kommen“[32].

1924 hatte er zu dieser neuen Wissenschaft die bereits 1916 entworfene, programmatische Grundschrift „Angewandte Seelenkunde“ verfasst. Sie bleibt bis heute nahezu ungelesen, weil sie auch nie nachgedruckt worden

31 Hans Ehrenberg: Östliches Christentum, 1925

32 Atem des Geistes, S.33

ist. Kurz gesagt, Rosenstock forderte darin eine **kopernikanische Wende beziehungsweise Drehung des Denkens**: „Vielleicht nur die Zeiten der Frühscholastik und der meist so genannten – Gegenreformation, d.h. der Bacon, Descartes und Kepler, haben vor ähnlichen geistigen Lagen gestanden und so radikale Entschlüsse für den Wissensbetrieb fassen müssen. Die vorliegende Schrift ist der Versuch, in knappster Fassung einen erstmaligen „discours de la methode" ein „Sic et Non" für Heut zu liefern (1924). Dabei muss der „radikale Tiefgang und die Ernsthaftigkeit der neuen Methode einerseits, andererseits ihre praktische Tragweite und ihre überraschende Fruchtbarkeit ... nebeneinander und miteinander verknüpft" sein.

Die Sprache als das notwendige Organon für den Frieden
1950 im Buch „Atem des Geistes" (A.d.G) und immer wieder in seinen Zusprachen formuliert er dieselbe Forderung einer künftig überlebensnotwendigen Wissenschaft: „Die Ausdehnung der theologischen Logik hat zur Hexenverbrennung geführt ..., die Ausdehnung der Mathematik hat zur Tötung, Vergasung, Kastrierung, Züchtung, Verschickung von Millionen Menschen geführt; denn die Mathematik der Welt weiß nicht vor den Menschen haltzumachen. Weltwissenschaft, wenn auf die Menschen angewendet, führt zu Weltkrieg. Also sind Logik und Mathematik beide unbrauchbar, wenn wir das Organon, das Werkzeug suchen, mit dem wir die Menschen zum Frieden bringen könnten. Im Frieden können Menschen miteinander sprechen. Also muss die neue Lehre vom Miteinandersprechen der Menschen ausgehen. Bei Augustin findet sich dieses dritte Organon. ...Zum Sprechen bringt den Menschen der Mensch durch – Sprechen ... Es ist Sprechen mit Vollmacht ... Das kommende Organon muss uns also Sprache und Zeit neu zur Verfügung stellen, so wie uns die Zahl den Raum unterworfen hat. Die Erhebung der Zeit zu ihrer zweiten, ihrer vollen Potenz ist das Anliegen, das die Gedanken der modernen führenden Geister, Bergson, William James, Alexander aber auch Nietzsches und Franz Rosenzweig vorwärts treibt"[33].

W. Dirks bringt in seinem Vorwort Rosenstock-Huessys neuen Ansatz in seiner eigenen Sprache präzise zum Ausdruck: „Dieser Denker geht nicht systematisierend vor oder das Gelände abtastend und sichernd, sondern kühn und provozierend, im sicheren Sprung; die erschlossene Sprache, die studierte und erschlossene Geschichte und die leibhaftige Erfahrung

33 A.a.o. 99

wirken zusammen …, seine Methode, ein vom Licht des Sprachgeistes erleuchteter Realismus des unbefangenen Auges."

Die Sprachlehre Rosenstock-Huessys: „Zum Sprechen bringt den Menschen der Mensch durch – Sprechen", klingt so einfach, bringt aber seine Sprachlehre auf den Punkt. Er weist in seiner Soziologie nach, und das kann hier nur kurz angedeutet werden, der Mensch ist immer zuerst ein **Du**, ein einmalig mit seinem Namen Angesprochener, der daraufhin erst **Ich** sagen kann und im **Wir** sich gegenseitig bestimmen kann und der erst als letzten Schritt die **Welt begreifen** kann und darf. Das ist die Urgrammatik der Menschheit. Der Name, das Angesprochensein des Menschen steht immer am Anfang, weit vor den Begriffen und dem begrifflichen Denken. Den soziologischen Nachweis liefert Rosenstock-Huessy in seiner Soziologie für die vorchristlichen soziologischen Größen von Stamm, Reich, Volk und Polis. Ebenso zeigt er die Bedeutung vom mächtigen Aufprall der „Fleischwerdung des Wortes" für das erste, zweite und dritte Jahrtausend auf. So kann er mit Blick auf das zweite Jahrtausend n. Chr. festhalten:

„Nach Scholastik und Akademik folgt die Argonautik". Oder nach dem „Credo, ut intelligam" von Anselm von Canterbury, dem „Cogito, ergo sum" von R. Descartes folgt das von E. Rosenstock-Huessy formulierte „Respondeo, etsi mutabor": „Ich antworte, auch wenn ich mich dabei wandeln muss". So tief und so weit schürfte Rosenstock-Huessy in der Entwicklung der abendländischen Geistesgeschichte und schärfte den Blick für das alte/neue Organon der Sprache, nachdem Mathematik und Logik Kriege, Katastrophen und Krisen generierten und generieren, ohne Aussicht auf ein wirkliches Ende.

Mit seiner neuen Methode, beziehungsweise mit dem neuen Organon der Sprache, blies er seit dem Ersten Weltkrieg zum Angriff auf das „heidnische Gebäude moderner Wissenschaft". 100 Jahre nach seinem ersten Ansatz in der „Angewandten Seelenkunde" macht es einen dann doch mehr als erstaunt, dass diese zentral wichtige und äußerst präzise angezeigte Zäsur so extrem langsam Einlass findet in das immer noch akademische Zeitalter!

Eugen Rosenstock-Huessy, Dietrich Bonhoeffer und die „Einwanderung in den Alltag"

Da Rosenstock-Huessy nachchristlich denkt und schreibt, übersetzt er alles, was bisher theologisch formuliert wurde, in die Moderne beziehungsweise in die „Sprache des Menschengeschlechts". Doch immer wieder in seinen Schriften drückt er seinen glühenden christlichen Glauben auch in bekennender Glaubenssprache aus: „Wir wollen es nicht vergessen, dass wir die Geheimnisse unseres Schöpfers an den Tag legen. Wir sind sein heiliges, weil unwiederholbares Experiment. Wir treten unbekannt und als Geheimnis in die Sprache unserer Umwelt ein, und wir sollen in dieser Sprache am Ende anerkannt und bekannt werden. Dies geschieht mit der Zeit. Es geschieht und kann nur geschehen zu seiner Zeit“[34]. Rosenstock lebt, wirkt und denkt radikal nachchristlich, am besten vergleichbar mit **Dietrich Bonhoeffer (1906–1945).**

Beide glauben, indem sie in den „Alltag einwandern“, in die „tiefe Diesseitigkeit“. Sabine Leibholz-Bonhoeffer, Bonhoeffers Schwester, hat die Wahlverwandtschaft von beiden wunderbar aufgezeigt und hervorgehoben, auch wenn sie sich nie begegnet sind.[35] Sie schreibt: „Den Tatbestand eines echten Zusammenhanges der Lehre beider Männer hoffe ich herausgestellt zu haben. Hier zeigte es sich, dass Worte zu Mächten gesteigert werden müssen, falls sie umwandeln, ergreifen und bestimmen sollen. Nur dann hat das Wort Macht, wenn es seinen Sprecher sich so unterwirft, dass er selbst voll bereit wird, es in und mit seinem Leben zu bezeugen.“ (S. 165) Leibholz meint, nach Gesprächen mit Rosenstock-Huessy in den 60er Jahren, Bonhoeffers Theologie verschwinde hinter seinem Handeln und zitiert Rosenstocks entscheidenden Satz: „... in der Bereitschaft mitleidender Teilnahme in die Not des Ganzen einzugehen und opferwillig daraus auch neue, unerhörte, ungewußte Gedanken und Entschlüsse zu fassen“. Sabine Leibholz bestätigt Rosenstock-Huessys Erkenntnisse über ihren Bruder in unübertrefflicher Kürze: „Dietrich Bonhoeffer hat diesen Satz gelebt.“ Wir wissen heute: Eugen Rosenstock-Huessy auch!

Sabine Leibholz widmete später ihr Buch „Vergangen – erlebt – überwunden“ von 1970 „Eugen Rosenstock, zu seinem 80. Geburtstag“.

Wie das neue Denken umsetzen? Bewährung in der Praxis – im „Kreuz der Wirklichkeit“

Dazu nochmals der Rückblick auf das Jahr 1919. Rosenstock lehnte Anfragen von Staat, Kirche und Universität bewusst ab, weil diese kein „zeitgenährtes Denken“ erproben wollten, obwohl sie politisch und moralisch versagt hatten. Rosenstock gründete in Sindelfingen bei den Daimlerwerken die Daimlerwerkszeitung, die er zwei Jahre leitete, bevor durch revolutionäre Streiks die Werkstore geschlossen wurden. Mit ihr sollte eben „das Zum Sprechen bringen der Menschen“ erprobt werden. Die Werks-

34 in Zeitwende, Partner und Stämme der Industrie, Juni 1953

35 Eugen Rosenstock und Dietrich Bonhoeffer, Zwei Zeugen der Wende in unserer Zeit, 4/1966, Universitas Stuttgart.

zeitung wurde 1990 wieder neu aufgelegt, weil man erkannte, wie weit Rosenstock 1919 seiner Zeit schon voraus war. Edzard Reuter, der damalige Vorstandschef erklärt dazu in seinem Vorwort:

„… das in dieser Zeitschrift dokumentierte Zusammenwirken zwischen der Leitung eines Wirtschaftsunternehmens und einem jungen, hochbegabten und sensiblen „christlichen Sozialrevolutionärs" stellt einen bemerkenswerten Versuch zur Lösung gesellschaftspolitischer Probleme in schwerer Zeit dar."

Und weiter drückt Reuter seine Hoffnung aus, dass mit der Neuveröffentlichung auch „Anregungen gegeben werden, die wissenschaftliche Forschung auf sozialpolitisch wichtige Problemlösungsversuche im Rahmen einer industriellen Betriebsgemeinschaft zu erstrecken."

Das klingt verheißungsvoll, wiederum 30 Jahre später kann man allerdings nüchtern feststellen, dass Reuters Hoffnung auf eine Fortführung von Rosenstock-Huessys sozialpolitischen Ansätzen inmitten der modernen Industrie auch dieses Mal in der Buchform stecken geblieben ist.

Eugen und Margrit Rosenstock-Huessy und Franz Rosenzweig

Unmittelbar nach der Werkschließung war Rosenstock-Huessy dann 1921 Mitbegründer der **Akademie der Arbeit** in Frankfurt, die nach seinem Ausscheiden Ernst Michel leitete. Das reine akademische Lernen sollte hier durch neue Lehr- und Lernmethoden abgeschafft werden, ähnlich dem freien jüdischen Lehrhaus in Frankfurt, das unter der Leitung von Franz Rosenzweig stand. 1921, vor genau 100 Jahren, hatte Rosenzweig den Stern der Erlösung geschrieben. Der Trialog zwischen Eugen Rosenstock, Margrit Rosenstock und Franz Rosenzweig bildete den einmaligen, biographischen Prägestock dieses Jahrhundertwerkes[36].

Im „Stern der Erlösung" hatte Rosenzweig mit einem Paukenschlag das „neue Denken" geniehaft niedergeschrieben. Dieses ist kurz, klar und radikal antiidealistisch definiert – noch einmal – das Denken, vor allem des 19. Jahrhunderts, das in erdachten und konstruierten Systemen gipfelte, hatte sich durch den Ersten Weltkrieg selbst entlarvt. Es darf das abstrakte Denken keine abstrakten Systeme mehr entwerfen, der lebendige Mensch und die gesamte Schöpfung bleiben dabei auf der Strecke. Im Fokus kann und darf nur die Sprache stehen, oder wie Rosenzweig es formulierte: das lebendige Sprechen. Im „neuen Denken" (dem Sprechdenken) steht radi-

36 (*Dazu höre vor allem den Radiobeitrag von Manfred Baumschulte, online verfügbar unter*: https://www.deutschlandfunk.de/und-doch-bleibe-ich-stets-bei-dir.704.de.html?dram:article_id=233059)

kal im Vordergrund, das „Bedürfnis des Anderen bzw. das Ernstnehmen der Zeit“. Von Rosenstock hatte er unmissverständlich gelernt, „Offenbarung ist Orientierung“ und damit eng verbunden geht das „Du dem Ich vorher, ohne dass das Ich nie zustande käme.“ Damit war auch für ihn die Zeit des philosophischen Relativismus abgeschlossen. Rosenstock schreibt 1921 über den Stern der Erlösung: „Seine Gestalt, die hier neben uns tritt, erzeugt darum nicht die bloße Reibungselektrizität, durch die uns jede fremde Genialität anregt, sondern sie wird zur bleibenden Bedingung unserer Seele. Wir erfahren eine Umschmelzung unserer Daseinsbedingungen. Unsere Lebensgrundlage vereinfacht sich und wird durch die Vereinfachung verjüngt“ [37]

Rosenstock-Huessys christlicher Ansatz hebt zentral im „Kern des Logos“ an, in der Fleischwerdung des Wortes in Jesus Christus und eben nicht in der Begriffwerdung des Wortes! Das war und ist allerdings genau der Grund, dass sein damaliges Wort die „herrschenden Großmächte der Philosophie, Psychologen, Philosophen, Logiker nicht erreicht (hat). Denn die herrschenden Machthaber des Geisteslebens gehen ja nicht von dem glühenden Sprachkern des »heute habe ich dich gezeugt« aus, sondern unsere Schulkinder werden angewiesen, dass es Idee und Materie, Geist und Leib, Metaphysik und Physik gebe ... sie werden alle vor eine zerfallene Wirklichkeit gestellt, in der ... die unbegreifliche Spaltung in Begriff und Ding als der Weisheit letzter Schluß gilt“[38].

Rosenzweigs Stern wird heute nur marginal an der Uni gelesen, wenn gleich es viele hervorragende akademische Arbeiten und Symposien über ihn gibt! Rosenstock-Huessy so gut wie gar nicht. Zeigt diese Tatsache nicht schonungslos und ein Stück weit schockierend auf, dass die babylonische Gefangenschaft der Uni weiterhin anhält? Ohne den Satz und die feste Tatsache „das Wort ist Fleisch geworden“ gibt es nach Rosenstock-Huessy „unsere Zeitrechnung nicht.“

Hingegen Martin Heideggers „Sein und Zeit“, 1927 als Erstentwurf geschrieben, wurde nicht nur euphorisch in den Wissenschaftsbetrieb aufgenommen, Heidegger selber wurde in Freiburg 1933 gar Rektor der Universität. Und nach dem Krieg – welche Konsequenzen zog Heidegger für das Denken aus der Katastrophe? Rosenstock-Huessy forderte 1933, unmittelbar nach der Wahl Hitlers, in der juristischen Fakultät Breslaus zum Protest gegen Hitler auf. Er wurde dabei ausgelacht – im selben Jahr wanderte er mit Frau und Kind auf dem Schiff „Deutschland“ in die USA aus! Bei Heidegger kam das „philosophische Fiasko“, als jüngst die schwarzen

37 Rosenstock-Huessy-Archiv in Bielefeld/Bethel

38 Zitat aus Atem des Geistes a. a.o,s.9

Hefte auftauchten – da stoben die Meinungen der philosophischen Fachwelt weit auseinander, wie Werk und Person einer Philosophie zusammenhängen oder nicht. Rosenstock-Huessy selber hat 1957 mit Heideggers Philosophie in seiner Schrift „Zurück in das Wagnis der Sprache" „abgerechnet". Er fasste die Auseinandersetzung zwischen Heidegger (Sein) und Rosenstock (Werden) als Dialog zwischen Parmenides und Heraklit. Eingeführt hat Rosenstock-Huessy diesen fingierten Briefwechsel mit der aus seiner Sicht in den 50er Jahren immer noch schwierigen geistigen Ausgangslage im akademischen Denken: „Eine tief geistige Erkrankung unseres Denkens wird angegriffen … es handelt sich um eine seltsame Verhärtung unseres Denkens"[39].

Warum findet Rosenstock bis heute keinen Einlass in die Universität?
Dass die theologischen, historischen, juristischen Lehrstühle, aber auch die naturwissenschaftlichen Lehrstühle den radikal inkarnatorischen und nachchristlichen Ansatz Rosenstock-Huessys bis heute nahezu ignorieren, zeigt nach Walter Dirks das „ganze Elend eines geistigen Betriebs."[40]

Das ist angesichts der aus den Fugen geratenen modernen Gesellschaft ein erschütterndes Verhalten und kann an „Verstocktheit" nicht überboten werden. Aber Verstocktheit ist das falsche Wort – denn er wird ja nicht abgelehnt und weder theologisch noch wissenschaftlich „bekämpft". Rosenstock ereilte bisher ein schlimmeres Schicksal – er wird, wie W. Dirks das sehr klar erkennt, einfach nur von „Insidern", aber nicht von der ganzen Nation gesehen, obwohl es viele Aufsätze, ja sogar Doktorarbeiten über ihn gibt und seit 1965 auch eine Rosenstock-Huessy-Gesellschaft in Deutschland. Als Ganzes, als nachchristlicher Inkarnationist, als „unreiner Denker" am Ende des 20. Jahrhunderts hat ihn die Gesellschaft und vor allem die Universität des 21. Jahrhunderts immer noch nicht wahr- und aufgenommen.

Wenn der ehemalige Daimlerchef Edzard Reuter ihn als „christlichen Sozialrevolutionär" bezeichnete, warum schrillen da bei den christlichen Sozialethikern nicht schon längst die Glocken?

Eugen Rosenstock-Huessy, Joseph Wittig
Rosenstock veröffentlichte 1927 mit dem katholischen Theologen Joseph Wittig (1879 – 1949) nach dessen Exkommunikation 1926, das „Alter der Kirche", eine „ökumenische Kirchengeschichte/Soziologie" der besonderen Art. In einer wohledierten Neuausgabe von 1998 zeigen mehrere Auf-

39 Das Wagnis der Sprache, 1997, s.7
40 Der unbezahlbare Mensch 1955, s.14

sätze über das Werk die heilsamen Wirkkräfte dieses Werkes für heute und morgen auf. Der Protestant! Rosenstock-Huessy war einer der wenigen, der dem Katholiken Joseph Wittig vor und nach der Exkommunikation als Freund und Ratgeber ratgebend und verteidigend zur Seite stand. So auch im dritten Band vom „Alter der Kirche“ unter der bedeutungsvollen Überschrift: „Religio depopulata“. Rosenstock liest schonungslos und hellseherisch zugleich die Entwicklung der kath. Kirche aus dem „Fall Wittig“ heraus. Wie lesenswert ist in der aktuellen Kirchenkrise allein schon dieser dritte Band! Am Schluss heißt es: „Wittig ist nicht mit seinem Kopf der Kirche entwachsen, sondern mit seinem Herzen, das des Volkes ist (…) Das Herz wird (mit der Exkommunikation) nicht verloren gehen. Aber die Kirche des Papstes wird zur bloßen Religion, zur Religio depopulata, zur „Kirche ohne Volk“. Dass Rosenstock mit seiner Analyse damals tief den Finger in die strukturelle und geistige Krise der kath. Kirche legte, macht auch hier erschüttern. Denn diese Analyse zeigt sich prophetisch, d.h. brandaktuell heute! Im Missbrauchsskandal und v.a. im Umgang damit entblößt sich die Kirche zutiefst, bzw. sie wird demaskiert – in und wegen der inneren Strukturkrise: „wegverfehlend, schuldbeschwert, böse gesinnt (…) „verderbte Söhne … rückwärts sich abgefremdet (…) verfinstert in ihren Nebeln (Jes 5, 20)“, übersetzen Buber/Rosenzweig die Fehlhaltung von Teilen des jüdischen Volkes, gleich im ersten Kapitel des Propheten (Jes 1,4). Diese Fehlhaltung trifft hammerhart auf die (Amts) Kirche von heute zu. Wie auf einem Amboss gilt es jetzt, vor allem mit dem Blick auf die Opfer, mutig und ohne zu Zögern, die sündhaften und offensichtlich unheilvollen Strukturen im Namen Jesu („Gott hilft“) rückhaltlos umzuformen. Durchaus mit Blick auf das 1923 von Joseph Wittig dargestellte „allgemeine Priestertum“, als (…) das tiefste Wesen jeglichen christlichen Seins und Tuns, auch wenn es in rein weltlichem Kleid und ohne jegliches kirchliches Zeichen, nur unter dem sakramentalen der einmal gespendeten Taufe erscheint (…).

Wittig wurde 1946 durch den späteren Papst Paul VI. drei Jahre vor seinem Tod wieder bedingungslos in die Kirche aufgenommen, aber die Depesche aus Rom blieb zunächst zwei Jahre beim Bischof in Breslau im Schreibtisch liegen! Kurz vor seinem Tod 1949 erreichte ihn schließlich die Depesche noch persönlich.

Die KREATUR – eine ökumenische Zeitschrift mit Atem

Rosenstock war es auch, der 1926 Martin Buber empfahl, den schwer gebeutelten Joseph Wittig als dritten Herausgeber für die ökumenische Zeitschrift „DIE KREATUR“ mitaufzunehmen. Vier Jahre lang brachten dann

Martin Buber als Jude, Viktor V. Weizsäcker als Protestant und Joseph Wittig als Katholik diese Zeitschrift heraus als leuchtendes Projekt der Ökumene in der Weimarer Zeit, ebenso als Sprachrohr des neuen Denkens. Und allemal wegeweisend für ein ökologisches und ökumenisches Denken heute!

Warum werden beide Werke nicht in ökumenischen Veranstaltungen und im Theologie-/Philosophiestudium gelesen, diskutiert und in neuen Lehr- und Lernformen ins 21. Jahrhundert transformiert? Walter Benjamin hat übrigens seinen Moskauaufsatz 1927 in dieser Zeitschrift erstveröffentlicht und man staunt über Benjamins Aussage über Wittigs Aufsatz im selben Kreatur-Heft. In einem Brief an Martin Buber schreibt er „Sehr merkwürdig, ich möchte sagen beunruhigend in der Wahrheit ihrer Fragestellungen und der Fragen, die sie erregen ist die Arbeit von Wittig (Aus meiner letzten Schulklasse). Ich glaube, es ist sehr lange her, daß man diese einfachen aber unendlich schwer greifbaren Erfahrungen neu, evident hat aussprechen können“.

Wolfgang Ullmann – ein moderner Übersetzer von Rosenstock-Huessy
Einer der besten Kenner Rosenstocks von evangelischer Seite her ist **Wolfgang Ullmann (1929–2004),** Theologe und Mitbegründer der Bürgerrechtsbewegung „Demokratie Jetzt“ in der DDR, einige Jahre auch Abgeordneter für die Grünen im Europaparlament. Er zeigte als einer der wenigen Hochschullehrer in scharfen und klaren Analysen der Hauptwerke Rosenstocks, wie er in der Moderne einzuordnen ist und vor allem, wie notwendig Rosenstocks Lehre für ein Überleben auf unserem Planeten ist. Klar fasst Ullmann den Hauptgrund der Widerstände gegen Rosenstock in Worte:

„Noch immer stößt auf härtesten Widerstand, was Rosenstock 1927 und 1958 gleichermaßen ausdrücklich behauptet hat: die menschheitssoziologische Bedeutung der christlichen Zeitrechnung. In provozierender Unumwundenheit steht es im Hauptwerk Rosenstocks der Soziologie II: „Christus als Mitte der Geschichte wird heute (d.h. am Beginn des 3. Jahrtausends – W.U.) – eine wissenschaftliche Forderung des Verstandes. Die christliche Zeitrechnung ist eine rationale Forderung. Die Akademiker sind ohne sie unwissenschaftlich“. Und Ullmann ergänzt sogleich, „man darf das nicht mißverstehen“, es gehe dabei nicht um eine „Alleinherrschaft des Christentums“, sondern es heißt: „Hier ist eine Orientierung gegeben, die für alle Menschen passt und die man niemandem aufzustülpen braucht. Das hat ja vielleicht auch damit zu tun, dass die christliche

Zeitrechnung eben die einzig universale ist."[41]. Und ebenso betont er, dass das Judentum, der Islam und das Christentum als „irreduzible Dreiheit das einsichtigste Indiz für die Einheit der Offenbarung" sei. Die Begründung fasst er so zusammen:

„Die jüdische Schöpfungs-Ära als ein nicht kosmologischer Ursprung der Menschheitsgeschichte; die islamische Hedschra-Ära als Indiz für die Gleichstellung aller Epochen der Völkerwelt; die christliche Ära als Blick auf ein einziges, das Kreuz der Wirklichkeit in alle Dimensionen eröffnendes Zentrum aller Epochen.

Gerade weil sie (die Einheit der Offenbarung) sich nicht vereinheitlichen lässt, verweist sie auf eine ihr vorausliegende, aber ihr auf je verschiedene Weise zugänglich gewordene Einheit" (Stimmstein 8/2003) Christus als Mitte der Geschichte als „wissenschaftliche Forderung" ist natürlich für die meisten Akademiker nach wie vor eine absolute Provokation – Ullmann ergänzt dann noch, dass Rosenstocks Position „... eine Kraft der Erhellung und Differenzierung besitzt, die sie als unentbehrlich für unser politisches und kulturelles Tagespensum erweist" [42].

Des Christen Zukunft

Rosenstock schrieb noch während des Krieges in Amerika „Des Christen Zukunft, oder wir überholen die Moderne".

Warum steht dieses Buch ebenso wie der „Atem des Geistes" und „Heilkraft und Wahrheit" nicht auf der Leseliste der Seminare sowohl von Geistes- und Naturwissenschaften?

Ebenso seine Hauptwerke; „Die Sprache des Menschengeschlechts" und die zweibändige Soziologie „Im Kreuz der Wirklichkeit". Auch Exegeten und die systematischen Theologen könnten z.B. darin die „Frucht der Lippen" lesen und für die jeweiligen Fachwissenschaften atemberaubende Erkenntnisse entnehmen. Wie nämlich hat Jesus selber, als Gottes Sohn, auf alle vorchristlichen soziologischen Größen von Stamm, Reich, Volk und Polis gehört und in die „Fülle der Zeiten", überführt, wie Paulus (Epheserbrief 1) es formuliert oder in die „Vollzahl der Zeiten", wie Rosenstock-Huessy die Einheit des Menschengeschlechtes bezeichnet? Was haben die vier Evangelien damit zu tun, beziehungsweise wie haben die Evangelisten den gesamten vorchristlichen Resonanzraum theologisch, pädagogisch und literarisch in die Evangelien aufgenommen? Außer Rosenstock-Huessy hat keiner eine solche Schau beziehungsweise einen konkreten wissenschaftlichen Nachweis je geführt. Wer aber wie die Pro-

41 Mitteilungsblätter 2004, S. 92

42 Wolfgang Ullmann, Wir, die Bürger, Vorwort Daniel Cohn-Bendit, 2002, S. 168

pheten und die Evangelisten und wie Rosenstock selber immer die Einheit des Menschengeschlechts als große Verheißung vor Augen hat, kann und muss diese Verheißung immer wieder neu ins Hier und Heute übersetzen.

Eugen Rosenstock-Huessy als „Erzvater des Kreisauer Kreises"

Rosenstock gilt aber auch als „Erzvater des Kreisauer Kreises", weil seine vielen Mitglieder unter schwierigsten Bedingungen im Nazideutschland, mit der Methode des neuen Denkens, die edelste Frucht für die Zeit nach dem Ende der Nazi-Ära hervorbrachten: eine demokratisch-föderalistische Verfassung mit Blick auf ein friedliches Europa. Dafür wurden viele „Kreisauer" von Freisler verurteilt und in Plötzensee hingerichtet. Moltke war einer der führenden Köpfe im Kreisauer Kreis und fragte Rosenstock 1927 an, als Mitbegründer des Boberhauses und als Erwachsenenbildner in Schlesien, Arbeitslager für Arbeiter, Bauern und Studenten durchzuführen. Sechs Wochen lang lebten und arbeiteten diese Arbeitsgemeinschaften nach ganzheitlichen Methoden – darunter waren einige spätere Mitglieder des Kreisauer Kreises. Wenn man sieht, dass Rosenstock und J. Wittig später in seinem Bericht darüber diese intensiven Wochen der Arbeitsgemeinschaften als „neuen Sonntag" bezeichnet haben, dann kann man auch hier die wahre soziologische und inkarnatorische Tiefendimension erkennen. Niemand hatte bis dahin und niemand hat seither so tief die Bedeutung des christlichen Sonntags angesichts der Wucht des Aufpralls der Industrialisierung im 19. Jahrhundert neu, in einer der Zeit entsprechenden Form, übersetzt! Damit die Seele im Dreiklang mit Leib und Geist überhaupt wieder atmen kann, braucht es solche sechswöchigen Seelen- beziehungsweise Atemkuren – dann kann der Mensch tatsächlich wieder Vollmensch werden/sein. Diese Form der Erwachsenenbildung beziehungsweise der Bildung von Arbeitsgemeinschaften stellte sich für Rosenstock-Huessy als notwendiger Weg für das schwer gebeutelte deutsche Volk dar, die Katastrophe des Ersten Weltkrieges seelisch zu überstehen und präventiv einen weiteren Weltkrieg zu verhindern. Im Zentrum der „Seelenkur", beziehungsweise der Erwachsenenbildung steht das Miteinanderreden, das Zusammenwirken, das Miteinanderspielen, damals eben von Bauern, Studenten und Arbeitern. Wenn man Rosenstock-Huessys Definition von Arbeitsgemeinschaft dem später von Hitler definierten Arbeitsdienst gegenüberstellt, wird messerscharf klar, wie weit er mit seiner Sprachlehre seiner Zeit voraus war und ist und wie konsequent er selber diese Sprachlehre im realen Leben übte und immer wieder angewendet hat: „Die Arbeitsgemeinschaft packt das Übel an der Wurzel. Sie läßt das Verschiedene verschieden, läßt es seine Verschiedenheit kräftig aussprechen und bringt es als verschiedenes dennoch zusammen unter dem Schutze unzerstörbarer Einheit, durch den Ehereif ebenbürtiger und notwendiger und ausdrücklicher Gemeinschaft... Sie ist nur ein Anfang. Aber das ganze Geheimnis eines jeden Dings steckt schon im Anfang“[43]. 1920 geschrieben und gedruckt ist offensichtlich: die Grundidee und paradoxe Aufgabe der Arbeitsgemeinschaft, das Verschiedene verschieden zu lassen und *trotzdem* das Verschiedene zusammenzubringen, ist heute die zentrale Herausforderung auf nationaler und globaler Ebene! Wir dürfen gespannt sein, wie der Westen nach der Flucht aus Afghanistan mit den Taliban wirklich ins Gespräch kommt – während der Präsenz vor Ort war man eben vorwiegend nur militärisch präsent - Arbeitsgemeinschaften hätten und würden deutlich erfolgreicher „das Übel an der Wurzel packen“. Wann wurde in diesem Konflikt je „die Verschiedenheit kräftig“ ausgesprochen und trotz der Verschiedenheit ein gemeinsames Ziel formuliert? Reine Militäraktionen waren immer schon zum Scheitern verurteilt.

Eugen Rosenstock und Freya von Moltke

Welche Fügung ergab sich dreißig Jahre später aus der Zeit der Arbeitsgemeinschaften in der Weimarer Republik für Rosenstock-Huessy und die Witwe Freya von Moltke? Nach dem Tod von Margrit Rosenstock-Huessy lebte **Freya von Moltke (1911–2010)** von 1960 bis zum Tode Rosenstock-Huessys 1973 mit ihm zusammen und starb 99-jährig 2010 im Hause Rosenstock-Huessys in Vermont! Mit ihrem ganz eigenen, tiefen Humor schreibt Freya: „Ich habe mit zwei querliegenden Männern ausführlich zu tun gehabt ... Rosenstock hat immer gelehrt, dass man mit der Methode der Akademik nicht wirklich etwas über die Menschen aussagen kann. Das ist eins seiner Grundthemen; damit liegt er eben quer“.

Traurige Ursachen des Vergessens: das Totschweigen, das Verdrängen, das Vergessen der fundamentalen Lehre Rosenstock-Huessys an den Universitäten!

Nochmals die Frage: Wie ist es zu erklären, dass sich unter anderem die Universität bis heute weder inhaltlich noch wissenschaftlich mit Rosenstock-Huessy zwar vereinzelt, aber nicht grundlegend auseinandersetzt? Rosenstock-Huessy selber betrachtet sein Werk als „totgeschwiegen“. Dies äußert er klar und deutlich in vielen Briefen, so auch 1960 an K. H. Ebert mit Blick auf die Veröffentlichung seines Hauptwerkes der „Soziologie“ 1959. Zitat: *„Ich hatte mir eingebildet, es bedürfe nur des Wiedererschei-*

43 Hochzeit des Kriegs und der Revolution, S. 268

nens der immerhin 1925 zuerst erschienenen, damals freilich totgeschwiegenen ‚Soziologie', um mindestens Respekt einzuflößen. Verachtung und Hohn hatte ich nicht mehr erwartet"[44]. Hochspannend dann auch, dass er im selben Brief erläutert, er hatte damals modellhaft einen Hochschulplan, ähnlich der von ihm 1921 gegründeten „Akademie der Arbeit", mit zwei Fakultäten, die aus „Zeiten und Räumen" bestanden: „Meine nunmehrige „Soziologie" ist die Universitätsgründung von damals, nur in zwei Bände Schrifttum umgeschmolzen … mein Hochschulplan ist damals an seiner Seichtheit – als Modellfall – gescheitert." Und er meint damit keinen geringeren als Max Horkheimer, den späteren Mitbegründer der „Frankfurter Schule". 1944 brachte Horkheimer die „Dialektik der Aufklärung" heraus. Das „Kreuz der Wirklichkeit" in Rosenstock-Huessys „Soziologie" von 1925 hatten auch Horkheimer und Adorno totgeschwiegen. 1944 hatte Rosenstock-Huessy in Amerika unter Präsident Roosevelt das „Camp William James" durchgeführt. Unter Präsident Hindenburg waren es in Deutschland die erwähnten Arbeitsgemeinschaften, die Hitler und einem zweiten Weltkrieg entgegenwirken sollten. Sowohl der heutige Präsident Biden als auch der aktuelle Bundespräsident Steinmeier täten gut daran, sich dieser Modelle der Krisenvorbeugung wieder zuzuwenden. Der polnische Jesuit und Rosenstockkenner **Adam Zak** stellt 1990 in der Zeitschrift „Orientierung" fest: *„Die Verdrängung einer unbequemen Stimme ... bestätigt aber, dass Rosenstock recht hatte, wenn er diagnostizierte, dass Begriffe und Abstraktionen der zeitgenössischen Wissenschaft – vor allem der Philosophie – eine „feige Lebensanschauung" ergeben. Wissenschaft und die stille, im Verborgenen betätigte Forschung waren für viele Gelehrte Rettung und Versteck vor den Ereignissen, Rechtfertigung und Beruhigung angesichts der Pflicht zu reden, die diese Ereignisse forderten ... die Sprache der Wissenschaft war dem gesellschaftlichen Drama nicht gewachsen"*. Und gleich sei hinzugefügt – sie ist logischerweise auch dem aktuellen gesellschaftlichen Drama des Covid-19-Virus nicht gewachsen!

Sehr interessant ist auch die offene und vor allem ehrliche Aussage von Franz-Xaver Kaufmann, dem Mitbegründer der soziologischen Fakultät Bielefeld, in seinem wichtigen Werk, „Religion und Modernität" von 1989: *„Obwohl ich schon 1965 ‚Das Alter der Kirche' und die zweibändige ‚Soziologie' Rosenstock-Huessys zur Kenntnis nahm, geriet sie auch bei mir wieder in Vergessenheit, bis ich über das Buch von Harold J. Berman (Schüler von ERH), Law and Revolution (London 1983) wieder auf die Bedeutung Rosenstock-Huessys gestoßen wurde.*"

44 Archiv ERH-Gesellschaft, Mitteilungsblätter, 25.Folge April 77

In seinem Fazit der Nichtrezeption Rosenstocks stimmt er mit dem polnischen Theologen Adam Zak überein: „*Daß Rosenstock-Huessys in der Emigration geschriebene Schriften in der Bundesrepublik kaum rezipiert werden, während sie in den Vereinigten Staaten nach wie vor Beachtung finden, scheint mir symptomatisch für den Zustand des hiesigen kirchlichen wie sozialwissenschaftlichen Bewußtseins*“[45]. Damit stimmt er 34 Jahre nach Walter Dirks mit seiner im Vorwort ausgesprochenen Kritik indirekt überein, er sprach ja vom „... ganzen Elend eines geistigen Betriebs“. Allerdings führt Kaufmann diesen Zustand in seinem Buch nicht näher aus. Diesen aus nachchristlicher Sicht kritisch zu sichten, bleibt eine offene und zentrale Aufgabe.

Es ist ein echtes Rätsel und 250 Jahre nach der Aufklärung nicht zu erklären – warum die Wissenschaften an den Universitäten nicht umfassend wissenschaftlich daran gehen, das riesige Werk Rosenstocks zu sichten, und vor allem seinen neuen Ansatz der Sprachphilosophie im „Kreuz der Wirklichkeit“ zu besprechen, zu kritisieren, eine Gesamtausgabe herauszugeben etc.!? Solange die Universität das nicht leistet, steht sie im Verdacht einer nicht verantwortbaren Unwissenschaftlichkeit oder, um mit Kant zu sprechen, einer selbstverschuldeten Unmündigkeit.

Wie sehr aber brauchen wir seit den beiden Weltkriegen und den ununterbrochenen lokalen Kriegsfolgen auf unserem Planeten eine Erneuerung der Universität im Sinne der Sprachdenker. Der Schlusssatz der berühmten Rede vom „Geheimnis der Universität“, von Eugen Rosenstock-Huessy kann nicht präziser Herkunft und Zukunft der Universität erfassen. Er sei deshalb hier zitiert – diese Rede erfordert dringend einen Neudruck:

„Uni – versus, von allen Seiten sammelt sie die sonst Getrennten, um der Zukunft, der freien Zukunft willen, der Zukunft, die die Sünden der Väter nicht heimsucht bis ins dritte und vierte Glied, sondern die wohltun kann bis ins tausendste Glied, weil wir uns vom Unrecht der Gegenwart öffentlich und donnerstags statt sonnabends lossagen.“[46]

Welche Rolle also wird die Universität für die freie Zukunft spielen? Diese Kernfrage bleibt hochaktuell! Wann endlich wird die Universität die lebendigen Netzwerke und die jeweiligen Schwerpunkte der besten Sprachdenker des letzten Jahrhunderts aufdecken und selber aktuell umsetzen? Dazu gehören dann neben Rosenstock-Huessy, Rosenzweig, Michel, auch Ferdinand Ebner, Pavel Florenski, Florens Christian Rang und andere mehr.

Alle Sprachdenker, besser Sprechdenker, würden der Universität und

45 Religion und Modernität, S.246

46 Geheimnis der Universität, Göttingen 1958, S. 539

der modernen Gesellschaft dieselbe Knackfrage von damals auch heute stellen: Wie haltet ihr es mit der Rangordnung zwischen der Sprache, dem Vorrang des Sprechens und der Namen vor dem Denken, den Begriffen und den Zahlen? Rosenstock-Huessy würde fragen, wie haltet ihr es mit der Urgrammatik, die tief in der Geschichte der Menschheit grundgelegt ist, und schon weit vor jeder modernen Wissenschaft bestanden hat und auch weiterhin besteht! Wie viele Katastrophen seid ihr noch bereit wirkungslos zu begleiten, anstatt sie von der Wurzel her zu kurieren und damit weitere Katastrophen zu verhindern? Seine Kritik zielt im Kern nicht auf die Top- und Spitzenleistungen, die in Forschung und Lehre unbestreitbar erzielt werden. Aber sieht die Universität „vor lauter Bäumen den Wald noch"? Ist die Wissenschaft erschüttert genug von den vielen eben durch die Forschung erzielten technischen Errungenschaften, mit Hilfe derer erst Mensch, Tier und Schöpfung bedrohlich ins „Taumeln geraten" sind? Die Klimaerwärmung steht in direktem Zusammenhang mit den überhitzten Forschungen in den jeweiligen Einzeldisziplinen. Die Rolle des einzelnen Wissenschaftlers ist dabei großenteils noch völlig unreflektiert und ungeklärt. Jede/r Wissenschaftler/in selbst muss eine andere Rolle einnehmen, eine Kehrtwende vollziehen, im Sinne der neuen Haltung der Sprachdenker: „Respondeo, etsi mutabor". Ich antworte auf die umfassende Krise, Erschütterung in Wissenschaft, Politik und Gesellschaft, auch wenn ich dabei meine bisherige Forscher- und Lehrerexistenz mit Blick auf die Folgen meiner Forschungsergebnisse ändern muss. Der Zeitpunkt für Lehre und Forschung ist heute doch ganz anders einzuschätzen als noch vor 50 oder 100 Jahren. Im Moment scheint mehr die Jugend erschüttert zu sein von den Folgen der reinen Forschung für Mensch und Natur („Fridays for Future" bringt das eindrücklich zum Ausdruck)!

Freya von Moltke formulierte die äußerst distanzierte Haltung der Moderne zu Rosenstocks Denken in ihrer ganz eigenen Sprache: „Ich kann mein Entsetzen nicht so ganz loswerden, dass Deutschland sich das leisten konnte, sowohl meinen Mann nicht haben zu wollen, wie, auf ganz andere Weise … Rosenstock-Huessy nicht gebrauchen konnte". Freya tat was sie konnte, sie hat sowohl das Werk ihres Mannes als auch das von Rosenstock editorisch noch mitherausgebracht. Was sie am meisten erfüllte, war die Tatsache, dass auf dem ehemaligen Gutshof Kreisau seit den 90er-Jahren eine europäische Jugendbegegnungsstätte entstanden ist. „So hätte es Helmuth gewollt", hat sie immer wieder betont.

Es sei an dieser Stelle, auch mit Blick auf den Ukrainekrieg, bemerkt. Die Jugendbegegnungsstätte in Kryzowa (ehemals Kreisau) wäre geopolitisch und zu der Thematik „Frieden für Europa und Frieden für die Welt" ein prädestinierter Ort für rückhaltlose Gespräche und Arbeitsgemeinschaften. Sowohl für junge Menschen, als auch für PolitikerInnen, Wirtschaftsleute etc., die sich doch alle so überrascht vom Angriff Rußlands zeigten. Der Kreisauer Kreis hat es in eindringlicher Weise aufgezeigt, inmitten des Angriffskrieges Hitlers, trotz unterschiedlicher Gruppierungen und Meinungen eine gemeinsame, demokratische Nachkriegsordnung zu verfassen mit Blick auf den Frieden in Europa! Was für ein Orientierungsanker, gerade für das so desorientierte Europa inmitten einer globalisierten Welt mit so unterschiedlichen Machtblöcken und mehr noch mit einer so ungerechten Welt- und Geldordnung zu vollen Lasten der Armen und Schwachen.

Eugen Rosenstock-Huessy und die (Rechts-)Geschichte

Als die „beste Frucht an Deutschland" bezeichnete Rosenstock-Huessy sein 1931 erschienenes Buch „Die europäischen Revolutionen und der Charakter der Nationen" (inzwischen vier Auflagen).

Hier sind es profunde Historiker, die die großartige und einmalige Gesamtschau der europäischen Revolutionen ohne zu zögern benennen und als herausragend beurteilen, so etwa H.A. Winkler (*1938):

„Ein Buch, das mein Leben verändert hat ... das Buch wurde zu einem meiner aufregendsten Leseerlebnisse, mehr noch: zu einer Zäsur. Rosenstock, Rechtshistoriker mit dem Schwerpunkt deutsches Mittelalter, aber zugleich Universalhistoriker, Soziologe und Philosoph, lehrte mich, die gesamte europäische Geschichte mit neuen Augen zu sehen und an die deutsche Geschichte neue Fragen zu stellen. Von ihm erfuhr ich, was es mit der ‚Papstrevolution' Gregors VII. im 11. Jahrhundert auf sich hatte und dass Europa, genauer gesagt: der Okzident, noch immer geprägt war vom Ausgang jenes Ringens zwischen geistlicher und weltlicher Gewalt. Hätte sich damals eine der beiden Seiten durchgesetzt, wäre es um die Sache der Freiheit schlecht bestellt gewesen. In der Spannung zwischen beiden Gewalten lag der Schlüssel zum Verständnis der folgenden Geschichte" [47].

Der nicht weniger renommierte Historiker **H.-U. Wehler (1931–2014)** hält in einem Satz fest: *„Eugen Rosenstock-Huessy ist der einzige geniale Mann, den ich bisher kennen gelernt habe".*

Es sei an dieser Stelle noch an den Juristen **Hans Thieme (1906–2000)**

47 in: Detlef Felken (Hrsg. Ein Buch, das mein Leben verändert hat, S. 461–463

erinnert. Er war der letzte Assistent von Eugen Rosenstock in Breslau. Später lebte und lehrte er in Freiburg und war auch ein Jahr Rektor der Uni Freiburg. Er setzte sich dafür ein, dass Rosenstock-Huessy nach dem Krieg Vorlesungen in Münster hielt.

Thieme äußerte sich 1953 zu dem Aufsatz „Vom Neubau der deutschen Rechtsgeschichte“ von 1919. Darin sieht er schon keimhaft den Bezug zum späteren großen Werk Rosenstocks „Die Europäischen Revolutionen und der Charakter der Nationen“ enthalten. „Es lässt sich kaum ein Begriff davon geben, wie reich die Tafel besetzt ist, und was für überraschende Früchte sie bereithält“. Der Aufsatz von 1919 stellt nach Hans Thieme eine „konzentrierte deutsche Verfassungsgeschichte dar… er wirkt 1953 so aktuell wie 1919, beziehungsweise seine „vorausgedachten Forderungen sind zumeist noch immer unerfüllt.“ Hans Thieme spricht als einer der wenigen deutschen Juristen überhaupt seinen Dank aus und äußert auch einen klaren Aufruf: „Dem Verfasser … gebührt Dank auch von Seiten der Deutschen Rechtsgeschichte für sein lebenspendendes Werk. Ihren alten und jungen Freunden aber gilt unser Ruf: nimm und lies!‘“ (Jahrbuch der Rosenstock Gesellschaft 2001, S.57). Also auch der Freiburger Jurist appelliert wie Dirks noch zu Lebzeiten Rosenstocks, sein Werk endlich wahrzunehmen! Mit Sicherheit hat Rosenstock solche klar ausgesprochenen Appelle als echten Seelenbalsam in der schwierigen Nachkriegszeit wahrgenommen und stand mit beiden immer wieder in Kontakt.

2021 kam das Buch des englischen Historikers **Tom Holland** heraus mit dem Titel „Herrschaft. Die Entstehung des Westens“. Am Ende seines inspirierenden Vorworts schreibt er „*Mein Buch untersucht, wodurch das Christentum so subversiv und revolutionär wurde … und warum es in einer westlichen Welt, die häufig ein so kompliziertes Verhältnis zu religiösen Ansprüchen hat, so viele ihrer Instinkte nach wie vor – im Guten wie im Schlechten – durch und durch christlich sind*“. Ja, wie „*genuin christliche Traditionen auch in unserer modernen Gesellschaft allgegenwärtig sind – sogar dort, wo sie negiert werden, etwa im Säkularismus, Atheismus oder in den Naturwissenschaften*“ (Klappentext). Vielleicht helfen solche neuen Werke in neuer Sprache dem Werk von Rosenstock-Huessy wieder auf die Sprünge? In der Sache aber hat Rosenstock-Huessy genau das, was Holland zum Ausdruck bringt, vor 110 Jahren angefangen zu bekennen, zu erfassen, zu beleuchten, und in seinem riesigen Oeuvre zusammengeschrieben. Auch wenn seine Programmschrift von 1916 nach seiner Aussage an den „Bastionen der Universität wie ein geträllertes Liedchen im Kanonenfeuer“ verhallte, bleibt die große Frage: Wann ist die Zeit reif für

Eugen Rosenstock, für sein gewaltiges Lebenswerk? Wann wird sein so bewährtes Wirken erkannt und vor allem in seinem Geiste fortgeführt?

Ausblick oder vom kommenden „Pfingsten der Menschheit"

Hören wir zum Ausblick noch die Stimme des Niederländers **Bas Leenman (1920–2006)**, dem engsten Schüler und Freund von Eugen Rosenstock-Huessy. Er brachte im Auftrag von Rosenstock-Huessy das vorletzte Kapitel „Die Tochter" aus seinem 1920 veröffentlichten Buch „Die Hochzeit des Kriegs und der Revolution" zusammen mit dem biblischen Buch Ruth als Extradruck heraus. Es erschien 1988 zum 100. Geburtstag Rosenstocks und ist eine der schönsten Perlen des Buches von 1920, das ohne zu zögern als ein erschütterndes, weil auch nach 100 Jahren noch unglaublich authentisches Zeitzeugnis, neu aufgelegt werden sollte.

Allein die verblüffend frühe Prophezeiung im Jahre 1919 eines „Lügenkaisertums", und damit meinte er Hitler, macht im Nachhinein betroffen. Er schrieb kurz nach der Unterschrift unter den Versailler Vertrag auf Seite 243: *„Wir sind in der Nacht, nur in der Nacht. Und da ein Uhr vorüber ist, so wird es erst jetzt ganz hoffnungslos still und schweigsam. Die grenzenlose Bangigkeit wird noch viel Deutsche in den kommenden Jahrzehnten zu Revanchepländen, Restaurationsversuchen und gewaltsamen Empörungen treiben. Wir werden den Versuch eines Lügenkaisertums durchzumachen haben, weil diese Kräfte nicht rasten werden, ehe sie nicht widerlegt sind. So wird dieser Kirchen-, Parteien- und Stammespferch Deutschland durch sie in eine Hölle verwandelt werden".* Dass nach 10 Jahrzehnten diese Kräfte der Restaurationsversuche und gewaltsame Empörungen immer noch in der starken rechten Szene der AfD voll zutreffen, trifft ins Mark des heutigen Lesers.

Das 101 Jahre alte Kapitel von 1920 hatte und hat ein immenses prophetisches Ausmaß. Leenman schreibt in seiner kurzen Einführung: *„Sind die Züge dieser Tochter des Menschen vielleicht unabdingbar für ein kommendes Pfingsten der Menschheit, an dem wir einander verstehen werden, weil unsere Seelen einander töchterlich, ja bräutlich offen sind?"*

Aus der uralten biblischen Verheißung vom kommenden Pfingstfest der Menschheit hat Rosenstock seine schier unendliche Schaffenskraft geschöpft. Er war der festen Überzeugung – das noch junge dritte Jahrtausend ist trotz und durch die heftigen Leidenskatastrophen am Ende des zweiten Jahrtausends auf dem Weg zur Einheit des Menschengeschlechts. (Das letzte Kapitel im Hochzeit-Buch heißt „Menschheit und Menschengeschlecht"). Der einseitige Siegeszug von Mathematik, Logik und Technik mit seinem höllischen Tempo für Mensch und Natur hat unsere Seelen krank, lahm und müde gemacht; hat Weltkriege, Umweltzerstörung und eine brutale, soziale Ungerechtigkeit mit sich gebracht.

In seiner Soziologie gibt er immer wieder den Leserinnen und Lesern eindrücklich Orientierungspunkte und –maßstäbe für das dritte Jahrtausend, das seine Bestimmung aus den ersten beiden Jahrtausenden erhält: „Die Klöster der Wüste haben unser Erstes Jahrtausend beseelt (…) die Wüste züchtigte die Leiber ("…) die Gymnasien des Zweiten Jahrtausends haben alle Revolutionäre begeistert (…) die Gymnasien schulten die Köpfe mit eiserner Disziplin". (…) Die (…) Lager und Fahrten des Dritten Jahrtausends werden den Nihilisten erwärmen. Die Lager der Zukunft müssen die Seelen schuhrigeln. Ihr Problem ist die fruchtbare Verneinung. Vom Nein zum erlösbaren Nichts."

Für Rosenstock galt seit 1918 rückhaltlos, mutig und bestimmt in die „tiefe Diesseitigkeit" der nachchristlichen Aera einzutreten. Sein Appell und sein bewährtes Wirken sind enorme Antriebsfedern für heute, es gilt für uns alle unentwegt Samariterdienste auf unserem Planeten zu leisten, als „erdgebundene Tage" in vielen Arbeitsgemeinschaften, Schritt für Schritt, ganzheitlich und gar nicht langsam genug! Dazu brauchen wir noch viele „barmherzige Samariter des Denkens". So bezeichnete Rosenstock-Huessy Ernst Michel, auch Eugen Rosenstock-Huessy war ein solcher.

Es ist klar geworden, dass es allerhöchste Zeit ist, den so eindringlichen Appell von Walter Dirks aus dem Jahre 1955 wirklich zu hören. Es wäre ein wunderbares Geburtstagsgeschenk für Walter Dirks, wenn sein Appell 67 Jahre später auf fruchtbaren Boden in Deutschland fallen würde!

Freya von Moltke sah den weiteren Rezeptionsweg von Rosenstock-Huessy mit ihrer fast 100-jährigen Lebenserfahrung irgendwie gelassen und altersweise:*„Man muß warten, bis und ob ihn jemand findet und was er damit macht".*

Zu der vielzitierten Wahrheit des Dichters Hölderlin, den wir am Anfang des Artikels zitierten („Wo Gefahr ist, wächst das Rettende auch"), gehört noch ein entscheidender Zwillingsvers dazu.

Es ist der letzte Vers aus dem Gedicht „Wie wenn am Feiertage", in dem Hölderlin die fruchtbare und unabdingbare Haltung des hörenden und harrenden Dichters, stellvertretend für das ganze Volk, gewaltig zum Ausdruck bringt:

„Und tief erschüttert, eines Gottes Leiden Mitleidend, bleibt das ewige Herz doch fest“.

Eugen Rosenstock-Huessy hat diese Haltung, dieses Mitleiden wie Hölderlin, wie Nietzsche und auch wie Bonhoeffer geliebt und gelebt. Denn wenn Dichter, Soziologen, wenn nicht jeder Mensch sich durch historische, soziale und persönliche Erschütterungen wandeln lässt, dann ist ihr Sprechen, beziehungsweise ihr Denken nahezu wertlos. Vielmehr führt ihr unerschütterliches Verhalten die Welt immer schärfer an den Abgrund.

Den Maßstab seines Sprechdenkens hatte Rosenstock-Huessy früh von Augustin übernommen: „Ama, quia durissimum est“, Liebe dort, wo es am schwierigsten ist. „Ama, quia durissimum est, war mein Los“, bekennt Eugen Rosenstock-Huessy auch in hohem Alter.

Abschließende Thesen:

1. Die Umkehr zum „neuen Denken“ („das Bedürfnis des Anderen bzw. das Ernstnehmen der Zeit“) von Eugen Rosenstock-Huessy, Franz Rosenzweig und aller Sprachdenker zu Beginn des Jahrhunderts ist für das nackte Überleben auf diesem Planeten absolut überlebensnotwendig. Die Not ist laut seinem Schüler Bas Leenman „brennend geworden“.
2. Die Klimakatastrophe ist nach den beiden Weltkriegen eine der aktuellsten Folgen der Verweigerung dieser Umkehr. Das “Wunder“ der deutschen Nachkriegs-Wirtschaft entpuppt sich als Dynamik von ökonomischen, politischen und wissenschaftlichen Sackgassen. Alles, was vermeintlich gegen die Katastrophen getan wird, ist immer nur eine Reaktion auf die Katastrophen und bedeutet keine radikale Kehrtwende. Das spürt die Jugend am intensivsten und drängt zu sofortiger Solidarität mit den Armen, Schwachen und vor allem auch mit der Schöpfung/Natur. Es gibt auch bei der Corona-Krise kein einfaches Zurück in die Vor-Corona-Zeit. Dieses Virus fordert regelrecht die Menschen auf dem ganzen Planeten Erde heraus – auf allen Ebenen ein neues wirtschaftliches und soziales Miteinander einzuüben. Das ist wieder eine große Chance! Dass aber ein möglicher dritter Weltkrieg vermeintlich urplötzlich sich noch dazwischen schieben könnte – macht fassungslos und erinnert zugleich an die dramatische Situation des I. Weltkrieges. Die Sprachdenker haben damals rückhaltlos reagiert.
3. Es ist jetzt auch aufgrund dieser aktuellen Situation die höchste Pflicht der akademischen Welt, die „kopernikanische Wende des Denkens/ der Sprachphilosophie anzuerkennen, mitzuvollziehen bzw. aktuell umzusetzen! Diese Wende hätte schon nach dem Ersten Weltkrieg unendlich

Segen gebracht – was für ein befreiender Ruck würde heute durch die Universität(en) gehen, durch unsere Gesellschaft mit wahrhaft ermutigenden Auswirkungen für unseren geschundenen und wunden Planeten Erde! Rosenstock nannte alle seine praktischen Ansätze „Vorfiguren" einer künftigen Gesellschaft. 100 Jahre danach sollten wir mutig daran anknüpfen und diesen Vorfiguren weitere, zeitgemäße Figuren einer gerechten und überlebensfähigen Gesellschaft hinzufügen.

Persönliche Nachbemerkung

Seit meinem Studium in den 80er Jahren habe ich mich mit den Werken von Eugen Rosenstock-Huessy und Joseph Wittig beschäftigt. Der Name Rosenstock fiel während dem ganzen Studium nicht einmal in irgendeiner Fakultät. Das konnte ich kaum glauben und stimmte mich sehr nachdenklich, machte mich fassungslos! Mit Blick auf die Weite von Rosenstock-Huessys Werk und vor allem auf seine Bewährung im „Kreuz der Wirklichkeit" über 50 Jahre hinweg, spürte ich die tiefe gesellschaftliche Unfruchtbarkeit und Zukunftslosigkeit des modernen, akademischen Universitäts-„betriebes".

Meine Zulassungsarbeit über den gemeinsamen Weg von Eugen Rosenstock-Huessy und Joseph Wittig in der Weimarer Zeit rettete mich über die Studienzeit. Diese konnte ich glücklicherweise bei **Prof. Dr. Joachim Köhler** schreiben, der ein hervorragender Kenner der Schriften Joseph Wittigs ist. Ich hatte das große Glück und die große Ehre noch persönlich, Anca Wittig, die Witwe Joseph Wittigs, kennen zu lernen. Ebenso habe ich Freya von Moltke sowohl in den USAals auch in den Niederlanden zum Teil länger erleben dürfen. Und schließlich auch mit Lotte Huessy, der Schwägerin von Eugen Rosenstock-Huessy, hatte ich eine herzliche Begegnung bei einem Besuch in Aargau/Schweiz.

Freya und Anca wurden beide nahezu 100 Jahre alt – als ob sie das Erbe ihrer Männer so lange wie möglich persönlich weitertragen wollten. Ihre Ausstrahlung war einmalig und unvergesslich. Ihr Erbe grenzenlos.

Als Religionslehrer in Freiburg versuche ich so gut es geht, die Grundgedanken dieser großen Frauen und Männer im Unterricht zur Ausstrahlung kommen zu lassen. Und da ist schon sehr viel erreicht, wenn der jüdisch-christliche Offenbarungsgedanke von Lehrern und Schülern authentisch, gegenwärtig und vor allem zukunftsverheißend erfahren werden kann.

Schlussaufforderung:
Vorliegender Aufsatz darf auf keinen Fall nur „rein akademisch" besprochen werden. Der Autor bietet eine zweitägige Arbeitsgemeinschaft an, im Rahmen eines ganzheitlichen Miteinander-Redens, Zusammen-Setzens und Miteinander-Wirkens, z.B. in Kreisau, im Kaiserstuhl und anderswo, im lebendigen Anklang an Joseph Wittig, der 1925 „Das Leben Jesu in Palästina, Schlesien und anderswo" geschrieben hat und prompt auf dem Index der katholischen Kirche landete. Herzliche Einladung!

Literaturhinweise:
Eugen Rosenstock, Der Atem des Geistes, Verlag der Frankfurter Hefte, 1950 und Neudruck 1990
Eugen Rosenstock, Heilkraft und Wahrheit, Konkordanz der politischen und der kosmischen Zeit, Stuttgart 1952 und Neudruck im Brendow Verlag 1990
Eugen Rosenstock-Huessy, Des Christen Zukunft oder wir überholen die Moderne, Chr. Kaiser Verlag, 1956 und Neudruck
Eugen Rosenstock/ Joseph Wittig, Das Alter der Kirche Lambert Schneider Verlag 1927, darin Religio depopulata, geschrieben von E.Rosenstock nach der Exkommunikation von seinem Freund J. Wittig. Neudruck im Agenda Verlag 1998
Eugen Rosenstock, die Tochter, das Buch Rut, hrsg. Von Bas Leenman, 1988
Eugen Rosenstock, Die europäischen Revolutionen und der Charakter der Nationen (4 Auflagen)
Eugen Rosenstock, Die Hochzeit des Kriegs und der Revolution, Patmos 1920 (kein Nachdruck)
Eugen Rosenstock, Soziologie, Kohlhammer 1958 und Neudruck „Im Kreuz der Wirklichkeit – eine nach-goethische Soziologie", Talheimer Verlag 2008/009
Eugen Rosenstock, Carl Dietrich v. Trotha, Die Arbeitslager, Berichte aus Schlesien von Arbeiter, Bauern und Studenten, Breslau 1931 (kein Nachdruck)
Joseph Wittig, Es werde Volk, Versuch einer ersten Geschichte des schlesischen Arbeitslagers 1928 (kein Nachdruck)
Eugen Rosenstock/Joseph Wittig, Das Alter der Kirche, Lambert Schneider Verlag 1927.
Eugen Rosenstock-Huessy, Dienst auf dem Planeten, Kurzweil und Langeweile im dritten Jahrtausend, Kohlhammer-Verlag 1965.

Eugen Rosenstock-Huessy, Das Geheimnis der Universität, Wider den Verfall von Zeitsinn und Sprachkraft, Kohlhammer Verlag 1958.
Eugen Rosenstock-Huessy, Die Umwandlung des Wortes Gottes in die Sprache des Menschengeschlechtes, Lambert Schneider - Verlag, 1968.
Eugen Rosenstock-Huessy, Die Sprache des Menschengeschlechts, Lambert Schneider, Heidelberg, 1968.
Eugen Rosenstock-Huessy, Zurück in das Wagnis der Sprache, Käthe Vogt-Verlag 1957.
Eugen Rosenstock-Huessy, Die Gesetze der christlichen Zeitrechnung, Agenda Verlag, 2002.
Freya von Moltke, Die Kreisauerin, Lamuv Verlag, 1992.
Frauke Geyken, Freya von Moltke Ein Jahrhundertleben 1911 – 2010, Beck Verlag 2011.
Franz Xaver Kaufmann, Religion und Modernität, Mohr Verlag Tübingen, 1989.
Wolfgang Ullmann, Wir, die Bürger, Die Blaue Eule, Essen, 2002.
Ernst Michel, Kirche und Wirklichkeit, Ein katholisches Zeitbuch, Diederich-Verlag, Jena, 1923.
Hervorragend und unersetzlich sind alle Mitteilungsblätter/Stimmsteine der Eugen Rosenstock-Huessy- Gesellschaft, Argo-Books, Koerle, 1990 ff.
Ebenso die Homepage der Eugen Rosenstock-Huessy Gesellschaft: https://www.rosenstock-huessy.com/ und auf amerikanischer Seite: die Homepage des amerikanischen Rosenstock-Huessyfonds: http://www.erhfund.org/
Zu Franz Rosenzweig und Eugen Rosenstock-Huessy: https://www.deutschlandfunk.de/und-doch-bleibe-ich-stets-bei-dir.704.de.html?dram:article_id=233059

Anhang

1. Vorwort von Walter Dirks 1955 zum Buch: Der unbezahlbare Mensch

Es ist verwunderlich genug: man muß Eugen Rosenstock-Huessy in Deutschland vorstellen, und die Angaben des Titelblatts genügen dazu nicht.

Zwar gibt es zwei (einander überschneidende) Kreise von Menschen, die ihn kennen, aber offenbar erhebt sich zwischen ihnen und der breiten Öffentlichkeit, die offizielle eingeschlossen, eine Scheidewand, die schwer zu durchdringen ist.

Man darf vermuten, dass Eugen Rosenstock-Huessy sich darüber wundert und dass er darunter leidet. Denn das, was er zu sagen hat, richtet sich an das öffentliche Bewusstsein ebenso sehr Deutschlands wie der Vereinigten Staaten, und zwar ebenso sehr an die Wissenschaft (der Soziologie, der Sozialpsychologie, der Pädagogik, der Ökonomie, der Politik) wie an die Theologie und an die Praxis, an mögliche Freunde und Bundesgenossen in fast allen Sparten des deutschen Lebens, und seine Einsichten sind nicht um ihrer selbst willen da: sie wollen Folgen haben; sie rufen danach, verwirklicht zu werden.

Wer diese sonderbare „Erfolglosigkeit“ eines bedeutenden Kopfes (und Herzens) erklären will, mag zunächst meinen, dieser Autor stehe sich selbst im Wege: er spreche eine gar zu eigenwillige Sprache, die Ergebnisse seines Nachdenkens seien schwer assimilierbar; seine Begriffe – sind es überhaupt „Begriffe“? – seien ungeeignet, Verbindungen mit geltenden Begriffen, mit den Begriffen der deutschen Wissenschaft, der deutschen Politik, der politischen Bewegungen und Organisationen, der öffentlichen Meinung, mit der Begriffssprache der Philosophen und Theologen einzugehen. Wer näher zuschaut, wird freilich bald verstehen, dass solche Eigenwilligkeit nur zu einem Teil, zu einem nicht entscheidenden Teil, der persönlichen Lust am Ungewohnten und Ungewöhnlichen, an der Überraschung oder gar am Brillanten, Paradoxen und Skurrilen entspringt. In Wahrheit spricht sich in dieser oft verblüffenden Sprache und Begrifflichkeit die Einsicht aus, dass die Wirklichkeit selbst anders ist als ihre deutsche Ideologie, als ihr theoretischer Ausdruck im gegenwärtigen wissenschaftlichen und politischen Bewusstsein. Egal, ob es sich um: „den Staat“ und „die Gesellschaft“ handelt, um „Individuum und Gemeinschaft“, um „Kapital und Arbeit“, um „Arbeitgeber und Arbeitnehmer“, um „Betrieb und Unternehmer“, um „Kirche, Geist und Seele“: die Formeln passen nicht, sie decken sich nicht mit der Wirklichkeit, sie greifen nicht, sie lassen nicht begreifen, sie sind nicht mehr wahr oder sie sind gar niemals ganz wahr gewesen. Ähnliches gilt von den „Revolutionen“ der europäischen Geschichte, ihren scheidenden und entscheidenden Ereignissen. Auf dieses Missverhältnis zwischen Begriffsschema und Wirklichkeit will uns dieser Autor stoßen; das heißt, er will uns auf die Wirklichkeit selbst stoßen. Er will uns so weit bringen, dass unsere Begriffe ihre Starrheit verlieren, ihre Fixierung an Systeme, die ein Eigenleben führen, insbesondere an falsche Alternativen. Deshalb kann er sich selbst dieser Begriffe nicht oder vielmehr nur kritisch und manchmal ironisch bedienen - nicht um sie ganz preiszugeben, sondern um sie schmiegsamer und wahrer zu machen, hintergründiger und wahrer, kritischer und wahrer.

Die beiden Personenkreise in Deutschland, die Eugen Rosenstock-Huessy kennen, sind seine alten und seine neuen Freunde. Die neuen haben sich kaum konstituiert, aber ich kenne immerhin eine Reihe von Studenten und junger Menschen, die diesen ungewöhnlichen Mann nach dem Krieg neu und für sich selbst entdeckt haben, ohne jede Kenntnis des vornationalsozialistischen Autors, angerührt durch einen Vortrag, den sie hörten, oder durch die Lektüre der Bücher, die neu erschienen sind: „Der Atem des Geistes“, „Heilkraft und Wahrheit“, der neuen Auflage der „Europäischen Revolutionen“, der Rede über „Das Geheimnis der Universität“. Wer ein Organ für die Sprache dieses Mannes hat oder für die Wahrheit, deren Anwalt er ist, braucht nicht viele Seiten zu lesen; er merkt sofort auf, oder er wird gar aufgescheucht – auch wenn er den „alten“ Rosenstock und seine Bedeutung nicht gekannt hat.

Dieser „alte“ Rosenstock, Jurist und Soziologe, der in dem Deutschland zwischen den beiden Kriegen oder vielmehr zwischen dem Zusammenbruch der wilhelminischen Scheinordnung und der Diktatur vielfältig wirkte, zunächst als Professor in Breslau, hatte eine breitere Resonanz und einen besser konstituierten Freundeskreis. Aber es gehört zum Schicksal der Weimarer Republik, dass die aus der Wurzel der Jugendbewegung entsprossenen Männer und Ideen, soweit sie sich nicht ins Völkisch-Nationalistische und Nationalsozialistische oder in den Kommunismus pervertieren ließen, nicht zum Zuge kamen. Nicht die ewig Jugendbewegten sind gemeint, sondern die, welche die Jugendbewegung erfahren, überwunden und in ihrer Lebenssubstanz verarbeitet hatten. Diese Frauen und Männer waren an vielen Stellen tätig, anregend und führend, als „Salz der Erde“, aber darüber hinaus auch prägend und bildend – doch schloss sich ihr Wirken nicht zu jener Revolution oder großen Reform zusammen, welche der Republik ein neues Gesicht gegeben hätte. Im Grunde saßen sie alle mehr oder weniger zwischen den Stühlen, zwischen den Massen und den Managern, zwischen der Staatsverwaltung und den politischen Bewegungen, zwischen der Wirtschaftsführung und der Arbeiterbewegung, zwischen Liberalismus und Sozialismus, zwischen dem Sozialismus und der Kirche und auch zwischen den beiden Kirchen. Als nonkonformistisches Element beunruhigten sie viele Fronten, als produktives Element leisteten sie viele gute Dienste (so vor allem in der Pädagogik und in der Erwachsenenbildung). Sie hielten auch einigermaßen, wenn auch nicht genügend, Tuchfühlung miteinander, und Martin Bubers Wort von den „Realgesinnten“ in allen Parteien und Kirchen und Bewegungen ließe sich gut auf diese Frauen und Männer anwenden, die von den sogenannten „Realpolitikern“ für „Idealisten“ gehalten wurden, in Wahrheit waren und sind sie „reale Humanisten“. Aber niemals geriet ihnen der „Durchbruch“, die politische Verwirklichung.

Zu ihnen gehörte Eugen Rosenstock-Huessy. In ihrem Kreis wurde sein Wort aufgenommen.

Von seiner 1914 erschienenen Arbeit „Königshaus und Stämme“ wussten wir nichts. Aber ich erinnere mich noch, wie erhellend und befreiend sein Buch „Werkstattaussiedlung“ uns traf, die Idee einer Dezentralisierung und Personalisierung der Industrie. Das Ende der um das Dampfkraftwerk herum strukturierten Mammutfabrik mit ihren ungegliederten Arbeitermassen schien gekommen: der elektrische Strom schien die kleinere und gegliederte Arbeitsgruppe möglich zu machen, in der das Massenschicksal überwindbar sein musste. Der Autor distanziert sich in diesem seinem neuesten Buch „Der unbezahlbare Mensch“ von der „Werkstattaussiedlung“, er setzt nun tiefer an und argumentiert breiter, aber der damals – 1922 – begonnene Erkenntnisansatz bewährt seine Fruchtbarkeit noch heute. Wir finden seine Spur in diesem neuesten Buch auf jeder Seite. Immer noch geht es um den Betrieb, dessen Wirklichkeit und Möglichkeiten heute freilich nicht mehr nur gegen die größeren und anonymeren Mächte des Kapitals und der Arbeiterbewegung gesichert werden müssen, sondern auch gegen Betriebsromantik und Betriebsideologie, gegen die eifrige Betriebspsychologie und gegen eine atomisierende soziologische Empirie. Stärker aber als damals ist diese Einsicht verknüpft mit den Einsichten, die der Historiker und der Theologe gewann. Früher ließen mindestens für den flüchtigen Blick die „Europäischen Revolutionen“ von 1931 und die Zusammenarbeit mit Joseph Wittig im „Alter der Kirche“ einen anderen Rosenstock erkennen als den, der in der Arbeitsdienst-Bewegung tätig war und die „Werkstattaussiedlung“ geschrieben hatte: dort hatte man es mit dem gläubig-nonkonformistischen christlichen Theologen zu tun und mit dem Historiker der Gesellschaft und des Geistes, der die europäische Universalgeschichte im großen Stil und mit neuen Methoden deutete und von da aus unsere Aufgabe bestimmte, hier mit dem praktischen Sozialpolitiker und sozialen Volksbildner, der das Gesicht der Erwachsenenbildung mitbestimmte. In den fünfzehn Kapiteln des Buches „Der Unbezahlbare Mensch“ sind diese beiden Seiten des einen Denkers aufs engste miteinander verbunden, und seine Methode, ein vom Licht des Sprachgeistes erleuchteter Realismus des unbefangenen Auges, erweist großartig seine Fruchtbarkeit.

Ich muß die Versuchung abweisen, dieser Methode an dieser Stelle nachzugehen. Sie spricht vor dem, der Ohren hat, zu hören, für sich selber, und sie bedarf keiner Rechtfertigung. Dass der Autor auch in diesem Buch immer wieder zum Widerspruch reizt, spricht nicht im Geringsten dagegen. Er hat es ja auf den Widerspruch angelegt – nicht freilich um des Widerspruchs willen, sondern um des Einverständnisses willen, das nur durch den Widerspruch hindurch zu gewinnen ist. Dieser Denker geht nicht systematisierend vor oder das Gelände abtastend und sichernd, sondern kühn und provozierend, im sicheren Sprung; die erschlossene Sprache, die studierte und erschlossene Geschichte und die leibhaftige Erfahrung wirken zusammen. Erst recht wäre es sinnlos, die Einsichten von Zeit und Raum, von der singulären, dualen, pluralen und kollektiven Struktur des Menschen, die so viele falsche Alternativen zurechtrücken, und alles, was sich daraus für Ehe, Arbeit und Staat ergibt, mit schlechteren Ausdrücken zu wiederholen. Wir haben es zum Teil mit neuen Aspekten und Konfigurationen zu tun, zum Teil mit originären neuen, darunter bestürzenden Erkenntnissen.

Wenn man versucht ist, ein Werk, das so großartig für sich selbst spricht, in Deutschland eigens anzuzeigen, so spricht sich darin das ganze Elend eines geistigen Betriebs aus, der zu sehr den Monolog statt den Dialog gewohnt ist und im Übrigen dem frönt, vorschnell zu rubrizieren. Es sieht fast so aus, als wollten wir uns in dem ersten Punkt ein wenig bessern. Die Geister scheinen etwas redlicher ins Gespräch zu kommen. Dies und die Beunruhigung, welche die Sicherheit der restaurativen Epoche nicht erschüttert, so doch anstößt, mag eine Chance für Eugen Rosenstock-Huessy sein: er sollte in seinem Vaterland nicht mehr nur von den Menschen gehört werden, deren Aufnahmeorgane auf seine spezifische Wellenlänge ansprechen, sondern endlich von der Nation.

2. Vorwort von Freya von Moltke und Clinton Gardner zur Ausgabe der ersten Teile des Buches unter dem Titel: „The Multiformity of Man 1973"

„On February 24, 1973, Eugen Rosenstock-Huessy died at his home in Norwich, Vermont in his 85th year.

As we publish this new edition of *The Multiformity of Man,* we reassert our belief that the future of his work is only now beginning. All his life was devoted to getting the *times* we live in, as opposed to our *spatial* environment, recognized again in their great power over men. At first this may sound abstract, as if it had nothing to do with real life. But it has most practical implications. This short book on the power of times in the life of industrial man illustrates how practical it is. It shows clearly how we poor humans constantly have to live suspended between past and future, our inner world, and the world that surrounds us. We are not the one-dimensional creatures that conventional social science and the technocratic ideology have assumed us to be. It is obvious to all of us that contemporary man, under the pressures of an industrialized world, has been getting himself into a corner. We are convinced that Rosenstock-Huessy's insights can help us to get out.

Rosenstock-Huessy's teaching - and he was a teacher all his life springs directly from his living. The whole man, his heart, and body, always governed his eminent brain. Although his language is sometimes not easy to comprehend, he addresses himself to the ordinary citizen of contemporary society, not to the academic specialist.

As the reader will see from the brief Biography at the end of this book, Rosenstock-Huessy was constantly seeking to put his new insights into practice. From the Academy of Labor in Frankfurt, Germany to Camp William James in Turnbridge, Vermont, he sought to teach and work with people committed to social change. Almost forty years have passed since the words of this book were first spoken in a series of lectures at the Lowell Institute in Boston. In the 1930's, as usual, he was speaking before his time. Only now is there a generation that seriously questions the 19th and 20th century gospel that industrialization and progress are synonymous. Thus, we believe that this new generation may be the first to hear him and bring his work to fruition."

3. Nachwort von Eugen Rosenstock-Huessy 1962

Ganz unter dem Eindruck der Tagung mit leitenden Mitarbeitern der Firma Daimler Benz vom 2.-4.3.1962 in der evangelischen Akademie Bad Boll zum Thema: *Der technische Fortschritt erweitert den Raum, verkürzt die Zeit und zerschlägt menschliche Gruppen*, verfasste Rosenstock-Huessy ein Nachwort zu einer Neuausgabe von „Der Unbezahlbare Mensch":

„Der Leser hat ein Recht darauf zu erfahren, dass dieses Buch nicht Buch geblieben ist. Im März 1962 haben zwei Arbeitsgemeinschaften von über einhundert Ingenieuren der Firma Daimler aus Sindelfingen und Untertürkheim mit mir die Gesetze des technischen Fortschritts durchgesprochen. Zu meiner und ihrer Überraschung erfuhren wir da die Macht des grammatischen Vertrauens, von dem diese Schrift zeugen möchte. Wir gingen aus uns heraus, wie es auf deutsch so schön heißt. Und wer aus sich herausgeht, der wird im Sprechen abgewandelt. Denn anstatt sich mit Politik oder Religion oder Technik oder Wissenschaft zu befassen, erfasste uns der Strom der lebendigen Sprache, und wir hätten kein »Fach« anzugeben gewußt, das als Gefängnis uns einengte.

In zwei Bänden meiner »Soziologie«, genannt »Die Übermacht der Räume« und »Die Vollzahl der Zeiten«, findet der Leser die Gesetze des technischen Fortschritts, unter deren Walten heut unser Betriebsschicksal verläuft. Auf den Märztagungen stellte sich heraus, daß meine seit 1915 gemachten Erfahrungen einen zusammenhängenden Weg durch die Industrie darstellen. Gegen den Augenschein des politischen Tageslärms ist die planetarische Ordnung eines Welthaushalts über uns gekommen. Die grammatischen Figuren des vorliegenden Buches und die Ökonomie der menschlichen Gesellschaft entsprechen einander und lassen beide die Jurisprudenz und Theologie, die Staatslehren und die Morallehren von vor den Weltkriegen hinter sich. Aber »Es waltet doch ein heiliger Wille. Kein blinder Zufall lenkt die Welt. «

Dank der persönlichen Erfahrung dieses Frühjahrs lasse ich den »Unbezahlbaren« mit erhöhtem Vertrauen neu hinausgehen. Möge er »schneeballen«.

Four Wells, Norwich, Vermont

27.April 1962   Eugen Rosenstock-Huessy“[48]

48 Zitiert nach: Friedensbedingungen einer Weltwirtschaft, Zur Ökonomie der Zeit, 1988, hg. Rudolf Hermeier, s.118; s.a.Friedensbedingungen der planetarischen Gesellschaft, Agenda Verlag, 2001, s. 112